세계의 언어정책 3

다언어사회를 살아가다

세계의
언어정책

다언어사회를 살아가다

3

야마모토 다다유키, 가와하라 도시아키 | 편저

채성식, 조영남, 김현아, 백이연 | 역

역락

보다 바람직한
다언어사회의 구축을 위해

야마모토 다다유키山本 忠行

다언어사회와 일본

 2002년에 시작된 본『世界の言語政策세계의 언어정책』시리즈는 2007년에 출간한 제2집 이후 약 3년의 준비기간을 거쳐 제3집의 간행에 이르게 되었다. 이 시리즈는 세계 각지의 언어정책 사정을 가능한 한 최신 정보에 근거하여 독자에게 알기 쉽게 해설함을 목적으로 삼았다. 이를 위해 각 집필자는 단순한 탁상공론적인 연구로 끝나지 않도록 현지의 관련 기관과 연구자를 방문하며 정보를 교환해 왔다. 본서는 그러한 착실한 연구·조사활동의 축적에 의해 완성된 것이다. 지도와 사진, 통계자료 등도 적극적으로 도입하여 배경지식이 없는 독자의 편의를 도모하였다.
 세계의 언어정책연구에 몰두하게 된 배경에는 일본에서 본격적으로 다언어사회가 도래하기 시작하였다는 사실이 전제에 있다. 글로벌화의 진전과 더불어 물자만이 아닌 사람의 유동성이 점차 커지고 있다. 1960년 무렵까지는 비행기에 타는 것 자체가 특별한 것이었으나 지금은 매년 1600만 명 정도가 해외로 나가게 되었다. 이는 해외사람들도 마찬가지며 관광만이 아닌 좋은 직장과 수입을 찾아 이민 혹은 돈벌이를 위해 해외로 가는 것이 극히 용이해진 것이다.

전에 공식 석상에서 일본은 단일민족국가라고 발언을 하여 비판 받은 정치가가 있었다. 아이누 민족과 재일조선·한국인 등의 존재에 대해서 지식은 있었더라도 실제로 이언어·이문화를 접할 기회가 부족했기 때문에 대다수의 일본국민은 같은 심정이었을지도 모른다.

그러나 1980년대부터 경제발전으로 인한 노동력부족사태 때문에 외국인노동자가 유입되기 시작하였으며, 여러 사회문제가 발생하게 되었다. 그 후 1990년에 입국관리법이 개정됨으로써 남미로부터 다수의 일본계 노동자들이 오게 되었으며, 심지어 최근에는 저출산고령화로 인해 간병·간호도 필리핀이나 인도네시아의 인재에 의지하게 되었다. 직장에서도 지역에서도 외국인과의 접촉이 일상적인 일이 되어가고 있다. 최근 5년 정도의 통계를 보면 매년 4만 명 정도, 비율로 따지면 20명에 1명 이상이 국제결혼을 하고 있어 국제결혼에 대한 저항감도 상당부분 희박해진 것 같다. 초등학교의 운동회 등의 행사에 외국인 부모가 참가하는 경우도 너무나도 당연한 광경이 되었다. 한편으로 눈을 세계로 돌리자면, IT기술과 바이오테크놀로지 등의 최첨단 기술의 개발경쟁이 치열해짐에 따라 이를 담당할 인재 쟁탈전이 점점 더 격화되고 있다. 우수한 인재는 보다 좋은 노동조건과 연구 환경을 찾아 국경을 넘어 이동한다.

일본에서도 이러한 사회변화를 배경으로 다언어·다문화 공생사회의 구축이 강조되어 외국인노동자와 그 가족에 대한 정책, 유학생 정책의 이상적 방향성에 대해 정부와 행정자치단체 등의 행정레벨, 일본경제단체연합 등의 경제단체, 혹은 자원봉사자 단체 등 다양한 장에서 논의가 이루어지게 되었다. 그러나 정부의 대책은 항상 뒤로 밀릴 뿐 지지부진하여 진척되지 못한 채 현장의 선의善意에 도움을 받는 경우가 적지 않다.

세계에서 배운다

2010년 현재, 국제연합 가맹국수는 192개국(단 바티칸과 코소보공화국은 미가맹)이나, 단일언어국은 일부로 한정되어 복수의 언어를 사용하는 사람들이 공존하는 국가가 대다수를 점한다. 일본이 보다 좋은 정책을 공들여 잘 짜기 위해서는 이들 국가의 경험과 지혜로부터 배울 점이 많다.

『世界の言語政策』 시리즈에서 지금까지 다루어 온 국가와 지역은 굳이 나누자면 경제적, 정치적, 역사적으로 일본과 관련이 깊은 국가가 많았다. 이번에는 과거 2권과 조금 성격을 달리 하고 있어, '왜 이런 곳을' 아니면 '이런 나라도 있었구나'라고 느끼는 화자도 있을지 모른다. 그러나 언어정책을 고려함에 있어 귀중한 자료와 아이디어를 제공해준 곳만을 엄선하였다고 자신있게 말할 수 있다. 배열도 제1집과 제2집에서는 지리적인 관점에서 배치하였으나 이번에는 몇 개 국가와 지역의 공통점을 기준으로 취합하여 3부 구성으로 하였다.

제1부는 '강국들 틈새에서'라는 제명 하에 베네룩스 3국 중 하나인 벨기에로부터 시작된다. 벨기에는 주위를 영국, 독일, 프랑스 등의 강국에 둘러싸여 역사의 거센 풍파에 농락을 당해 왔다. 북부는 네덜란드어 화자, 남부가 프랑스어 화자라는 식으로 크게 이분되어, 장래에도 하나의 국가로 계속 유지될 수 있을지 여부가 의문시되는, 언어정책상, 세계적으로도 가장 주목을 받고 있는 나라이다. 발트 3국은 말할 것도 없이 소비에트 연방 붕괴에 의해 독립을 되찾은 나라이나, 예전의 지배자였던 러시아계 주민과 언어를 둘러싼 대립이 인권문제와 맞물려 향후의 행방이 주목받고 있다. 이들은 복複언어주의plurilingualism를 주장하고 있는 바, 다언어·다민족의 공생을 지향하는 EU 안에서도 언어대립이 두드러진 특수한 국가라고 인식되고 있어 EU의 미래상을 점칠 수 있는 지역이기도 하다.

제2부에서는 이슬람 국가를 다루고자 한다. 제3부에도 방글라데시와 파키스탄이 포함되어 있어 본서에서 다루는 국가·지역의 절반 정도를 차지한다. 21세기에 접어들어 풍부한 석유자원, 그리고 아라비아어와 코란을 기반으로 세계에 대한 영향력을 강화해가고 있는 중동 국가들은 냉전 후의 세계정세를 고찰함에 있어 결코 빼놓을 수 없는 존재이나 실은 국가에 따라 각각 전혀 다른 구어체가 사용되고 있으면서도 문어체에 관해서는 코란에 기초한 다이그로시아(2언어병용)의 세계이다. 또한 영국과 프랑스, 혹은 독일과의 관계도 역사적으로 깊어 교육에서의 서구어의 위상도 문제가 된다. 그 중에서도 세속주의를 국시國是로 정하고 있는 터키는 아라비아문자에서 로마자로 표기법을 전환하였고 이로 인해 세계의 언어정책 역사상 의미있는 국가로 평가된다. 동남아시아와 아프리카에서의 이슬람의 존재감도 점차 강화되어가고 있다. 본고에서는 석유자원에 의해 유지되는 풍요로운 나라인 브루나이를 다루었다. 소국이지만 실은 다언어 국가이다. 다언어 소국으로 경제발전을 이룬 싱가포르(제 2집)와의 비교는 언어정책연구에 유익한 시사를 제공해 줄 것임에 틀림없다.

제3부에서는 탈식민지화를 테마로 고찰하였다. 대영제국의 식민지였던, 지금도 영어의 영향력이 강한 3개국과 포르투칼의 식민지였던 브라질에 관한 이야기이다. 방글라데시와 파키스탄은 예전에 인도를 사이에 두고 이슬람교에 기반해 하나의 국가를 형성하였던 적이 있다. 그러나 언어를 둘러싼 대립으로 인해 분리 독립의 길을 걷게 된 방글라데시는 별개의 국가로 탄생하였다. 한편 파키스탄의 유력언어는 우르드어이지만 실은 그 연고지가 인도에 있어 엄밀히 말하자면 현지어가 아닌 언어가 국어로서의 위세를 떨치고 있다. 가나공화국은 프랑스제국이 많은 서아프리카에서도 몇 안 되는 영어국가이다. 50개 가까운 현지어 중 가장 유력언어인 아칸어 화자가 약 40%를 점하고 있음에도 불구하고 아직까지 국어제정에 이르지 못한 채 영어에 계속 의존하고 있다. 가나인 자

신의 현지어에 대한 의식개혁도 필요하나, 외압의 영향도 무시할 수 없다. 반세기 이상이 지나서도 식민지시대에 제공된 언어를 계속 사용한다는 것의 의미와 영향, 그리고 정치적 의의는 언어정책의 이상적 형태를 다시금 생각하게 한다. 한편 브라질은 포르투갈의 식민지가 되었던 이래로 오랜 세월에 걸쳐 단일언어국가의 양상을 보이고 있다. 그러나 여러 언어를 사용하는 선주민과 아프리카 각지로부터 끌려온 노예, 세계 각지로부터 찾아 온 다양한 이민자라는 복잡한 민족구성 국가로 인디오의 교육문제뿐만 아니라 독자 발달을 이룬 브라질·포르투갈어와 본국의 포르투갈어의 조정도 필요하다.

특별편에서는 제1집부터 제3집까지의 내용에 토대하여 다언어사회를 둘러싼 여러 문제들을 언어정책의 관점에서 다각적, 종합적으로 논하였으며, 언어정책이란 무엇인가에 대해 재고함으로써 앞으로의 다언어사회가 갖춰야 할 본연의 모습에 대해 다시금 생각해볼 수 있는 기회를 제공한다.

다언어사회를 살아가다

일본의 장래를 고려하였을 때 다언어화는 피할래야 피할 수 없는 길이다. 보다 많은 외국인이 일본에서 생활하게 될 것이며 일본인도 세계인과 교류를 확대나갈 것임에 틀림없다. 이 때 언어는 개개인이 살아가기 위한 무기이자 일본 사회의 평화와 안정을 위해 없어서는 안 될 도구이기도 하다.

언어정책은 예전 근대국가, 부국강병을 위한 기반구축의 수단으로 여겨졌던 반면에 다수파, 혹은 군사력과 경제력을 가진 자가 소수파 또는 힘이 약한 자를 종속시켜 지배하거나 억압하기 위해 이용된 측면이 있다는 것은 틀림없는 사실이다. 그 전형적인 예가 제 1집에서 논한 아파르트헤이트 시대의 남아프리카공화국이며, 이는 소웨트 봉기蜂起라는 비참한 사건을 일으키는 계기가 되었다. 본서에서 다룬 방글라데시 독립전쟁도 언어전쟁이었다. 그 소용돌이 속에서 존귀한 젊은이들의 생명이 희생되었던 날이 '국제모어의 날'로 제정된 것이다.

다언어·다문화의 공생은 자연스럽게 이루어진 것이 아니다. 과거의 교훈에서 끊임없이 배우며 차이에 대한 집착을 버리고 다언어·다문화를 존중하며 서로가 서로에게 배운다는 자세를 개개인이 함양시켜 갈 것이 요구된다. 구약성서에는 '너희들이 있는 곳에서 외국인으로서 살아가는 외인거주자는 너희들의 토지에 태어난 사람과 똑같은 처우를 받아야 한다. 너희는 이들을 자기 자신과 같이 사랑하지 않으면 안 된다.'(레위기 19-34)라며 외국인에 대한 관용을 설파하였다. 이교도에 대한 엄격함으로 유명한 코란이지만, '네가 널리 자비로운 알라(신)의 종이라면 조용히 대지를 걸어 무지한 자가 말을 걸어오더라도 "사라만평안이 있으라"[01]이라고 말할 것이다.'(25-63)라며 이슬람을 믿으려 하지 않는 자에게도 정중하게 인사할 것을 요구하고 있다. 법화경에서는 누군가 나에게 돌을 던지더라도 또는 지팡이로 맞더라도 '내가 감히 너희들을 경멸하지 않으리'라고 말하며 예배를 이어간 불경보살不軽菩薩의 모습을 설파하고 있다. 이들은 인간의 삶의 방식에 관한 이상형을 제시한 것이나, 여기에 다툼을 피하고 같이 평화롭게 살아가기 위한 선인의 지혜가 잘 표출되어 있다고 볼 수 있다. 종교를 떠나 언어의 다름이 원인이 되어 인간이 서로 반목한다는 것은 실로 어리석은 일이다.

정책이라는 것은 사용하기에 따라 선도 악도 될 수 있는 것이다. 본 시리즈에는 그러한 예증例証이 다수 등장하고 있다. 정책입안자는 무엇을 위함인가를 명확하게 하고 어떠한 결과가 초래될 것인지를 충분히 검토한 후 정책을 실행에 옮겨야 한다. 본래 '政'이라는 한자에는 '바른 일을 행한다'라는 의미가 담겨 있다. 언어정책연구가 인류의 평화공존과 행복을 위해 향후 한층 더 발전해나갈 것을 빌어 마지 않으며, 본서가 그에 일조할 수 있기를 바란다.

주석

01   현재의 이슬람교도의 인사는 세계 어디를 가더라도 '알 살라무 알라이쿰(당신에게 평화가 깃들기를)'이라고 한 명이 말하면, 상대방은 '와 알라이쿰 알 살람(당신에게도 마찬가지로 평화가 깃들기를)'이라고 답하게 되어 있다.

차례

머리말 보다 바람직한 다언어사회의 구축을 위해

다언어사회와 일본   5
세계에서 배운다   7
다언어사회를 살아가다   9

제 1 장 벨기에 : 변용하는 언어모자이크 국가

1. 벨기에의 언어전쟁   17
2. 벨기에의 언어·이민구성과 국가의 성립   19
3. 벨기에의 언어정책   22
4. 언어에 따른 교육재편   27
5. 이민통합과 언어교육   30
6. 맺으며   38

제 2 장 발트3국의 언어정책

1. 들어가며   43
2. 역사와 언어   44
3. 독립시대와 소련시대   52
4. 냉전의 종언, 글로벌화의 과정에서   55
5. 언어정책의 목적 변천   74

제3장   대만의 3가지 언어정책

1. 들어가며   79
2. 대만의 민족과 언어   81
3. '국어'정책   84
4. 향토언어의 부흥정책   90
5. 외국어교육정책과 외국어정책   94
6. 정리   102

제 4 장   브루나이의 언어정책

1. 들어가며	107
2. 역사	108
3. 민족구성과 언어	110
4. MIB(말레이주의·이슬람 국왕·왕정)	114
5. 교육	116
6. 2언어교육정책(Dwibahasa Education Policy)	118
7. 영어의 위치	120
8. 영어의 중요성	123
9. 마치며	124

제 5 장   터키의 언어개혁과 그 후의 언어정책

1. 들어가며	127
2. 터키의 서구화정책	129
3. 터키의 언어개혁	135
4. 터키의 언어정책	143
5. 마치며	153

제 6 장   중동의 언어정책

1. 들어가며	159
2. 아랍어의 지역격차	161
3. 중동의 본격적인 교육제도의 확립	163
4. 중동 국가들의 언어정책	165
5. 독립국가가 된 중동 각국의 교육개혁의 시도	166
6. 신생국가의 여성과 교육	168
7. 식자율의 상승에 따른 취업률의 향상	168
8. 중동·북아프리카 국가들의 교육수준을 둘러싼 문제들	170
9. 교육의 남녀격차 문제	173
10. 카이로(이집트)의 식자교육의 현황	175
11. 식자교육의 언어를 둘러싸고	177
12. 마무리를 대신하여	178

제 7 장 방글라데시의 언어정책

　　1. 들어가며 　　　　　　　　　　　　　　　　183
　　2. 독립까지의 고난의 길 　　　　　　　　　　　184
　　3. 벵골어 국어화운동의 역사 　　　　　　　　　189
　　4. 벵골어 개량의 시도 　　　　　　　　　　　　201
　　5. 영어의 상황 　　　　　　　　　　　　　　　211

제 8 장 파키스탄의 언어정책

　　1. 오래되고 새로운 불안정한 나라 파키스탄 　　215
　　2. 다언어국가 파키스탄의 2민족론의 한계 　　　217
　　3. 파키스탄의 주요언어 　　　　　　　　　　　218
　　4. 파키스탄의 언어정책 　　　　　　　　　　　226
　　5. 우르두어의 기능과 지위 　　　　　　　　　229
　　6. 파키스탄의 언어 하이어라키 　　　　　　　232
　　7. 나가며 　　　　　　　　　　　　　　　　233

제 9 장 가나 : 국어가 없는 나라의 딜레마

　　1. 들어가며 　　　　　　　　　　　　　　　　239
　　2. 가나의 언어사정 개관 　　　　　　　　　　241
　　3. 서구의 아프리카 진출 　　　　　　　　　　247
　　4. 가나의 언어교육정책의 변천 　　　　　　　251
　　5. 현지어의 가능성 　　　　　　　　　　　　261
　　6. 개발과 언어정책 　　　　　　　　　　　　263
　　7. 나가며 　　　　　　　　　　　　　　　　265

제10 장 브라질의 언어정책

　　1. 들어가며 　　　　　　　　　　　　　　　　271
　　2. 브라질에서 사용되는 언어들 　　　　　　　272
　　3. 브라질 포르투갈어 　　　　　　　　　　　274
　　4. 브라질 식민과 포르투갈어화 　　　　　　　278
　　5. 나가며 　　　　　　　　　　　　　　　　282

총정리 '세계의 언어정책'과 '다언어사회'

1. 들어가며 285

2. 언어의 변화에 관한 신념 287

3. 두 개의 언어정책 289

4. 언어정책의 주체·목적·내용 295

5. 다언어주의에 대하여 298

6. 다언어주의에 대한 의문 300

7. 언어정책에서 언어 서비스로 313

8. 나가며 317

제 1 장
벨기에
: 변용하는 언어모자이크 국가

후쿠시마 지에코福島 千枝子

1. 벨기에의 언어전쟁

벨기에의 수도 브뤼셀의 북동쪽 교외에 있는 마을 자벤텀에는 국제공항이 있어 해외로부터의 관문에 해당한다. 근처에 북대서양조약기구NATO 본부가 있어 인구(약 3만 명)의 약 20%를 외국인이 점하고 있으나 상점가의 간판 등은 네덜란드어밖에 없어 영어나 프랑스어 표시는 눈에 띄지 않는다.

'자벤텀은 네덜란드어 권에 속해 있습니다. 직원이 네덜란드어 이외의 언어를 사용하는 것은 법률로 금지되어 있습니다. 네덜란드어를 충분히 구사할 수 없는 사람은 통역을 동반해서 와 주세요'. 자벤텀 동사무소의 접수처와 직원의 책상 위에는 동장의 공인公印이 찍힌 외국인과 이민 내방자를 위한 안내문이 영어, 프랑스어, 아라비아어 등 6개 국어로 걸려 있었다.

영어와 프랑스어로 '네덜란드어 외에는 대응해줄 수 없는가'라고 필자가 직원에게 확인을 하자 네덜란드어로 '안 됩니다'라는 답이 돌아왔다. 직원에게 의무적으로 네덜란드어만 사용하도록 하는 공식상의 이유는 '다언어사용에 의한 혼란'을 피하기 위해서이지만 그 배경에는 벨기에서의 프랑스어와 네덜란드어의 언어대립이 있다.

벨기에의 역사는 언어전쟁의 역사라 해도 과언이 아니다. 1830년의 독립 이래, 북부의 네덜란드어계 주민과 남부의 프랑스어계 주민은 대립 관계를 이루어 왔으며, 이러한 언어대립은 국가분열의 위기를 재삼 초래 하였다(福島 2008). 시대의 추이推移와 함께 정부와 학교는 언어별로 각각 의 별도의 체제로 정비되어 대립을 완화시키는 방향으로 국가의 형태가 갖춰졌다. 하지만 지역별 언어정책은 국가로서의 통합을 위협하여 주민 들의 상호이해와 공생을 저해하는 요인이 되기도 하였다.

벨기에에서는 국가에 대해 강한 귀속의식을 느끼는 국민의 비율이 타 의 평균을 밑돌아[01], 국민이 국가보다도 지역에 대해 강한 귀속의식을 갖 고 있다고 한다. 그럼에도 불구하고, 벨기에가 국가로서 존속하고 있는 배경에는 EU본부가 위치한 수도 브뤼셀이 존재감을 발휘하고 있는 점 과 국민으로부터 신뢰를 쌓아온 왕실이 정치개입을 통해 통합을 유지하 는데 있어 큰 역할을 담당하였다는 사정이 있다.

20세기 전반부터 중엽에 걸쳐 지역별로 공용어가 제정된 결과, 언어 를 둘러싼 분쟁은 브뤼셀 주변과 남북을 나누는 경계선 부근으로 한정되 어 있는 실정이다. 연방국가로서 언어별 공동체정부에 교육의 권한이 부 여되어, 지역주민의 언어상의 권리의식이 일정 정도 충족되었기 때문이 다. 그러나 최근에는 외국어교육의 현장에서 다언어주의를 향한 움직임 이 활발해져 언어정책은 기로에 직면해 있다.

본장에서는 우선 벨기에의 역사를 되돌아보며 언어정책에 대해 개관 한 후 국가의 성립과 민족·언어구성에 대해 설명한다. 다음으로 과거로 부터 현재에 이르기는 언어정책의 추이와 그 배경을 분석하고, 최근의 사례로서, 공동체정부의 이민·언어정책의 현장을 직접 살펴 그 결과에 대해 보고하고자 한다. 마지막으로 이언어집단의 공존을 모색하는 벨기 에의 시도를 통해 외국어교육과 시민 간 상호이해의 상관관계에 대해 고 찰하고자 한다.

2. 벨기에의 언어·이민구성과 국가의 성립

벨기에는 일본의 간토關東지방보다도 조금 좁은 약 3만㎢의 국토에 일본 인구의 10분의 1에 조금 못 미치는 약 1076만 명(2009년)이 거주하는 유럽의 소국이다. 프랑스, 독일, 네덜란드에 둘러싸여 있어 언어와 민족의 십자로라 불린다. 민족적으로는 주로 남부의 라틴계 민족과 북부의 게르만계 민족으로 구성되어 있어 예로부터 로망스계 언어(남부)와 게르만계 언어(북부)가 벨기에를 남북으로 분단하는 형태로 존재하였다.

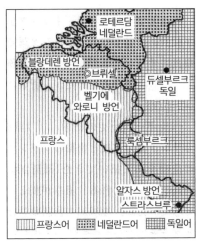

그림 1 : 벨기에와 주변 국가의 언어분포
출처 : Murphy 1988 : 2를 근거로 필자작성

현재의 벨기에의 국경은 주민이 사용하는 언어의 경계선과는 일치하지 않는다. 프랑스, 독일, 네덜란드 등 각 언어 사용지역에 걸쳐 있는 형태로 벨기에라는 국가가 부자연스럽게 자리잡고 있는 듯이 보인다(그림 1). 대국의 틈새에 끼여 있는 벨기에는 중세부터 근세에 걸쳐 합스부르크 가문, 프랑스, 네덜란드 등과 같은 유럽열강에 의해 잇따라 지배를 받았고 이 과정에서 점령과 할양割讓이 반복되어 결국엔 자신의 운명을 농락당했다. 그 결과 언어의 경계선을 국가의 틀 안에 포함시킨다는 현재의 국정國情이 형성되었다.

언어에 의한 남북분단은 현재의 벨기에에 면면히 이어져 내려오고 있다. 국토는 동서로 뻗은 '언어경계선'으로 남부(프랑스어권과 독일어권)와 북부(네덜란드어권)로 둘로 나뉘어 경계선을 넘어가면 언어도 완전히 바뀐다. 수도인 브뤼셀에서 공공교통기관을 타고 네덜란드어권으로 들어가면 차내와 행선지 표시가 프랑스어·네덜란드어의 2언어병기에서 네덜란드어 만으로 바뀌고, 프랑스어권에서는 프랑스어표기로 통일된다는 식이다.

벨기에는 1993년 중앙집권제에서 연방제로 이행하였다. 헌법에서는 '공동체와 지역으로 구성된 연방국가'(제1조)로 규정되어 연방정부 밑으로 지역과 공동체의 각 정부가 병존한다. 연방정부는 외교, 안전·사회보장, 사법 등의 국가의 기축정책을 담당하는 반면에, 경제, 환경, 교통 등의 지역과 밀접히 관련된 분야는 지역정부가, 문화와 교육 등 개인에 관한 사항은 공동체정부가 각각 권한을 갖으며, 정부 간에 역할을 분담하는 체제가 성립되어 있다. 더불어 사회구조적으로는 '언어권'이 더해져 그림 2와 같이 3층 구조가 된다.

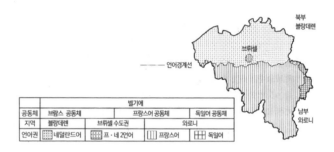

그림 2 : 벨기에의 '공통체', '지역', '언어권'

네덜란드어가 사용되는 북부는 네덜란드어식으로 읽으면 '블랑데렌Vlaanderen' 또는 '브람스 지역Vlaamse Gewest'으로 불린다. 일본에서는 『플란다스의 개』로 익숙한 '플랑드르스Flandre'는 프랑스어식 읽기이다. '브람스'는 북부에 살고 있는 네덜란드어계 주민의 민족·문화를 가리킨다. 주로 프랑스어가 사용되는 남부는 프랑스어식 읽기로는 '와로니Wallonie' 또는 '와론R'egion wallonne'으로 불리며, 플랑드르 안에 섬과 같이 존재하는 것이 '브뤼셀Région bruxelloise/Brusselse Gewest'[02]이다.

공동체로서는 '브람스 공동체Vlaamse Gemeenschap'[03], '프랑스 공동체 Communauté française', '독일어 공동체Deutschsprachige Gemeinschaft'가 있으며, 언어권은 '프랑스어권', '네덜란드어권', '독일어권', '브뤼셀2언어병용권' 등으로 나뉜다(그림 2).

프랑스어와 네덜란드어가 공용어인 브뤼셀을 제외하면 벨기에서는 공동체별로 3가지 공용어(북부는 네덜란드어, 남부는 프랑스어, 독일국경부근은 독일어)가 지정되어있어 지역별 단일언어제도가 채용되고 있다. 어느 공동체에도 이민언어와 지역언어는 존재하나 교육과 행정에서 사용되는 것은 각각의 공용어이다.

벨기에국민의 58%는 북부 블랑데렌, 32%는 남부 왈론에 살고 있으며 수도 브뤼셀에는 인구의 10%가 모여있다(벨기에 통계국, 2009년). 국민을 언어별로 보자면 네덜란드어 화자는 전체의 56%, 프랑스어화자는 38%, 독일어화자는 0.4%이다.

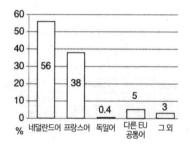

그림 3 : 모어화자비율
출처 : Special Eurobarometer 243에서

남북 간의 격차는 언어나 민족만이 아닌 산업과 경제의 격차에서도 알 수 있다. 철이나 석탄 등의 자원을 보유한 유럽 유수의 산업지역으로 19세기 중엽에 산업혁명을 달성한 남부는 당시의 프랑스어의 국제적 지위도 한몫하여 북부에 비해 항상 우위에 서 있었다(下條 1998 : 103). 그러나 제2차 세계대전 후에는 남북의 경제관계가 역전되어 현재는 다이아몬드 연마 산업 등으로 윤택한 북부가 정치적으로도 경제적으로도 남부를 능가하고 있다.

3. 벨기에의 언어정책

벨기에의 언어정책사는 크게 4시기로 나뉜다. ① 독립전후(1830-1860연대)의 프랑스어 지배기, ② 1870년대부터 제1차 세계대전에 걸친 프랑스어와 네덜란드어의 2언어병용기, ③ 전후기·전후부터 최근에 이르기까지의 프랑스어, 네덜란드어, 독일어의 지역별 단일언어정책기, ④ 1990년대 이후, 단일언어 정책의 틀을 유지하며 학교교육 현장에서는 다언어수용의 시도가 진행된 다언어요람기(5절, 6절 참조)이다.

3-1. 프랑스어 지배의 확립

벨기에 지역은 1384년에 부르고뉴 공국公國의 일부가 되어 1585년부터 합스부르크 가문의 지배 하에 놓인다. 중세의 유럽에서 지적 엘리트의 문화적 언어였던 라틴어는 점차 프랑스어로 교체되어 갔다. 특히 벨기기 지역에서는 프랑스의 지배·병합(1794-1814)을 거쳐 프랑스어의 힘이 커져 사람들은 프랑스어를 사용하는 상류계급과 게르만어계 또는 로망스어계열의 여러 지역 언어를 사용하는 주민으로 나뉘었다(Witte & Velthoven 1993 : 31). 네데르란트 연합왕국(네덜란드) 지배시대(1814-1830)에는 네덜란드어화정책이 추진되어 현재 벨기에 북부에서는 네덜란드어가 공용어가 되었다. 그러나 북부에 사는 부르주아(중산계급시민)의 대부분은 예로부터 프랑스어에 익숙했기 때문에 네덜란드어화정책은 성공하지 못하였으며 지배계급의 언어로서 프랑스어의 지위가 유지되었다(Murphy 1988 : 49).

벨기에가 독립했을 때의 헌법에는 공용어의 규정이 없어 '언어사용은 임의다'(23조)라고 간주되었으나, 사실상 공용어의 지위를 얻은 것은 프랑스어였다.[04] 1830년 10월에는 군대 언어가 프랑스어로 지정되어 동년 11월의 임시정부령에서 법령과 정부문서를 프랑스어로 기술할 것이 규정되는 등 프랑스어 사용을 촉진하는 조치가 잇달아 취해졌다.

배경에는 네덜란드어계 주민을 포함한 부르조아와 상류계급이 프랑스어를 선호하였다는 사실 외에도 지배국(네덜란드)의 언어에 대한 반발이 있었다. 벨기에 독립은 프랑스의 7월 혁명의 영향을 받았으며, 프랑스어를 공화국 통합의 수단으로 삼은 프랑스를 따라 국가의 언어는 하나여만 한다는 인식도 벨기에 지배층에 침투하였다.[05]

3-2. 브람스운동에 의한 2언어병용의 획득

그러나 벨기에 독립 후의 프랑스어 우대정책은 프랑스어화자가 아닌 네덜란드어계 일반주민의 반발을 불렀다. 그 결과, 브람스언어문화의 승인을 요구하는 브람스민족운동Vlaamse Beweging[06]이 일어나 네덜란드와 벨기에 북부의 언어학자들은 공동으로 '표준네덜란드어'의 체계화에 착수하였다.

운동의 '성과'로서 벨기에 북부에서는 재판에서의 네덜란드어의 사용(1873년), 행정에서의 네덜란드어, 또는 네덜란드어와 프랑스어의 2언어병용(1878년)이 정령政令으로 정해졌다. 또한 브람스운동은 언어교육에 네덜란드어의 채용을 지속적으로 요구하였으며[07], 그 결과 1883년에 초등·중등교육에서의 네덜란드어에 의한 수업이 인정되었다. 1898년에는 국내의 프랑스어와 네덜란드어를 대등하게 취급한 '평등법'이 성립되었다(Francard 1995 : 37). 그 당시까지 프랑스어가 지배계급의 언어로서 우위에 서있던 벨기에에서 언어평등이라는 인식이 도입되어 네덜란드어가 교육·행정언어로 인지되었던 것이다.

또한 제1차 세계대전(1914-1918)에서 벨기에를 점령한 독일이 브람스 운동을 옹호하는 입장을 취한 것도 네덜란드어의 지위향상에 일조하였다.

3-3. 언어내셔널리즘과 단일언어정책

제1차 세계대전은 벨기에 국민이 지역·언어 아이덴티티를 함양하는 계기가 되었다. 네덜란드어 화자는 네덜란드어를 모르는 장교에 대한 불신감이 강하였으며 군대에서의 프랑스어화자 우대 등의 부당한 취급을 참을 수 없었다.[08]

전후 1921년에 처음으로 지역별로 공용어를 규정한 언어법이 생겼으며 북부는 네덜란드어, 남부는 프랑스어, 브뤼셀은 프랑스·네덜란드 2언어로 정해져 이후의 '언어권'과 '언어경계선'의 토대가 되었다. 교육언어가 지역의 공용어로 지정된 것도 이 시기이다. 1925년의 언어법에서 '독일어의 지자체'로 지정된 25지자체에서는 최초로 독일어에 의한 교육이 의무화되었다. 벨기에 독립 전은 라틴어, 독립 후는 프랑스어로 수업을 행하였던 북부의 헨트 대학에서는 1923년 네덜란드어에 의한 수업의 이수가 의무화되어 1930년의 언어법에서는 네덜란드어가 교육언어로 규정되었다.

언어경계선을 법적으로 확정한 1932년 6월의 언어법은 브뤼셀을 제외한 전 지역에서 지역별로 사용언어를 고정한 단일언어정책의 채용을 지향하였다. 동년 7월의 언어법은 초등·중등교육에서의 지역별 언어사용을 규정하여, 초등교육에서는 모어로, 중등교육에서는 지역에서 정한 언어로 교육을 받는다고 하였다.

제1차 세계대전을 계기로 고양된 주민의 내셔널리즘은 벨기에 북부에서의 네덜란드어, 독일국경지역에서의 독일어의 공적 지위를 인정한 일련의 언어정책이 반영된 결과이며, 벨기에는 장래의 연방제를 염두로 국가 내에서 언어·지역별로 주민이 분리되어 거주하는 환경의 정비를 향한 한걸음을 내딛은 것이다.

3-4. 언어조사의 폐지

벨기에 정부는 국세国勢조사의 일환으로 국민이 일상적으로 어떤 언어를 사용하고 있는지를 조사한 언어조사[09]를 1846년부터 10년 마다 실시하여 그 결과에 따라 언어정책을 입안, 실행해왔다. 1932년의 언어법은 언어조사에서 다수파였던 언어를 각 지자체가 행정서비스 언어로 규정하여, 소수파언어화자가 주민의 30%이상을 차지하는 지자체에서는 2언어로의 대응을 의무화하였다.

언어조사는 9회 실시되었으나, 1947년 조사(54년 공표)를 끝으로 폐지되었다. 브뤼셀 주변과 네덜란드어권에 속한 언어경계선 부근 8지자체에서 프랑스어 화자가 급증하였음이 밝혀져 물의를 빚었기 때문이다. 프랑스어의 영향권 확대에 전환점이 될 수도 있었던 조사결과는 네덜란드어 화자의 반발을 불러일으켜 1960년대에 예정되었던 언어조사는 일단 연기되었다.

그러나 500개 이상의 블랑데렌 자치구가 보이콧을 계획하는 등 네덜란드어 화자의 반발이 진정되지 않았기 때문에[10] 법률에 의해 61년의 국세조사에서는 언어에 관한 항목이 폐지되었고, 이후에도 언어조사는 실시할 수 없었다. 그래서 부상한 언어정책이 '유동적 언어경계선'의 고정이었다.

3-5. 단일언어주의로의 이행과 새로운 대립

1960년대는 벨기에에서 언어대립이 격화된 시기이다. 1962년 11월의 언어법은 국토를 언어별로 나누어 언어경계선을 고정하였으며, 1963년 7월의 언어법은 네 개의 언어권(프랑스어, 네딜란드어, 독일어, 프랑스어·네딜란드어의 2언어병용의 브뤼셀)을 규정하였다. 지금까지 북부를 중심으로 용인되었던 프랑스어·네딜란드어 병용이 종언을 고하고 지역별로 단일언어정책이 엄격히 실시되게 되었다. 단, 소수언어화자의 권리를 인정한 '언어특례구(그림 4)'와 브뤼셀은 예외취급을 받게 됨으로써 새로운 언어대립의 불씨를 남겼다.

브뤼셀에서는 행정서비스부터 학교교육에 이르기까지 주민이 사용언어를 프랑스어와 네딜란드어 중 하나를 고를 수 있게 되었다. 1963년 8월의 언어법에서는 프랑스어 화자가 다수를 점하고 있던 브뤼셀 주변의 6개의 지자체가 언어특례구로 지정되어 지리적으로는 네딜란드어권에 속하면서도 주민이 행정서비스나 학교교육을 프랑스어로 받을 수 있는 권리가 인정되었다.

예전에 네딜란드어 화자가 다수파였던 브뤼셀에서는 벨기에 독립 후, 프랑스어화가 진행되어 1947년 언어조사에서 프랑스어 화자는 이미 71.9%에 달하였다(Van de Craen & De Vriendt 1987 : 11). 현재 가정에서 프랑스어를 사용하는 브뤼셀 주민은 76.8%에 다다른다는 조사보고도 있다(Janssens 2007). 주민들은 싼 가격의 주택을 찾아 언어특례구를 포함한 교외에 이사하는 경우도 많다. 이와 같은 프랑스어 화자의 교외유출은 수용하는 측인 네딜란드계 정당·주민의 반발을 불러 정치문제화되었다.

내정 상의 과제 중 하나가, 브뤼셀과 주변 지자체 등 총 35개의 지자체로 구성하는 선거구·재판구[11]의 취급문제이다. 네딜란드계 정당·주민을 같은 구로 분할하여 브뤼셀과 주변 지자체를 분리함으로써 프랑스어계 주민의 교외유출을 막고자 하였다. 배경에는 '로마에 가면 로마의 법을 따르라'는 식의 논리로 프랑스어계 주민에게 네덜란드어의 사용을 강제하는 지역주의 성향의 네덜란드어계 주민과, 개인의 언어사용 권리를 내건 개인주의 성향의 프랑스어계 주민의 대립이 있다.

그림 4 : 언어권과 「언어특례구」
출처 : Brassinne 1994 : 80을 토대로 필자 작성

4. 언어에 따른 교육재편

4-1. 대학의 분열

브뤼셀에서 동쪽으로 전차로 약 30분 거리에 위치한 네덜란드어권 르벤은 중세의 석학 에라스무스가 수학하였던 르벤 가톨릭 대학Katholieke Universiteit Leuven : KUL을 자랑하는 문교文敎도시이다. 한편 남쪽으로 약 30km 떨어진 프랑스어권에는 프랑스어로 교육을 실시하는 르반 가톨릭

대학Université catholique de Louvain : UCL이 있다. 원래는 하나의 대학이었으나 60년대의 언어분쟁에 휩쓸려 네덜란드어와 프랑스어의 언어별로 나뉘어졌다.[12]

동 대학에서는 제2차 세계대전 후 프랑스어와 네덜란드어로 수업이 이루어졌으나 프랑스어 배척을 내건 네덜란드어계 주민의 브람스 운동이 힘을 얻은 결과, 1963년 프랑스어계UCL와 네덜란드어계KUL로 분열되어 UCL은 5년 후, 어쩔 수 없이 프랑스어권으로 이전되었다. 수도에 있는 브뤼셀 자유대학도 1969년에 프랑스어계Universite libre de Bruxelles : ULB와 네덜란드어계Vrije Universiteit Brussel : VUB로 나뉘었다.[13]

대학분열은 벨기에의 언어전쟁을 상징하는 사건으로 간주될 때가 많다. 그러나 벨기에는 언어대립의 심각화를 계기로 대학 등의 사회적·문화적 장을 언어별로 분리함으로써 대립격화를 한 측면도 있으며 주민이 언어에 따라 서로 다른 지역에 거주하는 지역별 단일 언어정책의 필연적 소산이라고도 볼 수 있다.[14] 현재 벨기에에서는 정당, 교육기관, 미디어(신문, 텔레비전, 라디오), 도서관, 문화센터 등이 언어별로 나뉘어 존재한다.

4-2. 브뤼셀 : 다언어주민과 두 단일언어제도

프랑스어·네덜란드어 2언어병용이 규정된 브뤼셀에는 브람스공동체와 프랑스어공동체가 각기 교육행정권한을 갖고 있으며, 학교도 네덜란드어계와 프랑스어계의 2종류가 존재한다. 1971년부터 부모가 아이들을 통학시키는 학교를 프랑스어계와 네덜란드어계에서 고를 수 있게 되었으나, 교육언어는 프랑스어와 네덜란드어 중에서 선택 가능하며 교육현장에서의 단일언어 원칙은 다른 지역과 다름없다. 2언어 병용이 아닌 두 가지 단일언어정책이 병존하고 있다는 것이다.

브뤼셀에서는 프랑스어가 모어인 아이들이 네덜란드계 학교에, 네덜란드어가 모어인 아이들이 프랑스어계 학교에 다니는 경우도 많다. 1980년대 이후는 프랑스어계와 외국인 주민이 네덜란드어계 학교를 선택하는 경우가 늘어 네덜란드어계 학교에서는 네덜란드어가 모어인 학생이 소수파가 되는 현상도 일어나고 있다. 배경에는 프랑스어계 학교의 경우 외국어교육에 대한 방침 및 대처가 부족한 것에 대한 부모의 실망과 브람스공동체정부가 학교교육에 대해 후한 공적지출을 실시하고 있어 취직 시 프랑스어·네덜란드어 2언어화자가 우위에 있다는 등의 사정이 있다(Mettewie & Janssens 2007 : 122).

필자의 근처에 살던 콩고민주공화국 출신의 일가를 예로 들자면, 브뤼셀에 10년째 거주 중인 부모(40대)의 모어는 스쿠어(아버지)와 콩고어(어머니)로, 다시 아버지는 콩고의 주요지역언어인 링가라어, 스와히리어, 콩고어, 치루바어, 어머니는 링가라어도 구사한다. 그들이 콩고에서 받은 교육언어는 프랑스어이며 결혼 후는 서로의 모어를 섞어 쓰면서도 주로 링가라어와 프랑스어로 의사소통을 한다. 3명의 자녀들을 네덜란드어계 초등학교에 보낼 것을 결정한 부부는 교대로 네덜란드어 학교에 다니면서 가정에서는 자녀들과 주로 프랑스어로 이야기를 하나 때로는 네덜란드어도 사용한다.

부모가 자녀들의 학교로 네덜란드어계를 선택한 이유는 2가지이다. 우선은 프랑스어(가정)와 네덜란드어(학교)의 바이링구얼 교육을 받게 하려는 목적에서이며 언어교육을 중시하는 아버지는 '브뤼셀에서는 네덜란드어를 구사하는 쪽이 장래의 직업선택에 유리하다'고 강조한다. 또한 프랑스어계와 비교해 네덜란드어계 학교 쪽이 교육시설·내용이 뛰어나고 정부에 의한 경제적인 지원도 충실하다는 점을 학교선택의 이유로 꼽았다.

브뤼셀에서는 네덜란드어계, 프랑스어계 어느 쪽 학교에도 가정언어와 교육언어가 다른 아동·학생이 많이 재적하고 있다. 각 공동체는 교육언어의 이해가 불충분한 학생을 위해 특별수업을 도입하여 교육지원금을 지급하고 있으나, 그럼에도 학교에 따라서는 주민의 다양화에 제대로 대응하지 못할 뿐만아니라, 수업을 따라가지 못하는 아이들이 증가하는 등의 과제도 안고 있다.

사진 1 : 영국어·프랑스어·네덜란드어·독일어 등의 4언어에 의한 선거공보(EU의 유럽회의) (좌)
사진 2 : 프랑스어·네덜란드어 2언어를 사용한 표식(브뤼셀 시내) (우)

5. 이민통합과 언어교육

5-1. 이민의 영향[14]

벨기에는 이민국가라 외국인의 유입이 다언어상황에 박차를 가해 왔다. 벨기에에 사는 이민자 또는 장기체재 외국인 등록자수는 인구의 9.1%에 해당하는 97만 명 이상(2008년)에 이르며 수도 브뤼셀의 경우

28.1%(30만 명에 조금 못 미치는)에 달한다. 벨기에 국적을 취득한 '외국출신자'를 더하면 외국계의 비율은 더욱 더 증가한다. 현재 브뤼셀에서는 주민의 반수가 외국계이며 스카프를 둘러쓴 이슬람여성과 민족의상을 입은 아프리카계 주민의 모습도 곧잘 눈에 띈다.

벨기에의 등록외국인수를 국적별로 살펴보면, 가장 많은 것이 약 17만 명(전외국인의 17.4%)인 이탈리아인, 이하 약 13만 명(13.4%)인 프랑스인, 약 12만 명 3000명(12.7%)의 네덜란드인, 약 8만 명(8.2%)인 모로코인, 약 4만 3000명(4.4%)인 스페인인, 약 4만 명(4.1%)의 터키인이 뒤를 잇는다.

이민자·외국인 내역은 크게 셋으로 나눌 수 있다. 첫 번째 그룹은 벨기에 정부의 이민정책에 따라 이주한 '돈벌이 이민자'이다. 벨기에 정부는 제2차 세계대전 후부터 1970년대에 걸쳐 국내의 노동력 부족을 메꾸는 형태로 이탈리아(1946년), 스페인·포르투칼(1956년), 그리스(1957년), 모로코·터키(1964년) 등의 각국과 협정을 맺어 이민을 적극적으로 수용하는 정책을 추진하였다. 또한 EU의 판도가 확대됨에 따라 신규로 가맹국이 된 폴란드와 루마니아 등으로부터의 지역이민도 증가하였다.

두 번째 그룹은 벨기에의 식민지였던 콩고민주공화국(구 자일)과, 위임통치령이었던 완다와 브루진을 중심으로 한 아프리카계 이민자이다. 70년대 벨기에 정부는 콩고로부터의 이민자의 대량수용을 검토하였으나 백인에 의한 노예제도를 상기시키는 이민 구상에 콩고정부가 반대하였기 때문에 실현되지는 못하였다. 그러나 3개국 안에서는 콩고인이 1만 6000명으로 가장 많다.

세 번째 그룹은 벨기에에 거점을 둔 민간기업과 브뤼셀의 EU본부 등에서 일하는 유럽의 '엘리트 이민자'이다. 벨기에의 이웃나라인 프랑스, 네덜란드, 독일 출신자가 상위를 차지하나, EU의 동방東方 확대에 따라 영어화자가 많은 구 동유럽 국가들로부터의 이주자가 늘고 있는 추세이다.

다양한 이민의 존재로 인해 벨기에는 다언어·다민족사회로서의 성격이 점차로 강해지고 있다. EU의 여론조사 '유로 바로미터'에 의한 2006년 조사[15]에서는 유럽 시민 중 모어 외에 1개 이상의 이언어(외국어)를 구사할 수 있는 사람이 가맹국 평균 56%에 달하며 그 중 반은 2개 이상의 이언어 구사가 가능한 반면, 단일언어화자도 44%나 있다. 이에 비해 벨기에에서는 단일언어화자는 26%에 지나지 않으며 모어 외의 언어를 1개 이상 구사할 수 있는 국민이 74%로 유럽평균을 훨씬 상회하고 있으며, 53%는 3개 언어 이상을 구사가능하다. 이러한 조사결과는 이민국가 벨기에의 다언어사용의 양상을 극명히 부각시킨다.

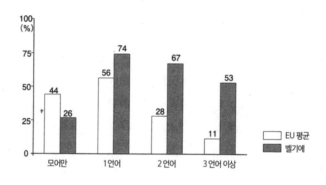

그림 5 : 사용 가능한 언어 수

5-2. 브람스공동체의 이민 대책

브람스공동체는 네덜란드어의 지위향상에 진력하고 있다. 1946년에는 네덜란드어 서기법書記法의 간략화에 대해 네덜란드 정부와 협의를 시작하여 1980년에는 네덜란드어 진흥 등의 측면에서 협력을 강조하는

'언어협력조약'에 서명하였다. 같은 해 브람스공동체와 네덜란드 정부 등으로 구성된 '네덜란드어 연맹'Nederlandse Taalunie이 설립되어 네덜란드어 문법과 표기법의 통합, 사전의 편찬, 네덜란드어 교육 연구 등의 분야에서 협력하고 있다. 특히 프랑스어가 주류언어인 브뤼셀에서 대등한 공용어로서의 네덜란드어를 인지·보급시키는 것은 중요한 언어정책이다.

또한 네덜란어 교육은 이민통합정책의 일환이며(Janssens 2005 : 171), 브람스 공동체의 이민수용사무소Onthaalbureau Inburgering가 2004년부터 실시 중인 이민통합프로그램 안에서도 중요한 위치를 점하고 있다. 이민자를 대상으로 한 네덜란드어 교육은 공동체가 설립한 "Huis vanhet Nederland네덜란드어의 집"이 담당하고 있으며, 네덜란드어 교육을 통해 이민통합의 촉진을 지향하는 공동체의 전략을 엿볼 수 있다.

이민통합 프로그램은 주재원과 학생을 제외한 장기체류 중인 18세 이상의 이민자와 난민이 대상이다. 북부의 블랑데렌에서는 수강이 의무화되어 있으나 브뤼셀에서는 임의이다. 이하 필자가 2009년 3월부터 약 2개월간 실제로 브뤼셀에서 참가하였던 이민통합 프로그램의 참여관찰의 결과를 보고하고 공동체정부가 추진 중인 이민통합정책과 언어정책의 관계를 분석한다.

브람스공동체 정부의 2009년도 보고서에 따르면 브뤼셀에서의 프로그램 수강자는 1438명이었다. 필자가 참가한 2009년 4월말 수료 과정은 아프리카 국가를 중심으로 48개국 출신의 348명이 수강하였다. 영어, 프랑스어, 터키어, 러시아어, 페르시아어, 아라비아어, 스페인어 등 11언어로 개강되어 필자는 프랑스어로 수업을 하는 클래스에 등록하였다. 수강생은 14명으로 브라질인 1명과 필자를 제외한 12명은 아프리카 출신(모로코, 아르제리아, 앙고라, 루완다, 니제르, 콩고, 지부티, 브룬디, 기니아)이었다.

프로그램은 ① 벨기에 사정강의, ② 취직지도, ③ 개별상담·지원, ④ 네덜란드어 교육으로 구성된다. ①과 ②는 1일 당 3시간의 강의·토론이 주 3일, 약 2개월 간(합계 약 60-80시간) 실시되며, 정부기관 등으로의 사회견학과 전문가를 초청한 특별강의도 있다. ③에서는 수강자 각자의 담당자가 1년간 자립지원을 도우며, ④ 네덜란드어 교육은 초급부터 상급까지 1레벨 당 80-240시간의 어학수업을 무료로 들을 수 있다.

①과 ②에서는 벨기에의 사회와 정치 등의 기초지식을 가르칠 뿐 아니라, 실생활상의 노우하우를 전수한다. 주로 개발도상국으로부터의 이민자를 염두에 두고 있는 바, 수업은 약속과 시간의 준수, 지도 읽는 법과 공공교통기관의 이용방법 등 사회인으로서의 기본동작과, 행정시스템, 난민신청의 수속절차, 주민의 의무와 권리에 대한 설명에까지 이른다. 또한 불법이민자가 받을 수 있는 특별한 의료서비스와 교육, 체재허가를 취득할 수 있는 방법 등도 학습한다.

가장 중시되는 항목은 이민자에 대한 교육지원과 취업훈련이다. 출신국에서 교육을 받지 못했던 수강자에게는 문자 읽기쓰기부터 공부할 수 있는 강좌가 준비되어 직업훈련기관과 대학에서의 자격·학위취득과 취로에 필요한 어학력의 습득을 지원하는 체제가 잘 갖춰져 있다. 필자가 수강한 네덜란드어 초급·중급 코스 수업도 '전화로 병원에 예약하기', '모임불참의 연락하기', '편지쓰기', '취직활동하기' 등의 실천적인 내용이 주를 이루었다.

벨기에에 온 지 얼마 되지 않은 르완다인 난민(34세 남성)의 경우, 오전 중에 컴퓨터 연수, 오후에 벨기에 사정 강의, 밤에는 네덜란드어 수업 식으로 프로그램이 짜여 있다. 그 후 1년간의 직업훈련교육과 야간 네덜란드어 클래스를 동시에 수강하여 취직을 목표로 한다는 식의 구성이다. 그는 모어인 르완다어 외에 르완다에서의 교육언어였던 프랑스어를 유창하게 구사하며 스와히리어와 영어 등도 잘하는 다언어화자이다.

조리사가 되기로 결정한 그는 매일 아침 7시에 기상하여 조리전문학교로 향하며, 야간의 네덜란드어 학교가 끝나고 나면 귀가시간은 매일 10시 반 무렵이 된다. 귀가 후에도 네덜란드어에 익숙해지기 위해 가능한 한 네덜란드어 텔레비전 프로그램을 보고 있다. 네덜란드어 학습에 열의를 쏟는 이유에 대해 '이민자나 난민의 경우에는 프랑스어 외에 네덜란드어까지 구사할 수 있어야 확실히 취직에 있어 불이익을 받지 않는다'고 설명하였다.

그의 사례처럼 이민통합프로그램을 수강한 난민의 80%이상은 계속해서 네덜란드어를 수강한다. 벨기에 사정에 관한 강의와 취직지도를 받는 과정에서 프랑스어가 주류언어인 브뤼셀에서도 취직에는 네덜란드어의 운용능력이 필수라는 인식이 있기 때문이다.

벨기에의 아프리카계 이민은 모로코, 아르제리아, 콩고 등 프랑스어권 출신자가 많으며, 유럽계이민에서도 이탈리아인, 스페인인, 루마니아인 등의 로망스어계 화자에게는 프랑스어가 보다 익숙하다. 난민을 대상으로 한 브람스공동체의 네덜란드어 교육에는 프랑스어 화자인 이민자를 네덜란드어 사회로 끌어들이려는 의도가 있다. 또한 이민자의 네덜란드어 능력을 향상시킴으로써 지역사회와의 마찰을 줄이고 이민노동력을 공동체의 경제성장에 이용할 수 있는 사회·경제적 효과도 발생하였다.

5-3. 프랑스어 공동체의 다언어교육

프랑스어 공동체의 언어교육정책의 특징은 지역언어와 이민자출신국의 언어를 포함한 다언어교육이다. 배경에는 EU확대와 글로벌화의 진행으로 국제어로서의 영어의 지위가 확고부동해지는 상황이 있으며 프랑스어의 보급을 목표로 프랑스어평의회Conseil supérieur de la langue française가 설립되어 1989년에 프랑스어 보호와 지위향상을 위한 '프랑스어헌

장'Charte de la langue française이 채택되었다는 사실에서도 영어 지배의 흐름
으로부터 프랑스를 지키려는 공동체의 자세를 엿볼 수 있다.

지역 언어에 관해서는 프랑스어공동체 안에 전통적으로 존재하고 있
던 토착 지역어를 보호·촉진하기 위한 법령이 1990년에 공표되었다. 이
민언어에 관해서는 1980년대부터 이민자 출신국의 언어문화LCO : Langue
et Culture d'Origine를 가르치는 프로그램이 학교교육에 도입되어 이민학생
이 출신국 언어, 공통어(프랑스어), 제2언어 또는 외국어 등 총 세 가지 언
어를 배우는 정책이 추진되었다. 1997년에 이민자 출신국(그리스, 이탈리
아, 모로코, 포르투칼, 터키) 사이에 체결된 '파트너 헌장Charte de Partenariat'에
서는 이민학생의 언어로 그리스어, 이탈리아어, 표준 아라비아어, 포르
투칼어, 터키어에 대한 교육추진이 강조되었다. 그 후 루마니아, 스페인
등과도 헌장이 체결되어 172교(2009년) 체제로 LCO프로그램이 실시 중
에 있다.

그러나 이들 언어는 이민자출신국의 공용어에 불과해 이민자의 실
제 모어가 아닌 경우(예를 들어 모로코인 중 베르베르어 화자, 이탈리아인 중 시
칠리아어 화자 등)가 많아 공통어(프랑스어) 습득을 필요로 하는 경우가 많
다. '출신국의 언어문화'를 가르치려는 시도는 학습시간이 적고, 학습자
의 90%를 이탈리아·모로코 출신자가 점하고 있어 이민자 이외의 학생이
참가하지 않는 등 문제가 많아 학생 간의 상호이해를 촉진시키는 효과는
충분하지 않다는 지적도 있다(Lucchini 2006 : 121-122).

프랑스어 공동체의 언어교육정책은 1990년대에 전환기를 맞게 되었
다. 교육장관이 '전원을 바이링구얼로'라는 표어를 내건 것이 외국어교
육에 대한 높은 관심으로 이어져 그 결과 1998년 법령으로 '프랑스어 이
외의 언어에 의한 이머전immersion, 몰입'교육이 가능하게 되었다. 외국어
로 일반과목의 수업을 진행하는 통합적 학습CLIL / EMILE[16]이 시도되기
시작하여 프랑스어 외의 외국어가 교육언어로서 처음으로 학교교육현

장에 도입되었던 것이다.

이는 프랑스어 공동체가 그 때까지 추진해왔던 프랑스어 단일언어정책을 수정하여 CLIL을 내건 EU의 정책을 채용했음을 의미한다. 2008년에는 이머전 교육의 세부사항을 정한 법령이 시행되었고, 프랑스어공동체정부에 따르면 2009-2010년에는 동 공동체 관내의 학교 3076교 중 187교(초등교육 124교, 중등교육63교)에서 이머전 교육이 실시되고 있다.[17]

5-4. 다언어모델로서의 독일어공동체

와로니 동부에 위치한 독일국경 부근으로 눈을 돌리면, 벨기에 국토의 3% 이하의 면적(약 850㎢)에 인구의 1% 미만인 약 7만 5000명(2009년)이 거주하는 '독일어공동체'[18]가 있다. 공동체에 거주하는 외국인의 약 80%가 독일인이다. 독일령이었던 이 지역은 제1차 세계대전 후에 벨기에로 할양되었다가 제2차 세계대전 때 다시 독일 점령 하에 놓이게 된다. 전후 벨기에로 다시 편입되어 1963년의 언어법에 의해 독일어권으로서의 경계선이 확정되었다.

독일어공동체에서는 프랑스어 화자 주민이 프랑스어로 행정서비스와 교육을 받을 수 있는 권리가 인정되어 공동체를 구성하는 9개 지자체 모두가 '언어특례구'로 지정되어 있다. 또한 각 지자체 내에 프랑스어와 네덜란드어를 모어로 하는 유치원아 15명, 초등학교 아동 30명의 요청이 있으면 각각의 모어로 교육을 실시할 것이 법령으로 정해져 있는 등, 소수언어화자의 권리가 존중받고 있다.

독일어공동체는 조기 언어교육에도 적극적으로 대처하고 있어 EU역내에서 가장 빠른 유치원 초년도인 3세 때부터의 프랑스어 학습을 필수로 하고 있다.[19] 더불어 공동체 내에는 대학이 없기 때문에 중등교육을 마친 학생은 고등교육을 인접국인 독일 또는 벨기에 국내의 프랑스어권과 네덜란드어권의 대학에서 받게 되므로, 필연적으로 외국어에 접할 기회는 많아졌다.

이처럼 독일어 공동체주민에게 있어 다언어 운용능력의 획득은 생활의 일부가 되었다. 다언어사회가 형성된 배경에는 독일, 네덜란드 양국과 프랑스어 공동체로 둘러싸인 지리적 요인, 독일지배의 시대가 길었던 역사적 요인, 선진적인 조기언어교육과 언어사용상의 특례조치가 도입된 언어적 요인이 있다.

언어의 차이가 긴장의 불씨인 브람스공동체와 프랑스어 공동체와 달리 독일어 공동체는 '언어분쟁과는 무관'[20](독일어공동체 수상)하다고 한다. 최근에서야 공동체가 행정구분으로 성립되었다는 특수한 사정이 있다 하더라도, 독일어공동체에 뿌리내린 다언어사회에서 이언어화자의 상호이해와 공존의 가능성을 도출해 낼 수 있을 것이다.

6. 맺으며 : 다언어교육의 모색

EU는 유럽시민의 상호이해, 국제경쟁력의 강화, 이민 사회통합 촉진 등의 관점에서 다언어정책을 추진하고 있다. 그러나 벨기에 연방정부는 1지역 1언어라는 지역별 단일언어정책을 유지하고 있다. 1963년의 언어법에서 교육의 장에서의 공용어의 사용이 의무화되어 유럽평의회와 EU가 추진하는 바이링구얼 교육(외국어를 사용한 일반과목 수업)도 원칙적으로 금지되었다.

그러나 이민자 유입과 EU확대의 영향으로 90년대 이후, 브뤼셀을 중심으로 다양한 언어를 사용하는 주민이 늘어나 벨기에 사회는 다언어 경향이 점차 강해지고 있다. 이런 상황에서 지역의 언어사용에 큰 영향력을 갖는 세 공동체는 사회의 실태에 따라 각기 적합한 언어교육정책의 모색하기 시작했다.

브람스공동체에서는 이민자를 포함한 주민에 대한 네덜란드어 교육이 적극적으로 추진되어 네덜란드어 보호와 보급에 언어정책의 역점이 놓여있다. 그러나 2004년의 정령으로 초등학교 5학년부터 프랑스어 학습이 필수화되는 등, 교육현장에서는 조기외국어교육에 힘을 쏟고 있다.[21] 글로벌화(지구규모화)시대에 대응하기 위해 자신들의 사회·행정시스템에서는 네덜란드어 단일언어 체제를 유지하는 한편, 영어를 포함한 다언어를 구사할 수 있는 네덜란드어 화자를 육성하여 국제 경쟁력을 향상시키고자 하는 공동체의 의중을 엿볼 수 있다.

한편 프랑스어 공동체의 일부에서 네덜란드어와 영어 등 프랑스어 이외의 언어를 활용한 이머전 교육이 적극적으로 도입되고 있다는 사실은 교육현장에서 연방정부에 의한 지역별 단일언어정책의 유명무실화가 진행되고 있음을 의미한다. 프랑스어 공동체는 이민자 등 학습자의 국적·출신과 자주성을 존중하는 언어교육을 추진하여 다언어공존을 목표로 한다는 점에서 독일어공동체의 사고에 근접해지고 있다고 볼 수 있을 것이다.

지역별 단일언어 원칙을 고수해온 벨기에의 언어정책은 글로벌화시대의 다언어사회를 앞두고 변용의 필요성이 대두되어 이언어교육의 강화에 의한 복수언어화자의 육성과, 주민 간의 상호이해촉진이 주요 과제로 부상하고 있다. 벨기에 사회는 국내를 이분하여 왔던 언어전쟁의 역사를 교훈삼아, 다양한 언어집단이 일정한 거리를 유지하면서도 서로 다른 언어문화를 상호 존중하는 언어모자이크 국가로서의 존속이라는 전환기를 맞고 있다.

주석

01   Commission européenne(2004:27)

02   북부의 네덜란드어계 주민은 네덜란드어와 방언을 사용한다. 언어명에 '브람스'가 사용된 것은 '서 브람스어'(West-Vlaams) 등 방언명의 경우로 한정되며, 네덜란드어계 주민이 사용하는 네덜란드어를 '브라만어' 또는 그 프랑스어표기 '프라만어'로 부르는 것은 언어학적으로 정확하지 않다(벨기에와 네덜란드의 네덜란드어의 차이는 미국영어와 영국영어의 차이에 가깝다). '와론'은 북부의 '브람스'에 대응하는 남부의 형용사·명사에 해당한다. 남부의 방언 중 하나로 '와론어'(Wallon)가 있다.

03   네덜란드계의 '공동체'와 '지역'의 정부는 통합되어 있어 공동체명은 지역명을 이용한 '블랑데렌 공동체'(三竹 1997, 下條 1998)로 불리는 경우도 있다. 본장에서는 ①공동체가 지리적 개념이 아닌 민족이나 언어 등 개인의 속성에 기반하여 형성되어 있고, ②네덜란드어계 정부관계자(언어담당자)가 필자에게 '블랑데렌 주민과 브뤼셀 주민의 네덜란드어 화자 주민의 공동체'(De "Vaaamse Gemeenschap" is de groep van alle inwoners van Vlaanderen en van de inwoners van Brussel die Nederlands praten)라고 정의해준 것 등을 토대로 '브람스공동체'로 기술하였다.

04   단, 당시의 일반시민의 대부분은 프랑스어를 구사할 수 없었기 때문에 엘리트층 이외의 국민의 말은 지역언어가 주류였다(Leton&Miroir 1999: 21-22, Murphy 1988 : 51).

05   Murphy(1988 : 60), McRae(1986 : 21)

06   브람스운동은 블랑데렌에서의 프랑스어와 네덜란드어의 평등한 권리(네덜란드어 사용영역의 확대)를, 후에 일어난 와론운동은 벨기에를 프랑스어 단일언어 국가로 함을 요구한 것이었다(Leton&Miroir 1999 : 24-36).

07   전통적으로 벨기에에서는 엘리트층의 영어가 프랑스어였던 까닭에 블랑데렌 측은 네덜란드어계 주민의 지도자 육성을 위해서는 네덜란드에 의한 교육의 도입이 불가피하다고 보고 교육분야에서의 언어정책을 중시하게 되었다.

08   Debeuckelaere(1992 : 227-237)

09   언어조사에 관한 기술은 Leton & Miroir(1999 : 73-79)에 따름.

10   Witte&Van Velthoven(1999 : 179). Francard(1995 : 35)는 300개 지자체라고 하였다(그 전의 지자체는 2500개로 나뉘어 있었다)

11   선거·재판구의 주요도시명 Brussel/Bruxelles-Halle-Vilvoorde에서 딴 BHV로 불린다. 상세히는 福島(2008)을 참조

12   대학교육기관에서 네덜란드어와 프랑스어의 분열상태가 발생함에 따라 정치세계에서도 똑같이 정당 내에 프랑스어와 네덜란드어 의원이 나뉘어, 각기 다른 정당을 구성하게 되었다.

13   언어별로 교육을 나누기 때문에 1969년에 네덜란드어계와 프랑스어계 각각 두 개의 교육성, 2년 후에는 교육행정을 주관하는 언어별 문화평의회가 설립되었다. 1970년에는 언어별로 '네덜란드어 문화공동체', '프랑스어 문화공동체', '독일어 문화공동체'가 만들어

저 1980년에 현재의 공동체명으로 개칭되었다.

14   벨기에의 이민과 그 언어상황에 관해서는 Lucchini&Hambye(2006), Lucchini(2006)를
      참조하였다. 수치는 벨기에 통계국의 수치를 근거로 필자가 계산하였다. 벨기에 통계국
      http://www.statbel.fgov.be/이민국 http://www.dofi.fgov.be/

15   European Commission(2006 : 8-9, 33)

16   Content and Language Integrated Learning(CLIL) / Enseignement d'une Matière par
      l'Intégration d'une Langue Etrangère(EMILE), 브뤼셀의 불어계 학교의 경우는 네덜란
      드어를 교과의 교육언어로 하였으며 와로니에서는 영어와 독일어도 선택지에 포함되었
      다. 상세한 내용은 Eurydice(2005), De Man-De Vriendt & De Vriendt(2007 : 205-206),
      TIBEM(http://www.tibem/be/)를 참조.

17   브람스 공동체의 경우도 브뤼셀에서 2001년부터 실험교 3개교, 2007년부터 북부 9개교
      가 수업의 15%를 프랑스어 또는 영어로 실시하는 CLIL에 의한 언어교육을 도입하였다
      (Vlaamse overheid. 2009. Onderwijs in Vlaanderen : Het Vlaamse onderwijslandschap
      in een notendop/2008).

18   독일어공동체에 대해서는 이하를 참조. Sägesser,C.&Germani,D.(2008) La Communauté
      germannophone: histoire,institutions,économie. Crisp. N°1986).

19   Commission europ'eenne(2008 : 28)

20   2008년 9월 26일, 브뤼셀에서 개최된 회의 "Translationis is our business"라는 제명의 회
      의에서의 독일어공동체 수상 Karl-Heinz Lambertz의 발언.

21   European Commision, Education and Culture(2006 : 2)

참고문헌

下條美智彦 1998. 『ベネルクス三国の行政文化』早稲田大学出版部
福島知枝子 2008. 「ブリュッセル首都圏選挙区(BHV)をめぐる言語紛争の実相と課題」
      『言語』第37巻第12号, pp.94 - 101
三竹直哉 1997. 「ベルギーにおける言語政策と統治機構の再編(二)」駒澤大学『政治
      学論集』第46号, pp.71 - 104
Brassinne, J. 1994. *La Belgique fédérale*. CRISP.
Commission européenne. 2004. *Eurobaromètre standard 62 Rapport national Belgique*.
      Automne.
Commission européenne. 2008. *Chiffres clés de l'enseignement des langues à l'école en
      Europe*. Bruxelles: Eurydice.
Debeuckelaere, A. 1992. "Open letter to the Belgian King Albert I, 1917," in T. Hermans

et al. (eds.), pp.227 – 237.

De Man-De Vriendt, M. & De Vriendt, S. 2007. "L'enseignement de type immersif dans les écoles de la Communauté française de Belgique," L. Puren & S. Babault (dir.), *L'éducation au-delà des frontières*. L'Harmattan.

European Commission. 2006. *Special Eurobarometer 243. Europeans and their Languages*, pp. 8 – 9, 33.

European Commission, Education and Culture. 2006. *Follow-up of the Action Plan on language learning and linguistic diversity: National report (Belgium, Flemish community)*.

Eurydice. 2005. *Enseignement d'une matière par intégration d'une langue étrangère (EMILE) à l'école en Europe*. Bruxelles: Commission européenne.

Francard, M. 1995. "Nef des Fous ou radeau de la Méduse? Les conflits linguistiques en Belgique," *LINX*, 33 (2), pp.31 – 46.

Hermans, T. et al. (eds.). 1992. *The Flemish movement: A documentary history 1780–1990*. London & Atlantic Higlands: The Athlone Press.

Janssens, R. 2005. "Why should I learn Dutch in Brussels? The adult language market: where language policy and public demands meet," in E. Witte et al.(eds.), *Language, Attitudes & Education in Multilingual Cities*, pp.169 – 179. KVAB.

Janssens, R. 2007. *Van Brussels gesproken. Taalgebruik, taalverschuivingen en taalidentiteit in het Brussels Hoofdstedelijk Gewest (Taalbarometer II)*. Brusselse Thema's 15. Brussel: Academic & Scientific Publishers.

Leton, A. & Miroir, A.1999. *Les conflits communautaires en Belgique*. Paris: Presses Universitaires de France.

Lucchini, S. 2006. "Langues et immigration dans l'enseignement en Communauté française de Belgique," in Conseil supérieur de la langue française et Service de la langue française de la Communauté française de Belgique (eds.), *Langue française et diversité linguistique*, pp.117 – 131. Bruxelles: de Boeck-Duculot.

Lucchini, S. & Hambye, P. 2006. "Langues et immigration," *L'enseignement des langues en Wallonie*, Vol.5, pp.143 – 157. Louvain-la-Neuve, Publications de la Fondation Wallonne.

McRae, K. D. 1986. *Conflict and Compromise in Multilingual Societies, Belgium*. Ontario: Wilfrid Laurier University Press.

Mettewie, L. & Janssens, R. 2007. "Language use and language attitudes in Brussels," in D. Lasagabaster & Á. Huguet (eds.), *Multilingualism in European Bilingual Contexts: Language Use and Attitudes*, pp.117 – 143. Clevedon: Multilingual Matters.

Murphy, A. 1988. *The Regional Dynamics of Language Differentiation in Belgium: A Study in Cultural-Political Geography*. University of Chicago Press.

Van de Craen, P. et De Vriendt, S. 1987. "Réalités et politiques linguistiques: le cas de Bruxelles," *Études de linguistique appliquée*, 65. pp.110 – 116.

Witte, E. & Van Velthoven, H. 1999. *Langue et politique: la situation en Belgique dans une perspective historique*. Bruxelles: VUB University Press.

제 2 장 　　　　　　　　　　　# 발트3국의 언어정책

고모리 히로미 小森 宏美

1. 들어가며

체제전환이 언어체계의 변화를 동반하는 경우가 종종 있다. 발트3국
은 역사상 이를 3번 이상 경험하였다. 심지어 그 언어체계의 변화는 지
배·피지배 관계의 단순한 역전이 아니었다.

이러한 발트3국, 특히 에스토니아와 라트비아의 언어정책은 최근 사
회언어학 연구[01]의 대상임과 동시에 정치학적 혹은 정치적으로도 관심을
모아 왔다. 이는 첫째로 언어정책이 냉전의 종언 및 소련붕괴라는 역사
적 사건 이후까지 지속된 구소련·동유럽국가의 체제전환의 일부였기 때
문이며, 둘째로 다언어·다문화주의 및 소수자[02]보호가 안전보장상의 중
요성을 갖는다고 인식한 여러 국제기관이 자신들의 의지와는 무관하게
개입되었기 때문이다. 첫 번째 관점에 서자면 주된 문제의식은 구소련·
동유럽국가의 국가건설(부흥)과정에서의 민주주의와 내셔널리즘의 대항
이며, 두 번째 관점에서는 제1차 세계대전 이래의 난難문제인 언어문제,
혹은 소수자문제를 둘러싼 국민국가와 국제기관 사이의 긴장관계이다.

페레스토로이카 기의 언어법 채택으로부터 20년 이상이 경과하였다.

그 간 언어법의 수 차례에 걸친 개정과, 언어법 관련 제반법이 시행됨에 따라 발트3국의 언어환경은 어느 정도 변화를 경험하였다. 본장에서는 위에 서술한 문제의식을 중심에 두고 3국의 언어정책의 변천과 그에 영향을 끼친 제반요인을 고찰한다.

본장의 구성은 다음과 같다. 우선 다음 절에서는 3국의 역사와 언어에 대해 개관한다. 큰 체제변환을 반복적으로 경험한 이들 3국의 역사와 언어정책은 분리해서 논할 수 없다. 다음으로 제3절에서 제1차 세계대전 후의 독립시대(1918-1940년) 및 소련시대(1940-1941, 1944-1980년대 전반)를 다룬다. 여기까지는 발트3국의 언어정책의 특수성을 이해하기 위한 기본정보이다. 제4절에서는 페레스트로이카 기 이후의 시기(1980년대 후반 이후)를 중심으로 언어정책의 내용과 정책책정에 영향을 미친 제반요인을 정리하고 마지막으로 언어정책의 목적이라는 관점에서 전체를 총괄한다.

2. 역사와 언어

2-1. 대국의 틈새에 끼인 역사

현재의 발트3국의 경계가 획정된 것은 소련시대의 일이다. 물론 그 때까지 독립국가를 갖지 못했던 것은 아니다. 그러나 13세기 이후 다양한 세력이 각축을 벌이고 있던 이 지역에서는 국경의 변경이 자주 있었다.

중세에는 발트해부터 흑해까지 이르는 대국이었던 리투아니아는 1569년에 폴란드와 연합국가를 형성하였으나, 그 후 18세기 후반의 세 번에 걸친 폴란드 분할에 의해 대부분이 러시아제국의 일부가 되었다.

이에 비해 후술하는 바와 같이 1920년에 최초로 실질적인 독립국가가 된 에스토니아와 라트비아는 그 전에는 행정구분상으로도 현재의 에스토니아와 라트비아에 상당하는 영역적 통일성을 갖추지는 못하였다. 13세기 초부터 시작된 독일인[03]의 입식入植 이후, 그들의 지배를 받게 되었고, 대북방 전쟁 이후 18세기 초에 러시아제국으로 편입된 이후에도 실질적·제도적으로 지배층으로 군림한 것은 (발트) 독일인이었다.

그림 1 : 현재의 발트 3국
출처 : Special Eurobarometer 243에서

러시아제국 지배하에서의 영역적인 통일성에 대해 살펴보자면, 현재의 에스토니아의 남반부는 현재의 라트비아의 대부분과 함께 리프란트 현을 형성하였고 북반부만이 에스트란트 현으로 간주되었다. 라트비아의 동부(라트가레 지방)는 1629년 이후 폴란드·리투아니아 왕국의 일부가 되어 폴란드 문화의 영향을 받는다. 뒤에서 상술하겠으나 그 영향은 지금까지도 그림자를 짙게 드리우고 있다.

러시아제국 시대에 정치적으로도 문화적으로도 특징적 지위를 향수하고 있던 독일인에 비해 에스토니아인과 라트비아인은 대부분 농노의 신분이었다. 노예해방이 사회적 상승으로 이어진 것은 19세기 전반의 일이다. 한편 신분적으로 다양하였던 리투아니아인은 출판물에서의 라틴문자(로마자) 사용금지(리투아니아어는 본래 라틴문자를 사용하였으나, 1864년부터 키릴문자의 사용을 강요받았다)와 공적영역에서의 리투아니아어 사용금지 등 에스토니아인이나 라트비아인에 비해 심한 문화적 억압을 받았다. 19세기 후반의 러시아화 정책은 에스토니아인과 라트비아인 입장에서는 독일문화로부터의 해방이라는 긍정적 의견도 도출할 수 있으나, 리투아니아인 입장에서는 문화적 억압을 도약의 발판으로 삼은 리투아니아어·문화 재생운동의 활성화로 이어졌다. 동 프로이센에서 인쇄된 라틴문자 서적이 러시아제국 지배 하의 리투아니아로 밀수된 것도 바로 이 시기이다.

1905년의 러시아 혁명 후, 리투아니아어 사용금지조치가 풀려 에스토니아에서도 에스토니아어에 의한 학교교육이 인정받는 등, 새로운 전개가 있기는 하였으나 각각의 언어의 본격적 발전은 제1차 세계대전을 계기로 세 독립국이 탄생한 이후의 일이다.

1918년 2월 18일(리투아니아), 동 2월 24일(에스토니아), 동 11월 18일(라트비아)의 각각의 독립선언, 영국과 프랑스 등으로부터의 사실상의 독립승인에도 불구하고 그 후에도 잔존한 독일군과 소비에트 러시아와의 전쟁은 계속되어 1920년이 되어서야 비로소 실질적인 독립을 달성하게 된다. 이들 삼국을 최초로 법적으로 승인한 것은 소비에트 러시아이며 연합국 측에 의한 정식승인은 늦어졌다. 그 원인 중 하나가 소수민족문제였다. 발트3국의 독립으로 인해 소수민족이 된 것은 독일인, 러시아인, 유대인, 폴란드인 등이다. 제1,2차 세계대전 시기의 리투아니아가 안고 있던 복잡한 소수민족문제의 배경에는 빌뉴스를 둘러싼 폴란드와의 불화가 있다. 리투아니아의 현재의 수도인 빌뉴스를 포함한 러시아제국 구旧 빌뉴스 주의 영역은 폴란드군에 의해 점령되어 폴란드인 농민의 입식이 진행되었다.

독립달성 후의 3국은 의회제 민주주의를 채용하였으나 길게 가지 못하였으며 1926년의 리투아니아를 시작으로 에스토니아(1934)와 라트비아(1934) 역시 권위주의체제로 이행하였다. 대외관계로 눈을 돌리자면 동과 서의 사이에 위치한 3국은 어렵게 쟁취한 독립을 유지하기 위해 고심하게 되었다. 3국 간의 협력은 당초의 계획보다도 작은 규모의 형태로

1934년의 발트협상을 통해 결실을 맺게 되었으나, 독립강화와는 거리가 멀었다. 또한 리투아니아는 1926년에, 에스토니아와 라트비아는 1932년에 소연방蘇聯邦과 불가침조약을 체결하였으며, 1930년대 말에는 독일과도 동일한 조약을 맺어 대국 사이에서 중립을 사수하고자 하였다. 그러나 이도 그 후의 역사적 흐름을 끊지는 못하였다.

1939년 8월 23일, 독소불가침조약(몰로토프·리벤드롭 조약)의 체결에 이어 독일에 의한 폴란드 침공과 거의 동시에 발트3국에도 소련군의 주둔이 시작되었다. 이러한 세력구도의 분할은 독소불가침조약 부속 비밀의 정서에 근거한 것이었다. 1940년 8월의 3국의 소연방 가맹은 실제로는 소련군에 의한 합병이었다고 이들 3국에서는 인식되고 있다. 단 리투아니아와 폴란드 사이의 영토문제가 소련의 개입에 의해 리투아니아에 유리한 형태로 결착되었다는 점은 지적해 둘 필요가 있다.

1941년의 독소전쟁의 발발로 인해 이번에는 독일에 의한 점령을 경험하게 되나, 1944년 소련군에 의해 '해방'된다. 이 시점에서부터 1991년 8월의 독립회복(리투아니아는 1990년 3월의 독립선언)까지의 소련시대를 3국에서는 '점령기'로 인식하고 있다. 이러한 '점령기'였다는 인식이 현재의 언어정책의 근저를 이루고 있다는 사실을 여기서 일단 확인해두고자 한다.

'점령기'에 3국으로 이주해온 러시아어계 주민에 의해 3국의 민족구성에는 급격한 변화가 일어난다(표 1-3 참조). 소비에트 기간을 점령기로 파악하는 역사인식뿐만이 아니라 그 민족구성의 변화도 언어정책의 결정요인이다.

표 1 : 에스토니아(단위 %)

	1897	1934	1959	1970	1989
에스토니아인	88.8	88.2	74.6	68.2	61.5
독일인 · 스웨덴인	5.4	2.2	0	0	0
러시아인	5.1	8.2	20.1	24.7	30.3
우크라이나인 · 벨라루스인			3	3.7	4.9

표 2 : 라트비아(단위 %)

	1897	1920	1939	1959	1979	1985
우크라이나인	68.3	74.4	75.5	62	53.7	52
러시아인	12	10.2	10.6	26.6	32.8	34
독일인	6.2	3.8	3.2	0.1	0.1	0.1
유대인			4.8	1.8	1.1	0.9
폴란드인			2.5	2.9	2.5	2.3
우크라이나인 · 벨라루스인			1.4	4.3	7.2	8
리투아니아인			1.2	1.5	1.5	1.3

표 3 : 리투아니아(단위%)

	1923	1959	1979	1989
리투아니아인	69.2	79.3	80	79.6
폴란드인	15.3	8.5	7.7	7
러시아인	2.5	8.5	8.6	9.4
유대인	8.3	0.9	0.8	0.3
그 외	4.4	2.8	2.8	3.7

표 1-3 출처 : Lieven, Anatol. 1993. The Baltic Revolution, New Haven and London

2-2. 언어개황概況[04]

2-2-1. 에스토니아어

핀란드어 등과 함께 핀우그르어파에 속한 에스토니아어는 2000년의 국세조사에 따르면 에스토니아 국내의 약 92만 명에 의해 모어로 사용되고 있다. 에스토니아의 전 인구는 약 134만 명이므로 인구의 약 3분의 1이 에스토니아어 이외의 언어를 모어로 사용하고 있음을 알 수 있다. 그 대부분이 러시아어 모어화자이다.

13세기부터의 독일인 지배 하에서 에스토니아어는 주로 농민의 언어였다. 가장 오래된 인쇄물은 1535년에 에테르베르그에서 출판된 교리문답집이다. 초기의 문법서나 사전은 독일인에 의해 편찬되었다.

크게 북 에스토니아어와 남 에스토니아어, 동북해안방법으로 나뉘었던 에스토니아어는 얼마 후 북 에스토니아어를 토대로 표준화가 진행되어 1884년에는 에스토니아어로 쓰인 최초의 에스토니아어 문법서가 간행되었다. 에스토니아어로 쓰인 주간지와 신문의 발행도 19세기 중반 이후 활발해졌으나 19세기 말에는 러시아어정책으로 인해 러시아어의 사용과 교육이 확충되었다. 단 러시아화정책의 영향은 오히려 당시 지배 언어였던 독일어의 지위를 위협하는 형태로 나타났다.

이와 같이 발전을 이어온 에스토니아어의 법적지위의 확립은 제1차 세계대전 후 독립국가의 획득과 함께 달성되었다.

2-2-2. 라트비아어

리투아니아어와 함께 발트어파에 속한 라트비아어의 모어화자는 라트비아 국내에서 약 140만 명 정도이다. 에스토니아처럼 그 외 사람들의 주된 모어는 러시아어이지만 우크라이나어, 벨라루스어, 폴란드어 화자도 적지 않다.

언어의 발전은 대개 에스토니아와 같은 과정을 거쳤다. 가장 오래된 서적은 1585년에 출판된 가톨릭의 교리문답서이며, 다음 해 1586년에는 루터파의 교리문답서도 출판되었다. 19세기 말의 러시아화정책이 독일어지배로부터의 해방에 일조한 것도 에스토니아어의 경우와 같아 표준어의 확립과 보급을 위해서는 독립을 기다리는 것 외에 달리 별다른 방도가 없었다.

후술할 1992년과 1999년의 언어법 안에서 발전과 유지가 보장된 것은 라트갈래어와 리브어이다. 라트갈래어가 사용되고 있는 라트갈래 지방은 17세기 이래 폴란드의 지배 하에 놓이게 됨으로써 라트비아의 다른 지역과는 조금 다른 역사의 길을 걷게 되었고 그로 인해 독특한 언어문화·종교환경을 발전시켜 나갔다. 라트갈래어를 라트비아어의 방언으로 볼 것인가, 독립된 언어로 볼 것인가의 문제는 차치하고 라트갈래어는 세계대전 기간에 지방공용어로서 사용되었던 적도 있어 현재의 언어법에서는 라트비아어의 역사적 변종으로 보호를 받고 있다. 핀우구르어파에 속한 리브어에는 선주민 언어로서의 지위가 부여되었다. 그러나 몇 번이나 인구감소의 위기를 경험한 리브인의 수는 2004년 현재 172명이며 그 중 리브어를 구사할 수 있는 사람은 10명에도 미치지 못한다.

2-2-3. 리투아니아어

현재, 리투아니아 국내에 거주하는 리투아니아어 모어화자수는 약 280만 명이다. 같은 발트어파에 속한 리투아니아어와 라트비아어는 서로의 언어를 배우지 않고는 상호이해가 거의 불가능하다. 양 언어의 분화시기는 5-7세기로 거슬러 올라가 라트비아어가 음운면, 형태면에서 크게 영향을 받았는데 비해 리투아니아어는 인도유럽어족 중에서도 가장 고풍스러운 언어로 알려져 있다.

전술한 바와 같이 리투아니아어는 중세에는 피지배민족의 언어가 되어 농민이 그 주된 화자였으나 한편으로는 귀족층에서는 폴란드어화가 진행되었다.

리투아니아어로 쓰인 가장 오래된 인쇄물은 케니히스부르크에서 출판된 M.마즈비다스의『교양문답집』이다. 이러한 종교서의 출판은 종교개혁을 계기로 이루어졌다. 최초의 문법서의 출판은 1653년이었다.

리투아니아어 보급의 하나의 계기가 되었던 것은 1570년에 설립된 예수회에 의한 고등교육기관(후의 빌뉴스대학, 1579)이었다. 에스토니아의 타루트대학의 설립이 1632년인데 비해 라트비아대학이 1919년 설립인 것만 보더라도 리투아니아에서의 고등교육기관의 설치가 얼마나 빨랐는지 알 수 있다.

리투아니아어의 방언은 크게 둘로 나뉜다. 발트해안 근처의 저지低地방언과 내륙의 고지高地방언이다. 리투아니아어 화자의 거주지역이 복수의 정치단위로 나뉜 상황에서 수많은 역경이 있었음에도 표준어 형성은 농민의 말을 토대로 진행되어갔다. 러시아제국의 지배 하에서 리투아니아어의 사용이 엄격히 제한되었음은 상술한 바이나, 20세기로 접어들면서 점차 발전하게 되었다. 리투아니아어의 최초 표준문법은 리투아니아어의 아버지로 불리는 J.야브론스키스에 의해 정리되어 1901년에서 1922년 사이에 출판되었다.

3. 독립시대와 소련시대

3-1. 독립시대의 언어적 전개

초등교육에서 고등교육까지 모든 교육레벨에 있어 에스토니아어/라트비아어/리투아니아어의 사용이 실현된 것은 세계대전 기간 중이었다. 정치와 행정에서의 사용도 이 시기에 확립되었고 어휘의 풍부화 등을 통해 언어의 사회적 기능의 확충도 일어났다.

한편 3국의 헌법에서는 문화·언어에 한정된 소수민족의 권리가 보장되었다. 이는 스스로가 피지배민족이었던 과거의 경험에서 우러난 관용의 표출이라고도 볼 수 있으나, 실은 그 이상의 의미를 갖는다. 지배·피지배민족관계의 교대로 인해 소수민족의 지위로 전락한 독일인, 러시아인, 혹은 폴란드인과의 융화가 국가건설에 있어 매우 중요하였다는 사실이 그 배경에 있다. 동시에 소수민족보호에 대한 당시의 국제적인 요청도 있었다. 국제연맹의 가맹을 위해 3국은 어쩔 수 없이 소수민족보호를 약속하였던 것이다.

소수민족의 자치는 특히 교육 분야에서 보장 되었으나 권위주의체제에서는 축소되는 경우도 있었다. 오랫동안 지배자였던 독일인과의 관계는 1930년대에 독일에서 나치스가 정권을 차지하자 더욱 복잡해질 수밖에 없었다. 독소불가침조약에 이어 국제정세가 불안정한 상황에서 일어난 독일인의 '재이주'(발트지역에서 독일점령 하의 폴란드로)는 700여 년에 걸친 독일인 지배의 멍에로부터의 해방으로 긍정적으로 받아들여지게 되었다.

3-2. 소련시대의 2언어병용상황

소연방의 일개 공화국이었던 발트3국은 언어정책에서도 연방중앙정부의 통제 하에 놓이게 되었다. 하지만 러시아어화가 독립상실 직후부터 급속히 진행된 것은 러시아어계 이민자의 대량유입에 그 원인이 있으며, 당초는 법적인 강제의 의한 것이 아니었다는 점에 유의해야한다.

소연방의 언어정책은 크게 다음과 같은 변천과정을 거쳤다. 소연방 성립 초기의 현지화 정책 과정에서 민족어교육과 민족엘리트 육성에 힘을 쏟은 후 1930년대 후반에 이르러서야 러시아어 교육을 도입하게 되나, 이는 아직 제2언어로서의 러시아어 교육에 지나지 않았던 바, 본격적인 러시아어 교육의 제도화는 흐르시쵸프 서기장 시기의 신교육법 초안(1958)에서 그 단서를 찾을 수 있다. 스탈린 비판 후의 흐르시쵸프에 의한 지방분권화, 민족문화의 회복은 얼마 지나지 않아 소련국민의 통합과 균질화라는 방향으로 흐르게 된다. 상술한 신교육법은 러시아어와 현지어[05] 중에서 교육언어의 선택권을 부모에게 부여하여 러시아어계 학교(러시아어를 교육언어로 사용하는 학교)에서는 현지어 수업을, 현지어계 학교에서는 러시아어 수업을 필수가 아닌 선택과목으로 한다는 점이 주된 취지였다. 외견상으로는 러시아어와 현지어를 평등하게 다룬 듯 보이나, 실제로는 러시아어 교육의 확대와 그로 인한 현지어 교육의 축소로 이어졌음은 자명하다.[06] 단 러시아어는 국가어와 공용어가 아닌 어디까지나 민족 간의 교류언어이자 세계문화와 연결된 가교에 지나지 않다고 선전되었다. 이러한 러시아어 사용의 확대가 법적 강제 하에 한층 강화된 것은 바로 브레지네프 서기장 시기이다. 1970년대 후반에는 취학전 교육시설에서의 러시아어교육과 1학년부터의 러시아어 교육의 도입 등이 추진되었다. 에스토니아와 리투아니아는 이에 최후까지 저항하였고 그 결과 1986년이 되어서야 비로소 도입이 이루어지게 되었다. 바이링구얼리즘의 철저한 추구를 목적으로 하여 발트3국의 초등·중등교육에서는 다른 소연방 공화국에서 일반적이었던 10학년생 제도가 아닌 11학년생 제도가 채용되었던 것도 특징이다.

발트3국의 언어정책을 사회언어학적 관점에서 비교한 호간-브룬 등은 발트3국에서의 소련의 언어정책의 목적을 다음과 같이 정리하였다 (Hogan-Brun et al. 2009 : 42-44). ① 러시아인에게는 완전한 러시아어 단일언어환경의 확보, ② 기간基幹민족에 대해서는 마이너리티 바이링구얼(러시아어 사용기능의 확대), ③ 각각의 '제3의 내셔널리즘'(러시아인과 기간민족 이외)에 대해서는 러시아어화이다. 이러한 목적을 달성하기 위한 환경으로서 ① 병렬적 러시아어 환경의 창조(현지어로의 통합을 회피), ② 현지어에서 러시아어로의 영역·기능별 시프트의 지속, ③ 러시아어 사용을 선호하는 이데올로기적 인센티브가 중요하였다고 볼 수 있다.

이와 같은 1988년까지 이어진 언어정책으로 인해 비대칭적인 2언어 병용상황(다이글로시아)을 맞게 되었다. 다시 말해 러시아어화자는 단일언어화자임에 반해 현지어화자는 2언어화자가 됨으로써 사회 내의 커뮤니케이션이 성립하였다. 이는 현지어화자의 입장에서는 부당한 부담을 강요받음을 의미한다. 소연방으로의 가맹이 실제로는 병합이라 이해되는 상황에서 단순한 다수파와 소수파의 관계는 아니었으므로 이러한 부담은 불공정한 것으로 받아들여졌다. 그러나 한편으로 민족소멸의 위기는 실제로는 어느 정도 현실적이었던 것일까? 애시당초 병렬사회라 함은 사회 안에서 현지어·현지문화 역시 일정의 위치를 인정받았음을 의미하기 때문이다. 문제는 오히려 '자신의 나라'에서 소수파로 전락한다는 것에 대한 위기감, 즉 언어·문화적 위신의 상실에 있었다.

4. 냉전의 종언, 글로벌화의 과정에서

4-1. 3국간의 언어·인구상황의 상위

소련시대에 일어난 민족구성의 변화는 그 규모에서도 분포에서도 3
국 간이 차이를 보였으며, 이것이 이후의 언어정책 사이에 차이를 낳는
원인이 되었다.

3국 중 가장 많은 러시아어계 주민이 유입된 곳은 라트비아였다. 표 2
에 제시한 바와 같이 1989년 시점에 민족적 라트비아인의 비율은 52%
까지 감소하였다. 게다가 수도인 리가를 포함한 7대 도시에서는 러시아
어계 주민[07]이 대다수를 점하고 있었다. 에스토니아도 다수의 러시아어계
주민이 유입되어 에스토니아인 이외의 비율은 38.5%에 달하였으나(표
1 참조), 라트비아와는 달리 러시아어계 주민이 대다수인 곳은 북동부뿐
이었다(수도 탈린은 대략 반이 러시아어계 주민). 이에 비해 리투아니아의 경우
다른 두 나라에서는 러시아어계 주민 안에 포함된 폴란드인에 대해 역사
적 이유에서 따로 논할 필요가 있다. 리투아니아는 1989년 시점에서 러
시아인이 약 9.6%, 폴란드인이 약 7%였다(표 3 참조). 전자는 이그나리나
원자력발전소 근교의 비사기나스 시에, 후자는 빌뉴스 현에 집단거주하
고 있다.

전절에서 서술한 바와 같이 소련의 언어정책 하에서 러시아어계 주민
이 현지어능력을 습득하지 못했던 것은 그리 이상한 일이 아니다. 1989
년 시점을 보면, 우크라이나의 러시아인 중 현지어능력을 갖춘 자는 약
22.3%, 에스토니아에서는 약 15%, 리투아니아에서는 약 37.5%였다
(1989년 전후소연방 국세조사). 3국의 언어정책의 목적은 이러한 비대칭적 2
언어병용상황의 법적, 그리고 사실상의 역전에 맞춰져 있다.

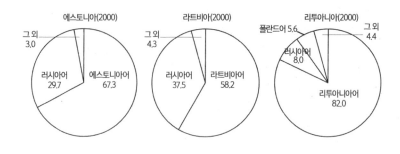

에스토니아(2000)

그외
3.0

러시아어
29.7

에스토니아어
67.3

라트비아(2000)

그외
4.3

러시아어
37.5

라트비아어
58.2

리투아니아(2000)

폴란드어 5.6

러시아어
8.0

그외
4.4

리투아니아어
82.0

그림 2 : 모어화자비율

4-2. 언어법[08]의 변천

페레스토로이카의 개시는 공화국 내의 언어정책에도 전환을 초래하였으며 이는 현실성의 문제와는 별개로 언젠가 근절될 것이라는 우려 속에서 자민족언어의 사용범위의 축소에 위기감을 품고 있던 발트3국에서는 지적 엘리트를 중심으로 언어를 둘러싼 논의가 활발해졌다. 전환을 향한 첫 행보는 1980년대 말의 언어법의 채택이었다. 이는 공산당 일당독채체제에서 선출된 각 공화국의 최고회의가 채택한 것으로 어떤 의미에서는 타협의 산물이었다고 볼 수 있다.

4-2-1. 1989년의 언어법

공적 분야로 한정해 리투아니아어 사용을 의무화한 리투아니아와, 커뮤니케이션이 요구되는 경우에는 사적분야라도 에스토니아어/라트비아어의 사용을 의무화한 에스토니아와 라트비아와의 차이는 페레스토로

이카 시기부터 현재까지 일관된다.

리투아니아는 1988년 11월 19일의 헌법개정을 통해 리투아니아어를 공화국의 공용어 정하고, 1989년 1월 25일에 제정된 언어령에 따라 공적분야(교육, 문화, 과학을 포함)에서의 리투아니아어 사용을 의무화하는 한편, 러시아어 사용의 유예기간을 규정하였다(언어법 제2조). 또한 리투아니아어 이외의 모어를 갖는 자에 대해서는 교육을 포함하여 모어사용의 권리가 보장되었다(1989년 언어법 제8조). 그러나 이 시점에서의 공사구별이 어느 정도의 의미가 있었는가에 관해서는 논의가 필요하다. 1980년대 말 시점에서는 여전히 모든 기업이 국유였다. '공公'은 공공公共을 의미하여 민간에 대한 지도도 있으나 공적분야에서의 언어 관리자로서의 입장은 1995년 언어법에서도 견지되었다.

에스토니아(1989년 1월 18일 채택) 및 라트비아(동 5월 5일 채택)의 언어법은 공화국 내 국가어의 지위 획득이라는 점에서는 리투아니아의 그것과 동일한 목적을 표방하였다. 또한 에스토니아나 라트비아에서도 러시아어의 특별한 지위는 일정부분 보장되었다. 그러나 중요한 것은 공사를 막론하고 커뮤니케이션이 필요한 사람들에게 에스토니아어/라트비아어의 습득을 의무화한데 있다. 유예기간은 있었으나 법률상으로는 국가어를 습득하지 않은 경우 실직의 우려마저 있었다는 것이다.

4-2-2. 국적国籍정책과 언어정책

리투아니아와 에스토니아 그리고 라트비아 사이에는 결코 간과할 수 없는 또 다른 중대한 차이가 있다. 전자의 언어문제가 국적문제와 분리되어 있었던 것에 반해 후자에서는 언어와 국적이 따로 뗄 수 없을 정도로 굳게 결부되어 있었다. 이는 리투아니아의 경우 비非리투아니아인의 비율이 비교적 낮다는 사실 외에도 국적법 채택의 시기에서 그 이유를 찾을 수 있다.

가장 먼저 독립의 길을 걸은 리투아니아에서는 1989년 11월 3일 국적법이 채택되었다(에스토니아는 1992년 2월의 운영법 채택에 의해 1938년의 국적법의 효력을 회복하였고, 라트비아는 1994년까지 국적법을 채택하지 않았다)[09]. 이러한 독립회복 전의 법률에 의거하여 리투아니아에서는 1940년 6월의 소련군에 의한 점령개시를 하나의 기준으로 삼고 있다는 점에서 다른 두 나라와 차이는 없었으나, 소련시대에 이주해온 사람들의 경우 법률에 의거하여 자신의 의지에 따라 국적을 선택할 수 있었다. 1989년의 국적법은 1989년 1월 1일까지 리투아니아에 이주해 온 자에 대해서는 리투아니아어 능력요건을 면제하고 리투아니아 국적취득을 인정하였다. 독립회복 후인 1991년의 국적법에서도 이때의 국적취득은 인정되었다. 리투아니아의 국적정책이 포섭적包攝的이라는 평가를 받는 이유가 바로 여기에 있다.

이에 비해 에스토니아와 라트비아에서는 소련시대의 이주자의 국적취득 시 국가어 능력이 국적취득의 요건으로 간주되었다. 그러나 이는 상술한 바와 같이 현지어 능력이 낮은 러시아어계 주민의 입장에서는 국적 취득의 장애요인 중 하나가 되었다. 실제로 이러한 국적 정책 시행 결과, 1990년대 전반, 에스토니아에는 약 50만 명, 라트비아에는 약 70만 명의 무국적자가 발생하였다. 양국 정부가 배타적인 국적정책을 채용한 배경에는, 여기서 상세히 논할 지면 상의 여유는 없으나, 국적취득을 언어습득의 인센티브로 삼았다는 설도 있다.

4-3. 특수한 언어상황

4-3-1. 다수파 언어를 지키기 위한 언어법

포섭적인 국적 및 언어정책이 취해지기는 하였으나, 리투아니아에서도 문제가 없었던 것은 아니다. 특히 폴란드인이 집단거주하는 남동부에서는 1980년대 후반부터 1990년대 전반에 걸쳐 민족적 영역 자치 요구의 목소리가 대두되었다. 그 배경에는 앞서 서술한 러시아 제정기의 구旧빌뉴스 주에 해당하는 지역의 국가귀속의 변천과정에서 영향을 받은 폴란드인이 리투아니아 국가와 맺어온 역사적 관계가 있다. 이 당시의 문제는 폴란드인이 친親소련적이라고 인식되어져 자치요구가 소연방에 대한 충성의 표시로 받아들여졌다는 데 있다.[10] 한편으로 이는 일정부분 라트비아와 에스토니아에도 동일하게 적용되는 사실이나, 소수민족 간의 다양성도 간과할 수 없다. 특히 후술하는 바와 같이 남동부의 폴란드인의 아이덴티티에는 흥미로운 측면이 있다. 그럼에도 불구하고 교육문제 등의 불씨는 여전히 남아있었으나 1990년대 초를 제외하면 리투아니아에서는 언어문제가 다른 두 나라처럼 정치화되거나 하지는 않았다 (Järve 2002 : 90). 리투아니아의 경우 포섭적인 국적·언어정책은 유효하게 기능했던 것이다. 현재 소수자집단거주지역의 주민을 포함해서 리투아니아어의 사용빈도는 점차 높아지고 있다.[11]

이에 비해 라트비아와 에스토니아의 언어정책은 그들의 위기의식 때문에서인지 다소 독특한 측면이 있다.[12] '소수파화된 다수파언어'와 같이 모순된 표현으로 평가될 때도 있는 것처럼 다수파 언어 쪽이 약세라는 상황인식이 그 기저에 깔려 있다. 국가어 화자의 언어적 인권이 침해를 받는 특수한 케이스라는 지적도 있다(Hogan-Brun et al. 2009 : 135).

이는 리투아니아에도 그대로 적용되나, 소련시대에 이동한 러시아어계 주민 입장에서는 이동 자체가 소연방 내에서의 국내이동에 지나지 않아 그 후의 급격한 변화 속에서 러시아인 스스로가 자신의 소수파적 입장을 받아들이지 못하고 있다(Popovski 2000 : 103). 이와 같이 특이한 언어문제를 다수파/소수파라는 이분법적 관점에서 설명하려는 것 자체가 부적절한 이유가 바로 여기에 있다. 언어적 특권 상실에 대한 러시아어 화자의 고통도 간과해서는 안 될 것이다. 러시아어 화자의 문제는 확실히 소수자의 권리로서의 측면을 갖으나 이러한 시점에서 해결책을 찾는 것만으로는 부족하다. 소수자의 권리 보장과 국가어 능력의 향상은 동시에 대처해야할 과제인 것이다.

위와 같은 상황에 대처하기 위한 법률이 바로 1990년대의 언어법이었다. 우선 에스토니아의 경우 1995년의 언어법은, 1989년의 언어법에서 인정받았던 러시아어에 대한 특별 권리를 삭제하여, 에스토니아어 이외의 러시아어를 포함한 모든 언어를 일괄적으로 외국어로 규정하였다. 언어법의 적용범위는 공적 영역을 뛰어넘어 국영뿐만이 아니라 민간기업의 명칭과 민간의 텔레비전·라디오방송으로까지 확대되고 있다.[13] 텔레비전 방송에 대해서는 국영, 민간을 막론하고 외국어 방송의 경우 에스토니아어 자막 혹은 번역이 요구된다(라디오방송에서도 번역이 요구되나, 외국어 리스너를 상정한 방송은 제외되었다). 그러나 러시아어만으로 구성된 방송이 전혀 존재하지 않는가하면 꼭 그런 것도 아니다. 유럽에서는 일반적이나 발트3국에서도 케이블망이 발달하여 러시아어를 비롯한 외국어방송의 수신이 가능하다. 또한 공사의 영역구분에 대해서는 뒤에서 다룰 유럽기관들과의 의사교환을 거쳐 공공의 이익을 위해 적용되어야 할 범위에 한해 사적분야에서도 에스토니아어의 사용이 의무화되었다.

한편 소수자의 권리로서 에스토니아어 이외의 언어화자가 해당지자체의 거주자 중 과반수를 점하는 지자체에서는 에스토니아어 외에도 해당소수언어의 사용이 공적분야에서도 인정되었다. 1993년에 제정된 소수민족문화자치법에 의해 문화지자체에서도 소수언어의 사용은 인정을 받았다. 단 후술하는 바와 같이 러시아어계 주민이 다수파를 차지하는 지자체에서는 법률과 현실 사이의 괴리가 상당하다. 이 경우, 언어권을 침해받는 쪽이 국가어 화자인 에스토니아인인 경우도 적지 않으며, 법률 시행 단계에서는 관리국이 감독기능을 맡는다.

라트비아의 경우 1992년의 언어법에서는 공적기관에 제출하는 문서에 러시아어, 독일어, 영어를 사용하는 것이 인정되었으나, 이러한 권리는 1999년의 언어법에서는 삭제되었다. 다른 두 나라에서 인정되었던 지자체 레벨의 소수언어 사용의 경우 라트비아어의 역사적 변천으로서의 라트갈래어와 선주민의 언어인 리브어 외에는 인정되지 않는다. 그러나 언어법으로 국가어 사용이 요구되는 경우라도 실제로는 다른 언어가 사용되고 있는 실정이다. 라트비아에서도 언어사용을 감독하는 전문기관이 설치되었으며, 권고를 주된 임무로 하는 에스토니아와 달리 벌칙규정의 이행에 보다 중점을 두고 있다.

4-3-2. 분쟁회피의 이유

포섭적인 정책을 취하였다고는 해도 역사적 배경에서 충돌이유가 없을 수 없는 리투아니아, 당초의 배타적인 국적 및 언어정책으로 인해 민족 간의 충돌이 우려되었던 에스토니아와 라트비아였으나, 분쟁으로 발전할만한 충돌은 지금까지 없었다. 여기서는 그 이유에 대해 내재적 요인에서부터 고찰하고자 한다(외적요인에 대해서는 4-4를 참조).

종종 지적되는 것은 소수민족의 취약한 동원력이다. 그 원인 중 하나는 소수자 내의 다양성에서 구할 수 있다. 러시아인, 우크라이나인, 벨로루시아인, 폴란드인, 유대인 등과 같이 민족적 다양성뿐만이 아니라 같은 민족 내의 종교적 차이(러시아인 중에서도 고의古儀식파와 정교正教, 소비에트화된 유대인과 전통적 유대인 등), 이주해 온 시기와 장소 등의 차이에 따라 '국가'와의 관계성이 천차만별이다.[14] 소수자의 입장과 니즈를 하나로 묶어 이해하는 것은 불가능에 가깝다.

이러한 상황에서 3국 모두 아이들을 국가어계 학교로 보내는 가정이 증가 추세에 있다. 여기서 지적할만한 사항은 교육언어의 선택이 아이들의 장래 등에 관한 개인적 판단에 바탕을 두고 있다는 사실이다(Hogan-Brun et al. 2009 : 124). 즉 민족적 이유는 이 경우 중시되지 않는다.

단 국가어에 대한 의식에 3국간의 차이가 전혀 없는 것은 아니다. 리투아니아에서는 국가어를 배우는 이유로 '리투아니아 국민은 리투아니아어를 알아야만 한다'라는 답이 68%인데 반해, 취업·직업상의 이유는 적다(Hogan-Brun et al. 2009 : 122). 이에 비해 에스토니아와 라트비아에서는 직업상의 필요가 중시되며 국적취득이 주된 이유가 아니다(Ozolins 2003 : 230). 그렇다고는 해도 라트비아의 러시아어계 주민도 전반적으로 국가어에 대한 태도는 긍정적이며 라트비아어가 국가어이어야 하기 때문에 그에 대한 학습을 장려하려는 입장에도 호의적이다(Metuzale-Kangere and Ozolins 2005 : 330).

소련시대의 사회에서 이유를 구하는 시각도 있다. 리투아니아의 러시아인을 대상으로 한 연구 분석에서는 소련시대에 이주해온 러시아인은 공적생활에서 물러나 가족과 친구와의 관계라는 좁은 세계로 도망가려는 경향이 있다고 한다. 이는 소련시대에 저하된 모럴과 연대의식의 결여에 기인하며 국가와의 관련 장면에서의 러시아인의 소극성은 소련시대의 경험으로 설명된다(Popovski 2000 : 96). 소련시대의 영향에 대해서는 언급하지 않고 있으나 에스토니아의 러시아어계 주민에 대해서도 1990년대 전반에 보였던 공적 공간으로부터의 퇴출경향이 지적되고 있다(Ehala 2009 : 148). 그렇다고는 해도 항상 이러한 경향이 우세하다고만

볼 수도 없다. 뒤에서 다룰 라트비아의 교육개혁에 대한 격한 항의 행동과 에스토니아에서 2007년 4월에 발생한 전쟁기념비 이전을 둘러싼 소란은 러시아어계 주민의 소극성의 한계치를 다시금 검토할 필요가 있음을 보여주는 사례이다.

4-4. 언어정책 변화에서 보이는 외적요인

외적요인은 크게 러시아계 주민의 민족적 모어인 러시아(일부의 폴란드인에게는 폴란드)와 EU 및 유럽평의회, OSCE유럽안전보장협력기구 등의 유럽 국제기관과의 관계로 나눌 수 있다.[15]

4-4-1. 러시아와의 관계

포섭적인 국적 및 언어정책을 취한 리투아니아와, 정반대로 배타적 입장을 취한 에스토니아와 라트비아에서는 러시아와의 관계에서도 차이가 발생하였다. 그 좋은 예가 러시아군의 철퇴 시기이다. 리투아니아로부터의 철수는 1993년에 실현되었다. 상대적으로 원활한 리투아니아·러시아 관계는 양국 간에 체결된 리투아니아·러시아 우호협정(1991년) 등에 의해 유지되고 있다. 다른 두 나라와 똑같이 소련시대를 '점령기'로 인식하고 NATO가맹에도 적극적이었던 리투아니아의 정치적 입장 때문에 리투아니아·러시아 관계도 항상 양호한 것은 아니다. 그러나 다른 두 나라와는 대조적으로 포섭적인 국적정책을 취한 리투아니아에 대한 러시아로부터의 외교적 공격은 거의 없었고, 이 역시 러시아어계 주민의 리투아니아 국가로의 통합에 기여한 요인 중 하나라고 판단된다.

이에 비해 독립회복 후의 러시아와의 불안정한 관계가 에스토니아와 라트비아에서의 러시아어계주민의 국가통합에 부정적 영향을 미치고 있을 가능성을 부정할 수 없다.[16] 러시아정부가 그 의도와는 달리 러시아어계 주민의 상황개선을 계속 주장한 것이 오히려 역효과를 낳고 있기에 아이러니하다. 러시아군 철수교섭의 장에서도 러시아 측은 러시아어계 주민의 국적상황의 개선을 거래의 조건으로 꺼내놓았다. 이러한 태도에 러시아 측의 대국적 야심을 눈치 챈 에스토니아와 라트비아는 경계심이 강해져 교섭은 지연되었다. 구미 국가들의 중재 하에 이 문제는 리토아니아보다 1년 늦게 정치적 결착을 보게 되었으나, 국내에서 '적군의 제5열'이라 여겨지는 러시아어계 주민의 입장이 이러한 대립관계 속에서 개설될 리가 없었다.

러시아는 국제적인 논의의 장에서 러시아어계 주민의 인권문제를 거론하며 에스토니아와 트라비아를 비난하고 있다. 그 의도와 효과에 대한 평가는 입장에 따라 갈린다.[17] 그렇다고는 해도 이 지역에서의 정치 정세의 불안정화를 염려한 유럽 기관의 개입을 이끌어냈다는 점에서 간접적 효과는 있었다고 볼 수 있다.

4-4-2. 유럽의 여러 기관

EU를 비롯한 유럽 기관의 관여에 대해서는 실로 다양한 평가가 있다. 관여가 역으로 문제를 첨예화시킨 측면도 있었다는 지적도 있다(Budryte 2005).

본래 민족적 소수자의 정의 및 그 권리에 대해 EU 내에서도 큰 틀은 있으나 명확한 합의가 있는 것은 아니다. 따라서 그 때 그 때의 관여 방법에 차이가 생긴다. 대략적으로 국적취득률의 상승을 목적으로 한 국가어 습득지원에 역점을 두고 그 이상의 언어사용에 대한 개입에는 소극적인 자세라고 볼 수 있다(Ozolins 2003 : 229).

EU의 입장이 가장 명확하게 드러난 유럽위원회의 연차보고서에서는 일관적으로 러시아어계 주민의 소수자로서의 권리에 주의를 기울이고 있으나, 적어도 그것과 같은 비중으로 국민통합에 필요한 국가어 능력에 대해 언급하고 있다. 파레 프로그램PHARE(중동유럽 국가에 대한 EU가맹 전 개혁지원 프로그램)의 보조금이 국가어 능력의 습득에 배정되고 있는 사실도 그 증거 중 하나이다. 러시아어계 주민의 국적취득을 가장 중요시하였기 때문에 그를 위한 요건인 국가어 능력의 습득이 지원대상이었던 것이다.

유럽기관의 관여에 관한 2가지 구체적인 사례를 살펴보자. 우선 법률로 언어사용을 규정한 범위의 문제이다. 90년대 말의 언어법을 둘러싼 논의를 보면 법률에 의한 규정을 공적분야로 한정해야 한다고 주장한 유럽기관 측과, 국가어 화자의 언어권을 보장하기 위해서는 사적분야에서도 규제가 이루어져야 한다고 주장한 에스토니아와 트라비아의 대립이 초점이었다는 것을 알 수 있다. 최종적으로 라트비아에서는 활동이 정당한 공공의 이익(공공의 안전, 위생, 도덕, 건강관리, 소비자의 권리 및 노동자의 보호, 직장의 안전, 공공행정의 감독)과 관련된 경우 국가어의 사용이 의무화된다. 에스토니아의 경우도 내용은 거의 동일하다.[18] 에스토니아와 라트비아가 사적분야에서의 규정에 집착한 것은 실제로 의료기관의 종사자나 사립학교 교직원의 국가어 능력이 불충분하였기 때문에 국가어 화자가 불이익을 당하는 미비점이 있었기 때문이다. 한편 유럽 기관의 인식은 상급레벨의 국가어 능력을 이들 직업종사자에게 요구하는 것은 공공의 이익이라는 관점에서 정당화하기 어렵다는 것이었다. 단 이 문제는 소수자의 권리로서만이 아니라 에스토니아와 라트비아에 진출해 있는 유럽 각국 기업에 활동의 자유를 보장한다는 것도 목적으로 하고 있었다는 점에 유의해야할 것이다. 글로벌화에 수반되는 영어의 침투 속에서 언어사용을 시장원리에 맡겨두는 것의 불안함은 3국에서 최근 채택된 언어전략에 잘 반영되어 있다. 이 문제는 더 이상 러시아어계 주민의 국가어 능력으로만 한정되지 않는다.

유럽기관이 관여한 제2의 사례는 국회 및 지방의회 의원의 국가어 능력을 둘러싼 문제이다. 의원은 공적인 장에서 논의하는 경우가 많으므로 국가어 능력이 요구되는 것은 당연하겠으나, 여기서 문제가 되는 것은 국가어 능력을 선거에 입후보할 때의 요건으로 삼을 지의 여부다. 이를 반대하는 입장에는 국민의 자유로운 선택권이 침해된다는 인식이 있었다. 그러나 현실적으로 뒤에서 다룰 러시아어계 주민이 집단거주하는 지자체의 경우 국가어 이외의 언어로 심의가 진행되는 상황에서 에스토니아와 라트비아 입장에서는 의회에서의 국가어 사용을 확실히 하기 위해서도 이는 양보하기 어려운 조건이었다. 결국 OSCE미션(사절단)의 폐쇄를 조건으로 이 문제가 논의대상이 되었기 때문에 폐쇄를 강하게 바라던[19] 에스토니아에서는 2001년 11월에, 라트비아에서는 다음 해인 2002년 5월에 선거법에서 국가어 능력요건이 삭제되었다.

유럽기관은 아니지만 NATO가맹 시에도 러시아와의 관계라는 문맥에서 언어문제가 다루어지기도 하였다. 이러한 개입은 법적권리라는 관점에서 보자면 확실히 소수자의 권리보장에 공헌하였다고 볼 수 있다. 그러나 한편으로 이는 에스토니아인/라토비아인과 러시아어계 주민 사이의 가교적 역할이 아닌 오히려 쌍방이 품고 있는 희생자의식을 강화시키는 방향으로 작용하였다고도 볼 수 있다(Budryte 2005 : 202).

4-5. 교육언어와 제2언어로서의 국가어교육

이미 서술한 바와 같이 소련시대에도 3국의 교육제도는 전혀 동일하지 않았다. 더불어 언어·인구상황의 차이도 독립회복 후에 채용된 정책의 차이에 그대로 반영되었다. 그러나 다음의 2가지 점은 3국이 공통적으로 안고 있던 문제였다. 첫 번째는 90년대 전반에 특히 현저하였던 국가어 교육의 질적 저하(교원과 교재의 부족을 포함해서)이며, 두 번째는 소련 시대부터 이어진 언어별 이二계통 학교제도이다.

에스토니아와 라트비아에서는 1998년의 국적법 개정에 의해 그 당시의 혈통주의에 새롭게 출생지주의가 가미되어, 독립회복 후에 태어난 아이(15세 이하로 부모가 무국적자인 경우)의 경우 출생신고에 의한 국적부여가 인정되었고, 그 결과 국가어 시험이 면제된 형태로 국적취득이 가능해져 언어정책의 수단으로서의 교육제도의 중요성이 증대된 것이다. 이렇듯 양국에서는 90년대 후반, 교육언어를 둘러싼 논의가 활발히 이루어졌다.

본래 양국은 국공립 고등교육에 대해서는 원칙적으로 국가어를 사용한다는 인식 하에[20], 초등·중등교육의 경우 국가어를 교육언어로 규정한 과목을 단계적으로 늘려나가는 방식으로 대응하는 한편[21], 국공립의 중등교육기관에 대해서는 최종적으로 교육언어의 완전한 국가어화를 실현시키기 위한 교육제도개혁을 구상하였다. 단, 여기에도 양국 모두 고유의 문제가 존재하였다. 즉 소수자가 되었다고는 하나 러시아어계 주민의 경우 모어에 의한 교육기회를 상실할지도 모르는 상황에 직면한 것이다. 이는 모어에 의한 교육기회를 요구하는 일반적인 소수자의 상황과는 전혀 달랐다. 따라서 러시아어계 주민에 의한 저항은 뻔히 예상이 될 정도였다.

먼저 개혁을 단행한 것은 라트비아이다. 라트비아는 1998년의 교육법 및 1999년의 보통교육법에 의해 중등교육에서의 교육언어의 완전한 라트비아어화를 내용으로 한 개혁을 지향하게 되었다. 이에 대해서는 라트비아의 러시아어계주민 그리고 러시아로부터의 비판이 잇따랐다. 특히 러시아어계 주민의 항의행동은 교육개혁이 가까워짐에 따라 점차 격해졌다. 이러한 혼란 속에서 결국 신 체제로의 이행 직전인 2004년 2월, 완전한 라트비아어화가 아닌 수업과목의 60%를 라트비아어로 진행하고, 즉 러시아어 등의 소수언어에 의한 수업을 40%까지 인정하게 되었다.[22] 또한 2004년 단계에서 11, 12학년생은 필요에 따라 그 이전의 수업커리큘럼을 계속 사용할 수 있으나 최종적으로는 2007년도에 3학년생(10-12학년생)의 전체 수업과목 중 60%의 교육언어가 라트비아어로 이행하게 되었다.

에소토니아도 이와 유사한 과정을 거쳐 에스토니아에서는 1993년에 채택된 기초학교 및 중등교육기관법에 의해 2000년에 교육언어를 에스토니아어화하는 개혁을 예정하고 있었으나, 1997년의 개정으로 인해 2007년 가을로 연기되었다. 또한 2000년 시점에서 '에스토니아어로 수업을 실시하는 학교 또는 학급은 커리큘럼의 60%를 에스토니아어로 가르치는 학교 혹은 학급을 의미한다(남은 40%는 소수언어 및 제2언어로서의 영어 등의 어학수업)'는 식으로 수정되었다. 더불어 2002년에는 이러한 에스토니아어로의 언어교육의 이행은 지자체의 신청에 근거하여 정부가 승인한 경우에 한해 예외조치로서 실시하지 않는 것도 인정한다고 하였다. 즉 실질적으로는 알맹이가 없는 법률이 되어 버렸다고 볼 수 있다.

양보는 이것만으로 그치지 않아 이행을 2007년도에는 10학년생만을 대상으로 하였을 뿐만 아니라, 에스토니아어로의 수업 비율을 60%가 아닌, 개혁 처음 해에는 어학으로서의 에스토니아어 외에 1과목을 에스토니아어로 가르치도록 하여, 60%까지 늘리기 위한 이행 기간을 설정하는 등 단계적 실시의 양상을 띠게 되었다.

교육언어의 이행을 막는 장애물 중 하나가 바로 교원의 국가어 능력이었다. 러시아어계 학교 교원의 대다수는 러시아어계 주민이다. 따라서 이들 교사의 훈련·재교육이 급선무였다. 라트비아에서는 1996년에 설치된 '라트비아어 교육을 위한 국가프로그램LPLLT' 이라는 이름으로 교재개발[23]과 교사의 재교육 등이 이루어졌다.

이들 두 나라에 비해 리투아니아에서는 일률적인 교육언어개혁은 실시되지 않았다. 소위 소수자 학교에서는 학교마다 필요에 따라 어학으로서의 리투아니아어 교육이 이루어지고 있다. 그러나 자녀를 리투아니아어계 학교에 통학시키는 가정이 증가해온 상황을 문제 삼은 교육성에 의해 소수언어와 바이링구얼교육모델이 만들어져 이를 채용한 학교도 적지 않다.

에스토니아와 라트비아에서도 이행에 대한 반대가 뿌리 깊은 반면, 러시아어계 학교가 아닌 에스토니아어계/라트비아어계 학교를 선택한 러시아계 가정이 증가경향에 있다는 사실을 부언하고자 한다.

4-6. 소수언어화자가 다수파를 차지하는 지역의 상황

본절의 마지막에 소수자의 언어적 권리의 양면성이 가장 현저하게 드러난 소수자 집단거주지역에 대해 살펴보도록 한다. 법률상은 국가어 화자의 권리가 보장되어 있다고는 하지만 실제 생활에서 극단적인 지역적 소수자인 국가어 화자의 언어적 권리가 제한되는 장면도 적지 않다. 리투아니아와 다른 두 나라 간의 차이점뿐만이 아니라 에스토니아와 라트비아 사이에도 차이가 있다.

4-6-1. 리투아니아

리투아니아에 대해서는 폴란드인과 러시아어계 주민을 나누어 논하는 편이 적절할 것이다(지역별 민족구성에 대해서는 표 4 참조). 러시아인이 집단 거주하는 곳은 이그나리나 원자력 발전소 근교의 비사기나스 시이

다. 대부분의 주민은 현시점에서 리투아니아어 능력을 갖추고 있으며,
리투아니아 국가로의 통합을 긍정적으로 이해하고 있다.

폴란드인의 경우 좀 더 상황이 복잡하다. 우선 농촌부 폴란드인의 아
이덴티티의 애매함에 대해 언급해 둘 필요가 있다. 전에는 스스로를 폴
란드인으로 부르고, 여권에는 벨라루시인으로 기재되었으며, 조국은 소
연방으로, 모어는 러시아어인 자도 존재한다고 한다(Popovski 2000 : 111).
남동부 폴란드인의 복잡한 아이덴티티를 상징하는 것은 것은 '폴란드화
된 리투아니아인', 폴란드인 그리고 벨라루시인과 구별되는 '토테이셔스
인(지방인/토지사람이란 의미)'등 타자에 의해 붙여진 다양한 꼬리표이다(佐
藤 2007 : 118).

상술한 바와 같이 페레스토로이카 말기에 고조된 폴란드인의 영역적
민족자치요구 과정에서 나온 1989년 9월의 살치닌카이·폴란드자치지역
선언에서 리토아니아어, 폴란드어, 러시아어의 3언어 공용어 체제의 실
현이 주장되었던 것은 이러한 언어와 민족의 불일치때문이기도 하였다.
민족적 자치에 관해서는 빌뉴스 지역도 살치닌카이의 뒤를 이었으나, 리
투아니아최고의회에 의해 무효화되어 1991년 8월에 일어난 모스크바의
쿠데타 미수와 뒤이은 소연방에 의한 리투아니아 독립승인으로 사태는
진정되었다. 하지만 문제가 전혀 없었던 것은 아니다.

자치요구는 각하되었으나 대학설립을 비롯한 교육문제에 관한 요구
가 여전히 제기되었음에도 큰 대립으로 발전하지 않은 배경에는 폴란드
정부의 대응이 있었다. 폴란드 정부는 리투아니아의 폴란드인에 의한 영
역적 자치요구를 지지하지 않았으며 오히려 소수자의 권리보장을 중시
하는 자세를 취하였다. 1994년에 체결된 리투아니아·폴란드 우호관계·
선린협정조약에서는 공적, 사적 분야를 막론하고 모어의 사용권, 모어에
의한 교육의 권리가 보장되었다(제14조). 여기에는 러시아와 에스토니
아, 라트비아와는 다른 3자관계(시민적 본국·소수자·소수자의 민족적 모국)가

존재한다. 그 직접적 영향은 증명할 수 없으나 현실적으로 남동부의 폴란드인의 리투아니아 국가로의 통합은 진행되고 있다고 볼 수 있다.

　사적 분야에서는 국가어 사용이 법률에 의해 규정되지 않았음에도 불구하고 독립회복 후, 리투아니아어 교육의 질적 향상에 따라 폴란드인을 비롯한 소수자의 국가어 능력에 개선이 엿보이는 상황(Budryte 2005 : 166)이다. 한편 좌·우파로 나뉜 리투아니아인 다수파의 투표행동과는 대조적으로 지속적인 좌파지지 성향의 투표경향을 감안했을 때 소수자는 국가에 비충성적이라는 견해도 있으나(Budryte 2005 : 169-170), 이를 검증하기 위해서는 사회경제적 관점에서의 조사가 필요할 것이다.

표 4 : 리투아니아의 지역별 민족구성(단위 %)

	리투아니아인	폴란드인	러시아인	그 외
리투아니아 전체	83.5	6.7	6.3	3.5
남동부	45	33	12	9
빌뉴스 시	58	19	14	9
비사기나스 시	14.9	8.6	52.4	24.1

출처 : 2000년 국세조사를 토대로 작성

4-6-2. 라트비아

　이미 서술한 바와 같이 라트비아에서는 7대 도시 모두에서 라트비아인이 소수파가 되는 상황이 발생하였다. 독립회복 후, 4도시에서 라트비아인의 비율이 회복되었으나 2005년 시점에서도 여전히 수도 리가 시, 다우가우필스 시, 레제크네 시의 경우 라트비아인은 소수파였다(단, 다른 4도시에서도 거의 반은 비非라트비아인)(표 5 참조). 소수민족보호를 위한 협약이 2005년에 다른 두 국가에 비해 상당히 늦게 비준되었다는 사실은(에스토니아는 1997년, 리투아니아는 2000년) 라트비아의 곤란했던 상황을 잘 대변한다.

이와 같은 상황에서 라트비아는 소수언어화자가 과반수를 점한 지자체이기는 했으나 라트비아어 이외의 언어를 공적 영역에서 사용할 권리는 인정하지 않았다. 단 이러한 사실이 사람들이 라트비아어 이외의 언어를 전혀 사용하지 않았음을 의미하지 않음은 재삼 언급할 필요도 없을 것이다. 또한 학교교육의 경우 러시아어계 학교, 폴란드어계학교 등이 있었다는 사실에서도 알 수 있듯이 소수자의 전통과 문화에 배려한 시스템도 존재한다.

에스토니아와의 차이를 알아보기 위해 다우가우필스 시 주민의 국적 상황에 대해 제시하고자 한다. 2006년 현재, 약 10만 명의 주민 중 라트비아 국적자가 72.7%, 국적미보유자(소위 무국적자)가 24.7%, 외국적자가 2.6%이다(중앙통계국). 외국적(즉 러시아국적)을 취득하지 않고 무적국자의 신분으로 살아가는 주민이 압도적으로 많음을 알 수 있다.

표 5 : 라트비아 주요도시의 민족구성(단위%)

	라트비아인		러시아인		그 외	
	1989	2005	1989	2005	1989	2005
리가 시	36.5	42.3	47	42.6	16.5	15.1
다우가우필스 시	13	17.7	58.3	54	28.7	28.3
엘가바 시	49.7	54.4	34.6	30.2	15.6	15.4
유르말라 시	44.2	50.1	42.1	36.2	13.7	13.7
리에빠야 시	38.8	51.4	43	33.4	18.1	15.2
레제크네 시	37.3	43.8	55	49.2	7.6	7
벤츠필스 시	43	53.7	39.3	30.3	17.6	16

출처 : 1989년 숫자는 Dreifelds, J., Lativa in Transition, Cambridge University Press, 1996, 2005년은 Demography 2005, Riga, 2005를 토대로 작성.

4-6-3. 에스토니아

에스토니아 북동부의 나르바 시에서는 러시아어계 화자가 주민의 96%를 차지하여 러시아어화의 정도가 3국의 그 어떤 도시보다도 높음을 알 수 있다. 이 비율은 독립회복 후에도 변하지 않았다.

나르바 시와 근린 실라매에 시에서도 리투아니아처럼 영역적 자치요구가 나와 이는 1993년 7월의 주민투표로 이어졌으나 결국 실현되지는 못하였다.[24]

또한 이 경우 역시 리투아니아와 동일하게 소수언어화자가 다수파를 점한 지자체에서의 소수언어의 사용이 '국가어와 동등하게' 인정되었다. 그러나 '국가어와 동등하게'라는 조건이 충족되지 않고 있음을 이유로 정부는 지금까지 허가를 내주지 않고 있다. 다시 말해 법적 권리는 인정되나 합법적으로는 이를 행사할 수 없는 상태에 있다는 것이다. '합법적으로'라고 굳이 강조하는 이유는 허가는 없지만 실제로는 러시아어가 사용되고 있기 때문이다.

나르바 주민에게 에스토니아어 습득에 대한 의욕이 전혀 없는 것은 아니다. 그렇지만 습득한 언어를 사용할 언어 환경이 없다는 것이 이 지역의 국가어 능력상승을 저해하는 큰 걸림돌이 되고 있다.

2004년 현재, 약 7만 명에 이르는 주민의 국적상황은 에스토니아 국적 39.3%, 러시아국적 29%, 국적미정자(소위 무국적자) 25%이다(나르바 시 인구통계국). 러시아 국적자의 비율이 상대적으로 높은데 비해 에스토니아 국적자의 비율이 낮다는 점이 특징이다. 국가어 능력을 국적별로 보았을 때, 당연한 일이지만 러시아 국적자와 무국적자의 국가어 능력은 에스토니아 국적 보유자보다도 낮다. 언어와 국적 사이에 상관관계가 있다는 것은 틀림없으나 이에 대해 금후 보다 상세한 검토가 필요할 것이다.

5. 언어정책의 목적 변천

맺음에 갈음하여 본절에서는 언어정책의 목적이라는 관점에서 독립 회복 후의 언어정책을 재차 정리해두고자 한다.

당초, 페레스토로이카 시기에 국가어로서의 법적 지위를 회복한 후는 국가어 공간의 실현이 목적이었다. 그러던 것이 러시아어계 주민의 '모국'귀환에 의해, 즉, 러시아어계 주민 문제의 물리적 해소에 의해 달성되도 좋은, 오히려 그것이 바람직하다는 인식이 있었다. 그러나 실제로는 러시아어계 주민수는 기대만큼 감소하지 않았다. 그래서 러시아어계 주민에게 국가어를 습득시켜 소기의 목적을 달성하고자 하였던 것이다. 그렇다고는 하지만 독립을 이룸으로써 민족어 소멸의 위기가 사라졌다고 생각하는 사람들의 언어문제에 대한 관심은 옅어졌다. 이는 어느 정도의 국가어 공간이 마련됨으로써 러시아어 화자가 사회적으로 주변화되었거나(리투아니아), 혹은 사회언어적 분리 상황이 발생(라트비아)하였기 때문이다.

한편 소수자에 관한 유럽의 인권규범이 명확하지 않은 것도 정책결정에 영향을 끼쳤다. 자유주의적 인권의 바탕에는 개인적 선택에 대한 존중이 있다. 유럽기관이 국적취득률의 상승을 지향하고 소수언어 사용을 보호하고자 노력한 점은 충분히 인정되나, 가장 중시되었던 것은 역시 분쟁의 회피였으며, 그러한 거듭된 노력이 결실을 맺어 에스토니아와 라트비아의 경우 중등교육에 60/50의 원칙이 적용되기에 이르렀던 것이다.

리투아니아는 대외관계 및 국내적으로도 언어문제가 몇몇 시기를 제외하면 정치화되지 않았다. 이러한 상황에서 구상되었던 포섭적 언어정책은 소수자의 국가어 능력향상에 공헌하였다고 할 수 있다. 한편 배타적 언어정책에서 다언어주의적 정책으로 이행한 에스토니아와 라트비아에서도 소수자의 국가어 기능이 향상되었음은 분명하다. 리투아니아와 다른 두 국가를 비교하는 것에 의미가 없다고는 볼 수 없으나, 그 초기조건이 다른 상황에서 정책의 우열을 논하기에 앞서 언어정책의 변천에 영향을 미쳤다고 생각되는 내외적 요인에 대한 고찰이 우선되어야 한다. 그러나 법제도는 일단 구축되면 필연적으로 정치과정에 영향을 끼치게 된다(Järve 2002 : 78).

언어정책이 언어환경에 끼친 영향만을 놓고보자면 국가어의 법적지위의 확립과 사용범위의 보장을 목적으로 한 3국의 언어정책은 그 목적을 일정 부분 달성하여 맡은 바 소임을 다하였다고 볼 수 있다. 그러한 의미에서 발트3국의 특수한 상황은 '정상화'를 향해가고 볼 수 있다. 이와 같은 상황에서 다시금 소수언어화자의 권리에 대해 고찰할 필요가 있을 것이다. 국경을 넘어 전세계적으로 보자면 다수의 화자를 보유한 러시아어가 위기에 직면하는 일은 없을 것이다. 언어관이 문제가 되는 것은, 그 화자인 러시아어계 주민이 러시아어를 사용하는 실천의 장면에서이다. 어느 정도의 국가어 공간이 실현된 상황에서도 국지적으로는 언어권을 침해받는 국가어 화자는 반드시 존재한다. 독립회복 후의 약 20년간 급격한 변화를 경험해 온 사회에 걸맞은 적절한 언어정책이 요구된다.

주석

01 가장 포괄적인 연구로는 Hogan-Brun et al.(2009)이 있다. 단 본 연구에는 오해를 살만한 기술이 종종 눈에 띈다.

02 본 장에서는 소수자를 민족적·언어적 소수자의 의미로만 사용한다.

03 본 장에서는 '~인(人)'을 국가귀속(국적)이 아닌 민족적 귀속의 경우에 사용한다.

04 각각의 언어에 대해서는 『言語学大辞典』(三省堂), 梶茂樹, 中島由美, 林徹(編)『世界のことば141』(大修館書店)를 참조.

05 본 장에서는 러시아어에 대해 공화국의 기간민족 언어라는 의미에서 '현지어'라는 명칭을 사용한다.

06 1958-1959년의 교육개혁에 대해서는 塩川(2004), 147페이지를 참조.

07 본 장에서는 러시아인 외에 우크라이나인, 벨라루시인 등 일상적으로 러시아어를 사용하는 사람들의 총칭으로 사용한다.

08 에스토니아의 1989년 및 1995년 언어법, 라트비아의 1999년 언어법에 대해서는 渋谷健次郎(編)『欧州諸国の言語法』(三元社, 2005년)를 참조.

09 3국의 국적법에 관한 상세한 내용은 塩川(2007)를 참조.

10 이 문제에 대한 상세한 내용은 佐藤(2007)을 참조.

11 소수민족보호를 위한 협약의 모니터링을 위해 제출된 보고서(1997년에 리투아니아 동부에서 실시되었던 조사의 결과)에 따르면 폴란드인의 35.4%, 러시아인의 38.2%가 공적공간에서 리투아니아어를 사용한다고 한다(Report Submitted by Lithuania Pursuant to Article 25, Paragraph 1 of the Framework Convention for the Protection of National Minorities. 2001).

12 리투아니아에서도 정책화는 이루어지지 못 하였으나 이러한 위기의식이 전혀 없었던 것은 아니라고 지적하고 있다(Burdryte 2005).

13 라트비아에서도 국영, 민영을 막론하고 언어법이 적용되었다. 리투아니아에서는 국영만이 대상. 한편 러시아어계 주민에 대한 정보제공의 차원에서 최근에는 텔레비전 방송에서도 러시아어 프로그램의 확충이 도모되고 있는 점도 간과할 수 없다. 한편 신문과 잡지의 간행은 각종 언어로 이루어지고 있다.

14 포포프스키는 리투아니아에 관해 예를 들어 러시아인이라면 '리투아니아·러시아인', '리투아니아의 러시아인', '소비에트·리투아니아인' 등으로 분류하여 각각의 러시아인과 리투아니안 국가와의 관계의 이상적 형태를 인터뷰 조사를 통해 밝혔다(Popovski 2000).

15 이들 외적 요인과 발트3국의 소수민족정책과의 관계에 대해서는 연구가 축적되어 있다. 연구에서는 브루베이커적인 삼자관계에 근거한 분석에, 국제기관을 더해 4자관계로 분석하는 시점도 제시되었다.

16 특히 1990년대 전반의 러시아정부고관에 의한 '가까운 외국'발언은, 러시아어계 주민의 정치적 이용을 함의한다고 리스토니아와 라트비아는 받아들여, 이것이 양국의 러시아어계 주민에 대한 정책에 영향을 미쳤을 가능성은 부정할 수 없다.

17 러시아의 압력으로 문제가 해결된 것은 아니나, 어젠더 설정의 의미가 있다고 한 것 (Kelley 2004).

18 상세히는 小森(2004) 참조.

19 분쟁예방, 민주화·인권보장에서의 코미트먼트 지원을 목적으로 한 OSCE 미션은 '민족문 제가 해결된 것은 아님'을 함의하는 것으로 EU가맹을 목적으로 한 에스토니아와 라트비 아에게는 한마디로 '눈엣가시'였다.

20 3국 모두 이 원칙을 취하고 있다. 단 일부 학교와 사립대학 등에서는 러시아어, 폴란드 어, 영어로의 수업도 실시되고 있다.

21 바이링구얼 교육모델을 채용한 라트비아와 리투아니아에 비해 에스토니아에서는 이머선 교육이 적극적으로 채용되었다.

22 소수언어 외에 제2언어로서의 외국어 수업은 그 언어로 이루어진다. 예를 들어 영어라면 영어가 교육언어인 것이다.

23 러시아어로 쓰인 교과서의 출판상황은 개선되어 왔으나(에스토니아 및 라트비아), 바이링 구얼 수업용의 교과서는 여전히 충분치 못한 상황이다(라트비아 및 리투아니아).

24 자세히는 小森(2005)를 참조.

참고문헌

小森宏美 2004. 「EU 加盟を目指すエストニアにおける言語法改正とその背景」『こと ばと社会別冊 1──ヨーロッパの多言語主義はどこまで来たか』, 東京 : 三元社

小森宏美 2005. 「EU の中のロシア語系住民──エストニア北東部ナルヴァ市の事例か ら」『国政政治』第 142 号

佐藤圭史 2007. 「ソ連邦末期における民族問題のマトリョーシュカ構造分析──リト アニア・ポーランド人問題のケーススタディ──」『スラブ研究』第 54 号

塩川伸明 2004. 『多民族国家ソ連の興亡 I 民族と言語』東京 : 岩波書店

塩川伸明 2007. 「国家の統合・分裂とシティズンシップ──ソ連解体前後における国 籍法論争を中心に」 塩川伸明・中谷和弘(編)『法の再構築 [II] 国際化と法』東京 大学出版会

Budryte, Dovile. 2005. *Taming Nationalism? Political Community Building in the Post-Soviet Baltic States*. Aldershot: Ashgate.

Ehala, Martin. 2009. "The Bronze Soldier: Identity Threat and Maintenance in Estonia," *Journal of Baltic Studies*, 40(1), pp.139 – 158.

van Elsuwege, Peter. 2004. *Russian-speaking Minorities in Estonia and Latvia: Problems of Integration at the Threshold of the European Union*. ECMI Working Paper 20.

Hogan-Brun, Gabrielle, Ozolins, Uldis, Ramoniene, Meilute, and Rannut, Mart. 2009. *Language Politics and Practices in the Baltic States*. Tallinn.

Järve, Priit. 2002. "Two waves of language laws in the Baltic states: Changes of rationale?" *Journal of Baltic Studies*, 33(1), pp.78 – 110.

Kelley, Judith G. 2004. *Ethnic Politics in Europe: The Power of Norms and Incentives.* Princeton University Press.

Metuzale-Kangere, Baiba and Ozplins, Uldis. 2005. "The language situation in Latvia from 1850 – 2004," *Journal of Baltic Studies,* 36(3), pp. 317 – 344.

Ozolins, Uldis. 2003. "The impact of European accession upon language policy in the Baltic States," *Language Policy,* 2, pp.217 – 238.

Popovski, Vesna. 2000. *National Minorities and Citizenship Rights in Lithuania 1988-93.* New York: Palgrave Macmillan.

제 3 장

대만의 3가지 언어정책

아이카와 마사오相川正 真佐夫

1. 들어가며

대만은 인구가 약 2300만 명, 면적은 약 3만6000㎢이고, 일본의 규슈
보다 약간 작다. 이 섬을 1895년부터 1945년까지의 반세기 동안에 일본
은 첫 식민지 통치하에 두었다. 일본은 서구열강보다 뛰어난 식민지경영
을 할 수 있다는 것을 보여주려고 위생환경 개선을 위해 힘쓰고, 근대적인
도시계획을 실시하여 산업을 진흥시킴과 동시에 조직적인 교육제도와 인
프라 정비를 했다. 그것은 대만 사람들의 입에서 일본통치 시대의 공과 허
물 중에서 '공적'으로서 일컬어지는 경우가 많다. 아울러 동화정책 아래에
서 대만 노인들이 마음에 남은 무사도적인 '일본정신'을 유창한 일본어로
마치 현재의 일본인을 질타 격려하듯이 말하는 것을 들으면, 허리를 펴고
옷깃을 여미고 싶은 충동이 일어난다. 대만인 노년층을 대상으로 실시된
조사(甲斐 1997)에 의하면 일본어는 '잊고 싶지 않은 언어' '더 잘하고 싶은
언어'이고, 또한 '감정을 가장 잘 나타낼 수 있는 언어'에 동의하는 사람이
많다는 결과를 내고 있다.[01] 일본의 식민지정책이나 동화정책의 시비는 의
견이 나눠지겠지만, 일본어가 대만의 노인들의 마음에 60년 지난 지금도

어떠한 향수를 느끼게 하는 것은 틀림없는 사실일 것이다.

종전직전의 대만에서 그들은 모어인 민남어閩南語, 객가어客家語, 원주민의 여러 언어[02]를 생활언어로서 사용하면서도 1944년에는 일본어를 이해하는 주민의 비율이 71%나 달했다고 한다.[03] 그 비율은 1930년에는 10%도 미치지 못했던 것이, 대만인이 다니는 '공립학교'와 일본인이 다니는 '초등학교'가 '국민학교'로 통합된 1941년에는 57%가 되고,[04] 또한 그 후의 일본어교육의 강화에 의해서 일본어 이해 인구수가 한꺼번에 증가했다고 한다. 하지만 1945년 종전시, 일본인이 대만에서 철수하고, 중화민국정부가 대만을 통치하게 되자, '국어'의 지위는 일본어에서 북경어로 바뀐다. 한민족이라는 동족의식을 현재적으로도 잠재적으로도 보유한 대다수의 대만 사람들은 대륙에서 온 동포에 대해 환영의 분위기가 있었지만, 1947년의 2.28사건[05]을 현저한 예로서 '외성인外省人'과 '본성인本省人'이라는 서로 양립하지 못한 집단 아이덴티티를 낳고, 외성인外省人에 의한 새로운 지배구조가 사회를 40년 남짓 뒤덮는다. 전후 국어(북경어)교육은 일본 통치에 물든 대만의 '중국화' 역할을 담당하고, 동시에 국민당 정부의 지배권력을 과시하는 역할을 의미했다고 말해도 과언이 아닐 것이다.

본 장에서는 먼저 현대 대만에서 민족과 언어를 간단히 소개한다. 그 다음에는 1945년을 기점으로 현재에 이르기까지의 약 60년 동안 대만에서 실시되어 온 언어정책을 크게 3개의 시점에서 개관하고자 한다. 먼저 첫 번째는 일본어에서 북경어로의 국어 교체와 그 보급 정책이다. 두 번째는 1987년의 계엄령해제 이후 민주화의 흐름에 의해 분출된 각 민족 그룹의 모어(대체로 향토언어) 부흥의 움직임이다. 그리고 세 번째는 대만인의 언어 선택과 아이덴티티와는 색깔이 다른 언어정책이지만, 근년에 열광적인 움직임을 보이는 외국어교육, 특히 영어교육이나 영어사용의 추진이다. 이들 3개의 시점으로 보는 언어정책의 흐름을 통시적으로 개관함으로써 대만에서의 언어정책의 현상과 향후 전망을 생각해 보고자 한다.

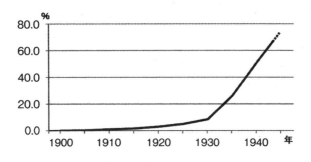

그림 1 : 일본어이해자 비율 추이(藤井1998등을 참고로 작성)

2. 대만의 민족과 언어

본 절에서는 현재 대만의 민족구성과 언어사정에 대해서 개관하고자 한다. 대만의 인구는 한족이 약 96%라는 대다수를 차지하고 나머지는 오스트로네시아계의 원주민이나 근년 늘어난 동남아시아 등에서 온 이민자이다.[06]

대다수를 차지하는 한족 안에도 크게 3개의 다른 귀속의식을 갖는 그룹이 존재한다. 먼저 17세기 쯤 중국대륙의 복건성福建省 남부에서 이주해 온 민남閩南, 福佬계 한족은 복건어의 계통인 민남어閩南語를 모어로 하고 전 인구의 약 7할을 차지한다. 이 높은 인구비율에서 이 언어가 대만의 대표적인 언어로서 일반화되어 통칭 '대만어台語'라고 불리고 있다. 또한 별도의 다른 계통의 한족인 객가계는 광동성広東省에서 이주하고, 인구의 약 1할로 소수이기는 하지만, 귀속의식이나 집단의 결속성이 강한 것으로 알려져 있고, 그들도 독자적인 언어인 '객가어'를 가지고 있다.[07] 이들 2개 계통의 한족은 주로 일본통치시대를 경험하고 있고, 노인층에는 일본어를 유창하게 말할 수 있는 사람이 많다. 일본시대에는 '본도인本島人'이라고 불리고, 전후에는 '본성인本省人'이라는 아이덴티티로 바뀐다. 이에 반해 또 하나의 한족계 집단이 존재한다. 그것은 '외성인外省人' 이라고 불리며 1949년에 공산당군에 진 장개석蔣介石과 함께 중국대륙 각지에서 건너 온 약 130명의 사람들이다. 그 안에는 국민당의 군병사, 관료, 공무원, 교사와 그 가족이 많고, 외성인外省人의 일부는 일본인과 교 대하는 것처럼 전후 대만의 지배구조의 상층부에 섰다. 그들은 몽골, 티 베트를 포함한 중국 각지에서 왔고, 다양한 모어 배경을 가졌기 때문에 북경어는 단순한 공통언어였다(Tsao 2000). 현재 '본성인本省人'이나 '외성 인外省人'이라는 구별은 예전만큼 선명히 나눠지는 것이 아니지만, 지지정 당이나 선거 등의 정치적인 방향성을 논의할 때에는 그 차이가 드러나기 도 한다.

그림 2 : 대만 선주민족 분포도(행정원 원주민족 위원회(2010)을 참고로 작성)

선주민족은 오스트로네시아 어족에 속하고, 한족이 대만에 건너 오기 이전에 남방에서 대만으로 옮겨 살았다고 알려져 있다. 일본 통치시대에 는 산에 사람은 '고사족高砂族', 평지에 사는 사람은 '평포족平埔族'이라 불려 구별되었다. 현재도 '산지 원주민' '평지 원주민'이라는 분류가 사용되고, 이들을 합쳐서 '대만 원주민'이라고 부르고 있다. 2010년 현재는 14족이 정식으로 인정되어[08] 각각이 독자적인 언어를 가지고 있다. 선주민족의 총 인구는 약 50만5000명이고 대만 총인구의 약 2.1%에 해당한다. 內政部(2010)의 통계에 의하면, 인구가 많은 순으로 아메이족阿美族(18만4000명), 파이완족排灣族(8만8000명), 타이야족泰雅族(8만 명), 부눙족布農族(5만1000명), 태로각족太魯閣족(2만6000명), 베이난족卑南族(1만2000명), 루카이족魯凱族(1만2000명), 쩌우족鄒族(6700명), 세덱족賽德克族(6600명), 싸이샤족賽夏族(5900명), 야미족雅美族(3700명), 카발란족噶瑪蘭族(1200명), 사오족邵族(693명), 사키자야족撒奇萊雅族(442명)으로 열거된다.[09] 그림2가 제시한 것처럼 선주민족은 각각 특정 지역에 거주하고 있지만, 그 중에는 인구가 1000명 미만의 민족도 있고, 언어소멸의 위기에 처해있다.

마지막으로 대만의 민족구성이나 언어사정을 살펴 본 경우, 무시할 수 없는 수치가 근년에 존재한다. 그것은 해외에서 온 이민자의 숫자이다. 內政部의 2009년 통계에 의하면 55만3000명의 인구가 해외(중국 대륙, 홍콩, 마카오를 제외한다)에서 유입되지만, 그 중에서 거류비자의 보유자가 46만 명이다. 가장 많은 것은 해외에서 돈을 벌로 오는 노동자이고, 2009년 말 자료에서는 주로 인도네시아, 베트남, 필리핀, 타이 등의 동남아시아가 많고, 35만1000명이 된다. 이 그룹은 1990년 초기부터 대만 IT산업의 발전이나 인프라 정비 등을 지탱하고 있고 , 많은 외국인 가 정부도 맞벌이 대만인 부부에 의해서 고용된다. 그 대다수는 여성이다. 또한 '국제결혼'도 많고 2009년의 통계에서는 5.5쌍에 1쌍 정도이다. 중국대륙(중국, 홍콩, 마카오)가 60.7%로 가장 많고, 베트남이 16.7%, 일본 14.1%, 미국 3.7% 순이다. 그 외에 타이, 인도네시아, 필리핀 등의 동남아시아 출신의 여성도 많다.[10] 이들의 인구는 일과성으로 정주형의 인구 층이 아닐지 모르지만, 선주민족이 약 50만 명이라는 것을 생각하면, 같은 정도의 인구를 차지하게 되고 다언어사회에 어떠한 영향을 주고 있다고 할 수 있다.

이상으로 대만의 민족 구성이나 언어사정에 대해 개관했다. 민족 간의 인구 비율의 다소는 있지만, 대만이 얼마나 다민족사회이고, 다언어 사회이고, 또한 인종의 융합이 진행되고 있는지를 알 수 있다.

3. '국어'정책 : '중국화·탈일본화'에서 '본토화'로

1945년 8월, 일본의 패전으로 인해, 대만은 중화민국에 접수되었다. 그 해 10월에 중화민국정부가 대만성 행정장관 공서를 타이페이台北에 설치하고, 교육행정을 위한 교육소를 타이페이台北에 두었다. '국어'의 지위는 일본어에서 북경어로 바뀌어 새로운 '국어'보급이 시작되었다. 단지 이러한 국어 보급정책은 대만의 문맥만으로는 말할 수 없다고 많은 연구자가 지적하고 있다.[11] 그 이유는 1911년에 건국한 당시의 중화민국정부는 서구열강에 대항하여 국력을 쌓아, 민족의식의 통일화, 근대화를 추진하기 위해서 국내에서 공통되는 공용어를 확립하고, 그것을 보급하지 않으면 안되는 상황에 놓여 있었다. 이 발상은 중화민국의 국부로서 숭배되는 손문孫文의 삼민주의三民主義정책에 근거를 두고, 다민족, 다언어국가를 통합하기 위해서는 국어 보급운동이 필연적이었던 것이다. 그러한 국어 보급운동의 범위가 1945년 이후, 중화민국의 한 성省이 된 대만성에도 퍼졌다고 해석할 수 있다.

대만의 전후 국어교육은 법령이나 규정에 근거하여 3개의 시대배경으로 구분할 수 있다(藤井 2003).[12] 본 절에서는 이 시대 구분에 따라 통시적으로 국어 보급상황과 국어교육이 힘써 온 역할을 살펴보기로 한다.

3-1. 국어정책에 의한 중국화, 탈일본화

제1기는 1945년부터 장개석蔣介石이 대만에 건너간 1949년까지로 하고 그때까지 일본화되어 온 사회조직이나 국민의식을 '국어'에 의해서 중국화하려고 했던 시기이다. 1946년에 대만성국어보급위원회가 설치되고 '대만성 국어운동요령'이 공포되었다. 일본어 신문이나 잡지 발행이 금지되고 대만 호적의 작가가 일본어로 문장을 쓰는 것도 금지되었다. 또한 교육에서 국어를 보급시키는 정책을 만들어 내려고 했던 시기이다. '대만성 국어운동요령'에는 대만어와의 비교에 의해 국어를 배우는 것, 국자(国字)의 읽는 법을 중시하는 것, 일본어 문법에 얽매이지 않도록 하는 것, 주음부호[13]를 사용해서 민족간을 넘어 의사소통을 할 수 있도록 하고, 중화문화를 일체화하는 것, 학습의욕을 높이는 것, 등이 포함되었다. 실시에 있어서 '국어추행소国語推行所'를 각지에 설립하고, '추행인推行人'을 배치하여 학교교육만이 아니고, 사회교육에 의해서도 국어를 보급하려고 한 것이다. 일본어를 배제하는 한편, 민남어閩南語를 제한하지 않고, 오히려 이용하려고 한 점은 흥미롭지만, 그 이유는 민남어閩南語 음성과의 비교를 이용해서 설명하는 편이 효과적이라고 판단되었기 때문일 것이다. 또한 탈 일본화를 위해서 동포의식을 높이기 위한 방책으로서도 생각된다. 하지만 2년 후인 1948년에는 민남어閩南語의 사용도 제한되고, 국어 일색의 직접법이 되고 만다.

대만 행정장관이 된 진의陳儀는 신문사의 인터뷰에 대해서 복건성福建省의 국어보급 경험을 바탕으로 '대만에서 국어 추진 정책을 4년간 실시하면, 국어 보급은 큰 진보를 한다'고 호언장담했다고 한다. 이에 대해서 Tsao(2000)은 진의陳儀는 중국대륙 각지와 대만의 언어상황의 차이를 파악하지 못했다고 비판하고 있다.

복건성福建省 등의 지역에서는 단지 다언어사회 안에 국어라는 통일 언어를 보급시키는 것 만으로 좋았는데, 또 한편으로 대만사회는 다이글로시아(diglossia, 2개의 언어가 다른 기능을 가지고 구별해서 사용하는 사회 상태)라고 할 수 있는 언어상황에 놓여져 있고, 일본어가 행정, 학문, 매스미디어에서 '높은' 위치에 있는 언어로서 사용되고, 대만어 등의 언어는 가족간이나 친구 사이에서의 '낮은' 위치에 놓여져 있다. 그러한 상황 속에서 1946년에 일본어 사용이 금지되었던 것이지만, 일본어를 금지하는 것은 대만의 엘리트 층의 입을 막는 것이고, 일본어가 놓여져 있는 '높은' 지위를 단기간에 '국어'로 바꿔 놓은 것은 현실과 동떨어져 있었다.

3-2. 국어정책에 의한 권력의 절대화

제2기는 장개석蔣介石이 대만에 건너가 국민당 정부에 의한 통치가 본격화되는 1950년부터 계엄령이 풀리는 직전의 1986년까지이고 국어에 절대적인 사회적 지위를 갖게한 시기였다. 법령이나 규제에 의해 국어 지위를 갖추고, 교육에서도 공공장소에서의 방언을 제한한 시대이다. 예를 들면 1956년, 국어보급을 강화하기 위해서 '說國語運動국어 말하기 운동'을 전체 섬에서 실시하고, 학교기관을 비롯하여 공공장소에서 국어 이외의 언어 사용을 일절 금지했다. 1966년에 나온 '各県市政府各級学校加強推行国語計画'(台湾省政府公報, 1966)에는 교사와 학생은 학교에서는 언제 어디서나 국어를 사용하지 않으면 안되고, 위반자는 장려규정, 벌칙규정에 의해 처리되는 것, 영화관에서는 방언이나 외국어로 방영하거나 번역을 해서는 안되는 것, 외부선전에는 방언이나 외국어를 사용해서는 안되는 것 등이 포함되었다(陳 1998). 매스미디어에서는 1970년에 '加強推行国語弁法'이 시행되고, 라디오나 TV프로그램에서 방언 프로그램의 소멸이 규정되었다. 또한 1976년에는 '라디오 전시법'이 나와 매스미디어

언어는 국어만으로 제한되었다.

　아래에 당시의 초등학교에서 국어정책의 상황을 구체적으로 알기 위해서 2명의 민남閩南계 대만 출신자가 당시의 모습을 증언한 내용을 소개하고자 한다.

A씨 타오위안桃園현 출신 여성 1950년생 초등시절(1956-1962)

　초등학교에 들어갈 때에는 장개석蔣介石의 동상에 3번 절을 하고 들어갔습니다. 학교에는 '국어는 말해야 하고, 방언은 말해서는 안된다'는 슬로건이 있고, 방언은 일절 금지되었습니다. 집에서는 대만어만을 말해서 입학후에 학교에서 들은 국어는 마치 외국어였습니다. 커리큘럼에서는 '음악' '체육' '공작'이 있었던 것 같지만, 수업은 거의 모두 '국어'나 '산수'만을 했던 것으로 기억하고 있습니다.

　학교에서는 깜박 대만어를 입밖으로 꺼내어 선생님이 알게 되면 벌을 받게 됩니다. 선생님은 진원 외성인이었습니다. 기억을 돌이켜보면, 벌칙자는 7부 정도의 물이 들어간 양동이를 양손에 들고 장시간 복도나 교실 뒤에 종종 서게 했습니다. 양동이 손잡이를 쥔 초등학생의 작은 손은 마비되고 물을 흘리면 또 혼났습니다. 또한 가는 대나무 매로 손이나 발을 맞고, 피부가 빨갛게 된 친구도 기억하고 있습니다. 그런 체벌을 눈 앞에서 보고 있어서 국어를 충분히 말하지 못한 초등 1학년이나 2학년 무렵, 학교에서는 모두 입을 다물었습니다. 학교가 끝나고 학교 바깥에 한 발짝이라도 나가면, 쌓인 것이 한꺼번에 분출하는 것처럼 대만어로 친구와 수다를 떨었습니다.

　당시 농촌에서 온 친구는 아침 시장에서 작물을 팔고 학교에 왔습니다. 의무교육이라고는 하지만, 학교에 가게 하는 것보다 농촌 일을 돕게 하고 싶은 부모도 적지 않았고, 부모를 설득해서 학교에 왔던 친구도 있었습니다. 신발을 살 여유도 없고, 맨발로 학교에 왔던 것을 기억하고 있습니다. 맨발로 양동이를 든 벌을 받은 친구의 모습은 선명히 기억에 남아 있고, 동창회에서 그는 '그때는 아팠다'고 회고하고 있습니다. 초등3학년 무렵이 되면 국어도 자유롭게 말할 수 있게 되고 학교에서 친구와의 대화도 할 수 있게 되었습니다. 지금 생각하면, 가장 괴로운 기억이 있는 것은 초등학교에 입학한 처음 2년 정도였습니다.

B씨 타이난台南시 출신 여성 1967년생 초등시절(1974-1980)

조례가 매일 이루어지고 교실에서 행진곡에 맞춰 군대와 같이 이동하고, 운동장에 정렬했습니다. '방언을 말해서는 안된다'고 늘 듣고 있어서 대만어를 말하면 0.5원의 벌금을 징수당했습니다. 이 금액은 당시 아이들의 버스요금과 같고 아이들에게 결코 저렴한 금액이 아닙니다. 체벌은 없었지만, 대만어를 말하면 자신의 이름을 '구패狗牌'라고 불리는 커다란 명찰(개 목에 붙이는 명찰, 변이되어 공개처형자기 목에 거는 명찰)을 목에 걸게 하여 불명예의 기분이 되었습니다.

이들의 구술과 정말 비슷한 경험이 陳(1998)에서도 소개되어 있고, 특이한 경험이 아니었다고 생각된다. 학교교육을 예로서 정책실행을 위해 상당한 강경한 수단이 시행되었다고 말할 수 있을 것이다. 하지만 국어 사용과 방언의 제한은 학교, 병원, 관공서 등의 공공장소에서 이루어졌지만, 가족내나 사적인 장소에서의 사용을 제한하는 일은 없었다. 그것이 민남어나 객가어, 선주민의 여러언어의 소멸을 막았다는 견해도 있다.[14]

3-3. 국어의 대만 본토화

藤井(2003)에 의한 제3기는 1987년 계엄령 해제이후를 가리키고 '국어의 다원화'라고 한다. 이 시기는 장개석蔣介石의 뒤를 이은 장경국蔣経國이 1986년에 타계한 후 본성계本省系의 이등휘李登輝가 총통을 이어받은 것이 커다란 영향을 주고 있다. 중국과의 연결보다도 대만 독자적인 역사와 문화를 가지려고 하는 '대만 본토화'의 풍조가 높아지고, 민주화가 움직이기 시작한 것이다. 언어정책에서도 오랫동안 방치된 각 민족의 모어(향토언어)의 부흥이 주장되어, 언어정책은 다원화의 입구에 서게 된다. 하지만 본 절에서는 '국어'에 초점을 두고, '국어의 대만 본토화'로서 기술해 놓고, 향토언어의 부흥에 대해서는 다음 절에서 다루고자 한다.

국어 보급률에 대해서는 정확한 조사는 없다. 단지 Tsao(2000)는 Ke(1990)의 교육배경과 인구통계를 연결시킨 적산방법이 합리적이라고 평가하고, 1987년 당시의 7세 이상의 국어보급률을 90%라고 산출하여, 대략 10%가 국어를 이해하지 못한다고 한다.[15] 그 적산에서 이미 20년이 지나서 아마 현재는 국어를 이해하지 못하는 비율은 극히 일부일 것이다. 국어보급의 대가인 Zhou(1992)周有光에 의하면 대만이나 싱가포르의 국어보급은 '잠자리가 나는' 기세라고 평가했는데에 반해 중국대륙에서의 보급은 '거북이가 기어다니는' 정도라고 비유하였다. 소위 대만의 국어정책은 계엄령해제까지 거의 성공했다고 평가해도 좋다는 견해가 있다. 일찍이 일본식민시대가 그러했던 것처럼 국어를 '높은' 지위에 두고 방언을 '낮은' 위치에 두고 있는 다이글로시아 사회가 완전히 형성되고 국어는 대만섬 내의 여러 민족을 연결하는 링구아 프랑카의 역할로서 기능하게 된 것이다. 이와 같은 상황에서 국어는 이미 외래정권이 가져온 언어가 아니고 국민당 정권이 지배를 현시하기 위한 도구도 아니었다. 예전에는 '국어'를 일상생활에서 말하는 자가 '외성인外省人' '중국대륙'으로 연결되었지만, 지금의 젊은 세대는 이제 그렇지 않고 대만 언어의 하나가 된 것이다(Scott&Tiun 2007).

대만에서 말해지는 '국어'는 대만화된 것, 즉 북경어에서 파생한 변종이라고 볼 수 있다(中川 2009). 확실히 중국대륙의 '보통어(북경어)'와 대만의 '국어(북경어)'는 의사소통은 가능하지만 다른 발음을 가지고, 표기가 간체자와 번체자라는 것만이 아니라 어휘체계나 표현에도 다소의 차이가 보인다. 부모 세대에 강요된 국어가 모어가 되고 소위 국어가 클리올화한 상태라고도 생각할 수 있지 않을까? 현재 자기자신을 '대만인'이라고 인식하는 자가 64.6%, '중국인'이라고 인식하는 자가 11.5%, '대만인이고 중국인이기도 하다'고 인식하는 자가 18.1%이다(Shih 2009). 이미 '대만인'으로서의 아이덴티티를 자각하는 자가 8할을 넘은 것을 생각하면, 대만에서 말해지는 국어는 대륙의 보통화와는 다른 국민의식을 나타낼 가능성이 있다. 대만의 '국어'가 실제로 대만 본토화된 것인가는 자료가 부족하지만, 여기서는 잠재적인 가설이라는 입장을 취하고자 한다.

4. 향토언어의 부흥정책 : 소수민족의 언어권 존중과 대만 본토화

4-1. 향토언어의 교육

전절에서 언급했지만, 1987년에 계엄령이 해제되고 장경국蔣経國의 타계 후, 총통의 지위를 얻은 본성계本省系의 이등휘李登輝씨는 신 정권하에서 중국대륙의 문화와는 분리된 '대만 본토화'의 노선을 걷기 시작하여 외성인外省人, 본성인本省人, 선주민의 구별 없이 대만에 사는 사람은 모두 동일하게 '새로운 대만인'이라는 아이덴티티를 호소하기 시작했다.[16] 지금까지 공공 장소에서의 방언 사용이 제한되었기 때문에 사회생활의 다양한 장면에서 모어를 사용하는 것은 지금까지 국어정책에 의해서 쓰라린 경험을 해온 것에 대한 분출구가 되었다(Tse 2000). 민남인閩南人, 객가인客家人, 선주민족이 각각의 언어권을 주장하게 되고, 모어를 보호하는 정책을 실시하도록 호소하기 시작했던 것이다. 소수파의 객가인은 '모어인 객가어의 부흥 캠페인'을 실시하고 객가어의 부흥과 객가인의 단결력을 강하게 했다. 그 무렵에 대만 전시국을 통해서 30분이라는 단시간이기는 하지만 객가어 프로그램을 방송하기 시작하게 되었다. 1988년 12월28일에는 객가어의 부흥을 호소하는 데모에 1만인이 집결했다. 매스미디어 경우에도 1993년에는 지금까지의 방언 사용을 제한했던 '라디오방송 전시법'이 수정되어 방언에 대한 제한이 삭제되었다. 하지만 그 한편으로 국어는 이미 공용어로서의 기능을 다하고, 국어(북경어)를 억제하고 민남어에 국어의 지위를 갖게 하려고 하는 것은 현실적이지 않았다.

이와 같은 상황 속에서 학교교육에서도 1990년 전반부터 각지에서 향토언어 수업이 과외 수업 등의 시간에 실시하게 되었다. 2001년에는 초등학교와 중학교의 9년 일관 교육과정 속에 향토언어(민가어, 객가어, 선주민의 여러 언어)가 도입되었다. 초등학교에서는 다음 절에서 다루는 영어교육 도입과 동시에 시간표는 국어, 영어, 향토언어의 3종류가 들어가게 되었다. 교과마다 시간 수의 가이드라인은 어문영역이 전체 영역 학습시간 수의 2-30%를 차지하도록 한다는 제시를 하고 있어서 학교에 따라 시간 수는 다르다. 표 1은 台北시에 있는 T국민초등학교 1학년부터 6학년까지의 주 시간수 일람표이다.

이 표에 제시된 것처럼 국어와 영어와 향토언어의 비율은, 6~7 : 2 : 1이 일반적이라고 생각된다. 향토언어는 커리큘럼에 포함되지만, 시간표에 차지하는 비율은 영어보다 적은 것이 실상이다.

2001년에 시작한 향토 언어교육의 전국실시 상황을 각 언어마다 교실 숫자로 보면 표 2와 같다. 이 표에서 알 수 있듯이 매년 증가하고, 특히 선주민족 여러 언어의 상승률이 크다.

표 1 : 초등학교에서 교과별 학습시간 수 일람(2010)

	1학년	2학년	3학년	4학년	5학년	6학년
국어	6 [*1]	6	7	7	7	7
영어 [*2]	2	2	2	2	2	2
향토언어	1	1	1	1	1	1
수학	3	3	4	4	5	5
생활과정	6	6				
자연			3	3	3	3
사회			3	3	3	3
음악	1	1	1	1	2	2
체육	1	1	2	2	2	2
건강	1	1	1	1	1	1
통합	2	2	3	3	3	3
탄성 [*3]	1	1				
컴퓨터			1	1	1	1
미술			2	2	2	2
합계시간 수	24	24	30	30	32	32

*1 40분에 1학점 *2 영어교육은 타이베이(台北)시의 방침에 따라 1학년부터 개시
*3 '탄성'은 학교나 교사의 자유재량 과목

표 2 : 전국 향토언어개강 교실 수 상황

	2002	2003	2004	2005	2006	2007
민남어	30,363 (85.4%)	48,036 (83.6%)	57,335 (83.5%)	63,652 (85.0%)	55,965 (83.0%)	60,362 (81.0%)
객가어	4,014 (11.3%)	7,659 (13.3%)	8,806 (12.8%)	7,995 (10.7%)	7,848 (12.0%)	8,555 (12.0%)
선주민족의 여러언어	1,179 (3.3%)	1,790 (3.1%)	2,513 (3.7%)	3,202 (4.3%)	3,353 (5.0%)	5,524 (7.0%)
총수	35,556	57,485	68,654	74,850	67,166	74,441

출처 : 타이베이(台北)현 원주민 교육 보도단(輔導団) website 및 교육부 전자보(電子報) 2008에서 필
자가 편집

4-2. 향토언어교육의 과제

향토언어 교육이 도입되고, 언어교육의 다원화가 장려되는 한편 실시 면에서의 과제도 많다. 그 몇 가지 사례를 가지고 소개하고자 한다. 2006년 3월 27일자의 '자유시보自由時報'의 기사는 객가어의 실시상황에 대해서 다음과 같은 점을 지적하고 있다. 먼저 민남계 인구가 많고 객가계 숫자가 적은 곳의 경우 소인수의 선택자 수를 위해 지방의 교육국과 학교에서 객가어 수업은 개설하기가 어려워져 결과적으로 인구가 우세한 민남어만을 내세우게 된다. 실제로 소인수여도 개강한 곳에는 한 교실에 2-3명의 아동 뿐이라는 실상도 보고되고 있다. 그러한 현상에서 민남계 이외의 학생의 모어를 학습할 권리가 없어지고 만다. 선주민은 비교적 특정 지역에 모여 사는것과 정부가 비교적 보호에 협력적이기 때문에 문제는 적지만, 객가어는 경시되는 경향에 있다고 객가의 앞날에 경종을 울리고 있다.

다음으로 교사 부족을 문제점으로 들수 있다. 台中시에는 5교 90남짓의 객가어 교실이 있지만, 그 중 84개 교실을 한 사람의 교사가 순회지도하고 있다고 보고하고 있다. 한 사람의 교사 부담이 크고, 또한 대우도 좋지 않다. 그러한 상태가 되면, 실제로는 1학기에 불과 2-3회의 수업밖에 실시되지 못하게 되어 수업으로 성립하지 않는다. 또한 객가어는 이종異種이 많고, 교육용 표준어가 정해지지 않았다. 교사에 따라서 발음이 다르고 발음표기도 다양하여 2003년에 '대만 객가어 통용 병음拼音 방안'이 공포되기는 했지만, 실제 교육현장에서는 주음부호, 핀인pinyin, KK음표[17] 등이 제각각으로 사용되어 학교간, 저학년에서 고학년으로의 연결이 잘 안되는 현상이 있다.

또한 향토언어교육과 동시에 영어교육도 도입되어 많은 현과 시에서 1학년부터 개시되기 때문에 향토언어보다도 영어교육에 예산을 쓰는 경향이 있다. 학교와 보호자는 향토언어교육의 어려움에 좌절감을 느끼고

의욕이 저하된다고 한다. 그 때문에 객가어보다 영어 혹은 민남어를 확실히 배우게 하고자 하는 보호자도 적지 않은 것 같다. 향토언어교육은 시작되었지만, 강한 언어가 더욱 우세해지고, 객가어와 같은 소수파는 학습자가 줄게 된다는 위기감이 호소되고 있다.

5. 외국어교육정책과 외국어정책 : 국제화로의 창구

지금까지 국어 보급정책과 향토언어의 부흥정책이라는 대만 내부의 언어와 관련된 문제를 다루어 왔지만, 1990년 후반 이후의 민주화와 동시에 큰 움직임을 보인 것이 외국어교육·영어교육 및 외국어 언어서비스 정책이다. 국제무역이나 관광산업이 경제 발전에 불가결한 대만에서는 대만인의 외국어능력, 특히 영어능력을 높여 커다란 '휴먼 파워'로 연결시키려고 하는 움직임이 있다. 또한 영어를 제2공용어로 하려는 움직임도 있고, 이것은 대만의 언어정책을 말하는 데에 무시할 수 없는 정책이라고 생각된다. 그와 같은 국제화의 창구라도 되어야 하는 외국어교육이지만, 역사를 돌이켜보면, 전후에서 현재의 정책에 이르기까지는 우여곡절이 있다. 대만인에게 외국어교육, 영어교육이란 어떠한 것이었는가? 본 절에서는 전후 외국어교육, 영어교육의 흐름을 개설한 후에 근년의 학교교육, 영어생활 환경 구축에서부터 국제화를 진행하기 위한 외국어교육정책의 움직임을 살펴보기로 한다.

5-1. 전후 대만의 외국어교육

5-1-1. 전후의 접수기

일본 통치하에서도 영어교육이 이루어졌고, 종전 후에는 산세이도三省堂의 "King's Crown" 교과서가 중국대륙에서 출판된 開明書店의 『開明英語読本』(林語堂)으로 바뀌거나, 지도법은 같은 문법역독식이어도 영어에서 일본어로의 역독이 영어에서 북경어로의 역독으로 바뀐 것도 흥미로운 부분이다(相川 2005).[18]

전후에는 중화민국의 교육제도 하에서 외국어교육이 시행되지만, 대만에서의 외국어교육이란 거의 예외없이 영어교육을 의미하고, 일본의 "학습지도요령学習指導要領"에 해당하는 "과정표준課程標準"에는 다른 언어도 포함되어 있지만, 실질적으로 영어 일변도였다.[19] 중화인민공화국이 냉전 중 건국당시부터 교육현장에 러시아어를 제1외국어로서 과정에 포함시킨 것을 보면, 대만의 국민당 정부가 영어 특히 미국 영어를 표준으로 한 것도 이해할 수 있다.[20]

1952년 국민당 정부가 타이페이台北에 천도한 후 처음으로 중학교(초급중학) 과정표준이 일부 개정되었지만, 중학, 고교(고급중학)와 함께 반공산주의, 중국에 대한 애국정신등의 국책을 국어, 역사, 지리 등의 교과내용에 넣도록 지시되었다(교육부 1952).[21] 교과서는 정부조직에 의한 검정이 있고, 여러 종류의 민간 교과서가 발행되었지만, 1949년에 국민당 정부가 대만에 건너오고 나서 지금까지 중국 본토에서 발행되어 온 교과서를 사용해 왔던 것을 대만 섬내에서 독자적으로 편찬되게 되고 '중국화' '탈일본화'의 내용을 띄게 되었다. 영어 교과서도 예외는 아니다. 예를 들면 錢歌川 편저 (1951) 『世界新世紀初中英語読本』 제1권(중학 1학년 1학기용 텍스트, 참조한 것은 1953년 제40쇄)에는 다음과 같은 텍스트 문장이 실려 있고 당시의 교육사정이나 언어사정을 반영하고 있다고 할 수 있다.

China is our country.

China is a large country.

China is an old country.

China is a modern country, too.

China is a republic.

The full name of our country is the Republic of China.

We live in China.

We are Chinese.

We speak Chinese.

Chinese is our mother tongue.

It is different from English.

Do you speak Chinese?

Yes, I do.

Do you speak English?

Yes, I speak a little.

Do you speak French?

No, I do not speak French.

Does your brother speak French?

No, but he speaks a little German.

Does your sister speak German?

No, she does not speak German, but she speaks Japanese.

I speak Japanese, too.

I speak Chinese, English and Japanese.

(錢歌川 1951 : 48-49)

또한 계엄령하에서 반 공산주의, 조국통일을 목표로 한 움직임을 반영한 내용도 보인다. 아래는 高笑初(1953) 『初級中学英語読本』 제3권(중학 2학년의 1학기용 교과서, 참조한 것은 1978년 제39쇄)의 제2과(p.9-10)인데, 군사적 사상이 강하다.

THE MOTHER OF THREE SONS

A mother had three sons who were very strong and brave soldiers. The mother loved them very much. They loved their mother dearly.

It happened that there was war. The three sons went to the battlefield. A year was over. The eldest son was killed. When the news reached the mother, she smiled happily and proudly.

The second year was over. The second son was killed. When the news came to her, she again smiled. She was happy and proud.

The third year was over. Her last and youngest son was killed. When she heard the news, she wept bitterly, because she had no more sons to offer to her country.

高笑初(1953) 『初級中学英語読本』 제3권 제2과(p.9-10)

오해가 없도록 미리 기술하고자면, 교과서의 모든 장에 이러한 '중국화' '탈일본화', 국수적인 내용이 포함된 것은 아니다. 전후 대만의 국민당 정부가 정치 이데올로기나 아이덴티티 형성을 '영어'라는 과목을 통해서도 도모했던 것을 보여주지만, 일본식민지시대말기에 사용된 영어 교과서에도 군국주의 내용이 포함된 것을 생각하면, '영어교육' 하나를 봐도, 시대의 파도에 농락당한 본성인本省人의 모습을 상상할 수 있다.

5-1-2. 9년 의무교육 이후

1968년 의무교육이 초등과정(이하, 초등학교)과 중등전기과정(이하, 중학교)을 합친 9년간으로 연장되었다. 중학교 제1학년을 개시학년으로 한 '영어'는 실질적으로 학령기의 학생이 전원 배워야 할 과목이 되었지만, 진로의 방향성에 따라 선택필수 시간을 포함시켜 학생 각각의 요망에 맞추도록 배려한 과정으로서 설계되었다. 즉 고급 중학이나 고급직업 학교, 5학년 전과학교專科學校로의 수험 진학에 필요한 학생에 대한 대응과 취직을 희망하여 특히 영어를 필요로 하지 않은 학생에 대한 대응이 가능하도록 한 것이다. 이러한 복선형 영어교육은 이후 5회에 걸쳐 이루어진 과정표준 개정의 특징이다.[22] 일본과 같이 영어는 일상 생활에서 전혀 접하지 못한 외국어이고, 고급 중학교(고교)나 대학교 입학을 위한 수험 과목의 한 과목으로서의 존재한다는 것을 알 수 있다.

1983년 개정에서 대만의 영어교육상 처음으로 '실용영어'라는 것이 독립된 과목명이 되었다. 진학을 주요 목적으로 한 지식편중의 영어학습과 실제 사회에서의 운용능력을 중시한 실용영어라는 2개가 독립된 과목으로서 도입된 과정이었다. '실용영어'의 목적 중 하나는 단지 4기능의 통합이나 실제의 영어사용을 목표로 한 것이 아니라, 직업 훈련으로서의 의미가 강했다. 즉 고급 직업학교로의 진학이나 중학교를 졸업해서 바로 취직하는 학생을 위해서 설치된 선택 필수과목이었다. 그 때문에 실제로는 진학시험을 희망하는 자가 많다는 사실과 학력사회인 대만에서 보호자가 아이에게 '실용영어'를 배우게 하고 싶지 않은 등의 이유로 거의 효과적으로 실시되지 않았던 것이다.[23]

5-1-3. 1990년대 후반 이후 영어교육의 조기화

1993년에 초등학교의 과정표준이 개정되었다. 그에 따라 교원이나 설비 조건이 마련된 초등학교는 단체활동 등의 시간을 이용해서, 영어를 학습하는 활동을 학교교육에 넣을 수 있게 되었다. 한편 중학교의 과정표준에 선택 필수로 된 '실용영어'는 고급 중학교에 입학을 위한 수험의 영향에 따라 이수자가 적은 것, 보호자가 진학을 중시하는 나머지 '실용영어' 개설에 긍정적이지 않았던 것 등을 이유로 과정상에는 있지만, 실제로는 형해화 된 존재였다. 그 때문에 1994년에 개정된 중학과정표준에서는 '실용영어'가 삭제되었다. 그 대신 실용적 영어 학습단계를 중학교에서 초등학교로 조기화를 도모한 것이다. 이 초등학교로의 조기화 흐름에 따라 대만 영어교육사의 전환기가 찾아왔다. 2001년 초등학교 5학년을 개시학년으로서 영어교육이 도입되어 또한 그 4년 후인 2005년에 개시학년이 3학년까지 조기화되었다. 또한 이와 함께 이루어진 교육개혁으로서 초등과정과 중학과정을 '국민 중초등 9년 일관과정'으로 연결하고, 초중의 교육과정상의 연결을 강화하는 방침을 밝혔다.

5-2. 영어 이외의 외국어교육

영어교육은 초등학교에서 대학교까지 계속되지만, 고급중학에서는 영어에 더하여 제2외국어가 개설되는 것이 주목할 만하다. 학교과정에서 외국어=영어라는 영어 중시의 경향이 종래부터 있었다. 하지만 1990년대 중반에 제시된 국민중학과 고급중학의 과정표준에서 '제2외국어'가 포함되어 고급중학에서는 현재 일본어, 프랑스어, 독일어, 스페인어를 중심으로 한 제2외국어 교육을 추진하고 있다. 대만에서 학습의 동기부

여가 되는 입학시험에서는 영어가 중요한 위치를 차지하는 한편, 제2외
국어는 시험과목으로서 포함되지 않는다. 그래도 영어는 제1외국어라는
입장을 유지하면서 또 하나의 외국어를 추진하는 '영어 플러스 1언어'라
는 견해가 서서히 학교교육에 반영되어 왔다고 할 수 있다.

교육부(2009)의 통계에 의하면, 2009년 전기, 대만의 전체 고등학교
수인 320교에 대해서 62.5%에 해당하는 199교에서 제2외국어가 개설
되고 887교실에서 약 3만인이 수강하고 있다. 외국어 선택에서 가장 많
은 것은 일본어이고, 887교실 중 658교실, 즉 74%를 일본어가 차지한
다. 수강자 숫자로는 78.7%에 해당한다. 그 다음에 많은 것은 프랑스어
이지만, 교실 수는 15%, 수강자 수는 12.7%로 일본어와는 많은 차이가
난다.

5-3. 영어생활 환경의 정비, 언어서비스

2002년, 대만의 행정원은 '도전2008: 국가발전중점 계획'을 발표했다.
이것은 2002년부터 2007년까지의 6년간에 걸쳐서 실시한 정책으로 산
업구조의 고도화, 과학기술연구개발, 인재 육성 등의 경제발전이나 국제
적인 경쟁력 강화로 연결시키는 다양한 분야를 포괄한 경제전략이다. 언
어정책도 '도전2008'과는 관련이 있고 '營造英語生活環境行動方案국제사회
에 이로운 생활환경을 만들기 위한 액션 플랜'을 세우고 대만인의 영어 능력을 높이
는 것, 외국인 거주자나 해외에서 온 관광객을 위해서 다언어서비스를
공공기관이나 홈페이지 등에서 정비하는 것 등을 포함하고 있다. 이에
따라 관광객을 늘리고, 해외에서 온 유능한 인재를 대만에 초대하여 국
제경쟁 대회에 참가하도록 하기 등을 목표로 하고 있다.

구체적으로 특기할만한 것은 먼저 정부기관이나 학교, 도로, 교통기

관, 가게, 공공장소에서의 표식이나 안내, 홈페이지에서 2언어표기로 하는 것이지만, 여기서 중요한 것은 한자의 로마자 표기이다. 한자는 표의문자이기 때문에 음성표기하기 위해서 과거의 다양한 로마자 표기방법이 시도되어 왔다. 대만에서 가장 많이 사용되어 온 스타일이 웨이드식 표기법Wade-Giles Spelling System이지만, 이에 반해 중국대륙에서 사용되는 한어병음이 사실상 세계 표준이 된다. 따라서 2008년 대만 내에서도 국제적인 표기법을 한어 병음식으로 바꾸는 것으로 결정했다. 예를 들면 '北京' '台北'은 각각 웨이드식으로는 'peiching' 'taipei'이지만 병음식으로는 'beijing' 'taibei'가 된다.

다음으로 주목해야 하는 것은 대만인 영어능력 향상을 시도하는 방책이다. 공무원이나 외국인 관광객을 접할 가능성이 있는 업무를 하는 자의 영어능력을 높이려고 힘쓰고 있다. 출입국관리인, 버스, 택시운전사 등의 공공교통 관계자, 문화교육기관의 직원, 의료기관의 의사, 우체국 직원, 경찰관, 가게, 야시장, 호텔, 레스토랑 등의 종업원이 관광산업과 연결되지만 각각에 맞는 목적별 연수를 실시하고 있다. 또한 정부는 영어 학습을 위한 라디오 강좌, TV 프로그램 제작에도 협조하고 있다.

대학생에게는 어느 일정한 영어능력을 갖게 하고 졸업시키는 것으로 학력과 영어능력에 상관을 갖게 하고 있다. 영어 교사를 비롯하여 그 외의 교사에 대해서도 영어능력을 갖추게하기 위해서 시험에 의한 지표를 기준으로서 이용하여 교육자의 영어능력의 최저 수준을 올리려고 도모하고 있다. 그 기준은 하나의 시험에 고정시키지 않고 대만의 독자적인 영어검정시험인 '全民英檢(통칭 GEPT : General English Proficiency Test)', TOEIC, TOEFL, IELTS, CEFR[24] 등의 기준 대조표를 제시하여 목표치를 나타내고 있다. 예를 들면 일반대학의 졸업생은 CEFR의 B1수준으로, 상공계대학 졸업생에게는 CEFR의 A2수준에 달하도록 목표를 내세웠다. 이것은 대만정부가 낸 환산표에 따르면 각각 TOEIC 550이상

(GEPT중급), TOEIC350-550(GEPT의 초급)에 해당한다. 또한 공무원에 대해서 기준에 따라 승진과 관련된 평가 포인트가 영어능력으로 이용되는 경우도 있다. 또한 일반 교원 및 영어 교원에 대해서도 영어능력이 요구되지만, 초중고 일반교원은 CEFR의 B1수준, 영어교사는 B2수준(TOEIC 750 이상)으로 한다(Wu 2007).

6. 정리

타이페이台北시의 교통시스템 MRT에 타면, 국어, 민남어, 객가어, 영어 방송이 흐른다. 선주민족의 여러 언어는 나오지 않지만, 국어, 향토언어, 외국어의 언어 서비스가 현재 대만의 다언어상황을 나타내고 있는 것처럼 보인다. 본 장에서는 전후 대만에서 언어정책을 '국어정책' '향토언어정책' '외국어교육정책'의 3가지 관점에서 서술했다. 대만은 다민족사회이고 다언어사회이기도 하다. 그러한 점에서 세계의 언어정책 연구자 사이에서도 상당히 주목도가 높다. 일본 통치시대가 50년에 이르러아직 그 영향은 사라지지 않았고 일본에서 바라봐도 상당히 흥미로운 언어정책의 역사를 가지고 있다. 외래정권이 가져 온 국어가 보급에 성공한 한편 이제 대륙측의 북경어와는 다른 종류로 보이는 대만의 '국어'가대만에 사는 사람들의 언어로서 존재한다. 각각의 민족의 모어를 절멸시키지 않도록 힘쓰고 또한 해외로의 연결을 위해서 영어나 일본어, 그 외의 언어를 배우려고 하는 모습은 향후도 주시하고 싶다.

표 3 : 대만 언어정책사 간략표

	17세기~	민남계 한족이 옮겨 살게 된다.
	1895	일청전쟁 후 일청강화조약에 의해 대만이 일본의 통치하에 들어간다.
	1911	중화민국 건국
	1944	일본어이해자 비율이 7할을 넘는다.
제1기	1945	일본의 패전에 의해 대만의 행정권이 중화민국으로 바뀐다. 대만성행정장관 공서설치
	1946	대만성국어보급위원회 설치, "台湾省国語運動要領" 공포, 일본어 신문·잡지 발행금지, 국어추행소를 각지에 설립
	1947	담배 밀매에 의해 본성계(本省系) 시민과 경찰과의 사이에 충돌이 일어나 2.28사건에 발전한다.
	1948	민남어 사용 제한, 各県市国語推行委員会가 설치된다.
	1949	계엄령이 포고된다. 장개석(蔣介石)이 대륙에서 대만으로 상륙하고 중화민국의 수도를 台北으로 옮긴다.
제2기	1950	교과서의 독자편찬 개시
	1956	'国語運動' 개시, 공적 장소에서 국어이외의 사용 금지
	1966	'各県市政府各級学校加強推行国語計画'
	1968	의무교육이 9년간이 된다.
	1970	'加強推行国語弁法' 시행.
	1971	중화민국이 EU에서 탈퇴한다.
	1972	일본과 단교한다.
	1975	장개석(蔣介石)이 서거한다.
	1976	'광번전시법' 제정, 매스미디어의 언어는 국어 만으로.
	1978	장경국(蔣経國)이 총통으로 취임한다.
	1987	계엄령이 해제된다. 국어보급률 90%로.
제3기	1988	장경국(蔣経國)이 서거하고 이등휘(李登輝)가 총통으로 승격한다. 객가인 사이에 '還我母語運動'이 퍼진다. 객가어 프로그램이 개시.
	1990년대 전반	향토언어의 수업이 과외(課外)에서 시작된다.
	1993	'라디오 방송 전시법' 개정, 방언제한 해제. 초등학교 과정표준 개정, 영어학습이 가능해짐.
	2001	국민 중초등 9년 일관교육이 시작되고, 초등학교에서 향토언어, 영어가 필수가 된다.
	2002	'도전2008 : 국가발전중점 계획' 발표
	2005	영어학습 개시학년이 3학년으로

주석

01 甲斐(1997:3-13)

02 대만에서는 '원주민'이라고 부르지만, 본장에서는 '선주민'이라는 표기로 통일하기로 한다.

03 黃宣範(1995:98)

04 藤井省三(1998:31)에 대만 총독부『台湾現勢要覧昭和十五年版』,『台湾経済年報昭和十六年版』,『台湾現勢要覧昭和十四年版』, 鍾淸漢(1993)『日本植民地下における台湾教育史』의 자료를 통합하고, 1905-1941년까지 일본어 이해자 비율의 추이를 나타내고 있다.

05 1947년 2월

06 대만 민족별 인구구성을 살펴보면 선주민에 대해서는 행정원 원주민 위원회에 의한 인구통계가 나왔지만, 인구조사에서 한족의 민남계, 객가계, 외성인 구별을 위한 질문은 하기 힘들어서 정확한 통계는 내기 어렵다. 하지만 몇 개의 문헌을 참고로 하면, 그 대부분은 黃(1995)를 참고로 하고 있고 민남계가 73.3%, 외성인이 13%, 객가계가 12%, 선주민이 1.7%라고 한다(Tsao 2000; 中川 2009 등). 본장에서는 내정부의 인구통계를 바탕으로 이민을 포함하여 약 96%가 한민족계, 선주민족과 이민자를 각각 약 2%로 했다.

07 高木(1991)

08 2008년에 세덱족을 14번째의 선주민족으로 인정했지만, 또한 그 외에도 시라야족(西拉雅)과 같이 선주민족으로서 인정받기를 원하는 민족도 있고, 이 수치는 향후 늘어갈 것 같다.

09 「內政統計通報九十九年第八週」참조. 또한 어떤 민족에도 들어가지 않은 인구가 2만6천명이다.

10 「內政統計通報九十九年第三週」 및 「內政統計通報九十九年第五週」 참조.

11 中川(2009), Feifel(1994), Tse(1981, 1986) 등

12 본장에서는 中川(2009)도 참고로 하고 藤井(2003)의 분류를 이용했다. 陳(1998)이나 Tse(2000)도 3개의 시대구분으로 전후 국어교육을 분류했지만, 제1기와 제2기의 견해가 다르다. 제1기를 1945-1969년이라고 하고, 탈일본화에서 중국화로의 전환을 도모한 기간, 제2기를 1970-1986년으로 절대적인 국가단결을 도모한 기간으로 분류하고 있다. 어떠한 분류해도 국어가 갖는 기능은 '중국화' '탈일본화'에서 '절대화'로의 흐름이다.

13 주음부호란 1918년에 북경에서 제정된 한자음을 표기하기 위한 기호이고 최초의 4문자 ㄅㄆㄇㄈ부터 보포모포(Bopomofo)라고 불린다. 세계적으로는 병음(拼音)이 주류가 되었지만, 대만의 국어교육에서는 지금도 사용되고 있다.

14 Tse(1981)

15 1987년 통계에 의하면 전후 초등교육만 수료한 인구와 그 당시의 초등학생의 비율이 37.54%이고, 중학교에서 대학원까지의 최종학력을 갖는 인구비율이 52.43%였다. 이에 따라 89.98%의 인구가 어떠한 교육은 마친 것이 되고, 그 수치를 국어 보급률로 생각했다. 당시의 인구가 2000만 명이라고 하면 약 200만 명만이 국어를 이해하지 않은 것이 된다.

16 Shih(2009)의 기사에 의하면, 行政院硏究發展考核委員会의 설문조사에서 자기자신을 '대만인'이라고 인식하는 자가 64.6%, '중국인'이라고 인식하는 자가 11.5%, '대만인이고 중

국인이기도 하다'고 인식하는 자가 18.1%라는 결과를 내고 있다(2008년의 동일한 조사
에서는 각각 67.1%, 13.6%, 15.2%이다). 현재 대만에서는 대만인이라는 아이덴티티를
갖는 자가 8할을 넘고 있다.

17 Kenyon, J.S.& Knott, T.A. A Pronouncing Dictionary of American English에 의한 미국
    영어의 발음 표기법.

18 전후 접수기(接收期)의 영어교육에 대해서는 相川(2005)를 참조.

19 중학과정에 대해서는 1972년에 공포된 과정표준까지는 '외국어(영어)', 1983년 공포부터
    는 '영어'가 된다.

20 냉전 시대에 제1외국어로서 '러시아어'를 넓게 가르쳐 온 중화민국공화국에서는 소비에
    트 공산권의 붕괴나 사회주의 시장경제 도입에 의해, 1990년대에는 '영어'로 전신했다
    (李·許 2006).

21 教育部(1952)

22 教育部, 1968년, 1972년, 1983년, 1985년, 1994년에 과정표준이 개정되었다.

23 教育部國民中學課程標準編纂審査小組(編)(1995:844), 黃(1993:93)

24 Common European Framework of Reference 구주협의회가 개발한 유럽의 언어학습에
    모든 언어를 포괄한 능력지표.

참고문헌

相川真佐夫 2005.「台湾における中等教育の英語—日本統治末期と中華民国接収初期
    に関わる基礎研究」『日本英語教育史研究』第 20 号 pp.91 - 109
甲斐ますみ 1997.「台湾人老年層の言語生活と日本語意識」『日本語教育』第 93 号,
    pp. 3 - 13
教育部 1952.『修訂中學公民, 國文, 歷史, 地理科課程標準』台北 : 教育部
教育部國民中學課程標準編纂審査小組(編)1995.『國民中學課程標準』台北 : 教育部
教育部 2009.「98 學年度第 1 學期高級中學開設第二外語學校, 班別及人數統計表」
    http://www.2ndflcenter.tw/sun79/dimage/file/News/News/20091127_Attachment_1.
    pdf
教育部電子報 2008.「鄉語教學有成效 師資認證勤宣導教育部辦理鄉語教學 95 - 96 年
    度開班成效暨推動鄉語師資認證措施」 2008/2/10   http://epaper.edu.tw/e9617_
    epaper/news.aspx?news_sn=1402
行政院 2002.「営造英語生活環境行動方案」(2004 年に改訂版)台北 : 行政院
行政院原住民族委員会 2010.「原住民族分布図」http://www.apc.gov.tw/apc/images/
    datapics/map_indi_2.gif
黃宣範 1995.『語言, 社會與族群意識—台湾語言社會學研究』(新版)台北 : 文鶴出版社
黃自来 1993.「國中英語課程標準與教材發展 : 回顧與展望」黃自来(編著)『英語教学拓
    新與深化』pp. 78 - 112, 台北 : 文鶴出版
高笑初(編著)1953.『初級中學英語讀本』第 3 冊, 台北 : 正中書局
自由時報 2006.「《客語教學危機與展望系列一》班級鋭減 客語淪為新弱勢語言」(2006

-03-27)
錢歌川(編著)1951.『世界新世紀初中英語讀本』第1冊,台北:世界書局
台北縣原住民輔導團 2007.「教育部鄉土語言重大施政」全國鄉土語言開班現況(94 學年度)
　　http://tpcabor.blogspot.com/2007/11/94-90-91-92-93-94-30363-85.html
高木桂蔵 1991.『客家』東京:講談社
陳美如 1998.『臺灣語言教育政策之回顧與展望』高雄:高雄復文
內政部 2010.「內政統計通報九十九年第三週」
內政部 2010.「內政統計通報九十九年第五週」
內政部 2010.「內政統計通報九十九年第八週」http://www.moi.gov.tw/stat/
中川仁 2009.『戰後台湾の言語政策─北京語同化政策と多言語主義』東京:東方書店
藤井(宮西)久美子 2003.『近現代中国における言語政策』東京:三元社
藤井省三 1998.『台湾文学この百年』東京:東方書店
林語堂 1950.『開明第一英文讀本』(初版は 1937 年)台北:開明書店
李伝松・許宝発 2006.『中国近現代外語教育史』上海:上海外語教育出版社
Feifel, K. E. 1994. *Language Attitudes in Taiwan: A Social Evaluation of Language in Social Change*. Taipei: Crane.
Ke, J. X. 1990. "The national language education in the Taiwan Province: Past, present, and future," Paper presented at the Annual Conference of the Chinese Language Tachers Association, Nashville, Tennessee, USA.
Scott, M. & Tiun, H. K. 2007. "Mandarin-only to Mandarin-plus: Taiwan," *Language Policy*, 6, pp. 53 – 72.
Shih, Hsiu-chuan. 2009. "RDEC releases political, ethnic survey results." *Taipei Times*. <http://www.taipeitimes.com/News/taiwan/archives/ 2009/05/28/2003444751>
Tsao, F. 2000. "The language planning situation in Taiwan," in R. B. Baldauf & R. B. Kaplan(eds.), *Language Planning in Nepal, Taiwan and Sweden*, pp.60 – 106. Clevedon: Multilingual Matters.
Tse, J. K. P. 1981. "Language policy in the Republic of China," *Annual Review of Applied Linguistics*, 2, pp.33 – 47.
Tse, J. K. P. 1986. "Standardization of Chinese in Taiwan," *International Journal of the Sociology of Language*, 59, pp.25 – 32.
Tse, J. K. P. 2000. "Language and a rising new identity in Taiwan," *International Journal of the Sociology of Language*, 143, pp.151 – 164.
Wu, J. 2007. "English language assessment in Taiwan: Where do we go from now?" 2007 年国際応用英語教学研討会工作坊論文集 pp.574 – 586.
Zhou, Y. G. 1992. *A Synchronic and Diachronic Account of the languages in China and Their Writing Systems*. Peking: Renmin Jiaoyu Chubanshe.

제 4 장

브루나이의 언어정책
-다언어 소국가와 영어의 중요성-

다지마 티나 히로코田嶋 ティナ 宏子

1. 들어가며

브루나이라고 듣고 세계지도에서 바로 '여기'라고 가리킬 수 있는 사람은 적을 것이다. 산유국에서 석유 수입에 의존하기 때문에 대부분의 사람의 소득세가 적은 것이나 작은 나라임에도 불구하고 국왕이 세계 유수의 부자라는 인상밖에 없을 것이다. 세계의 여러 나라들을 대부분 망라하는 『지구를 걷는 법地球の歩き方』시리즈에서도 '말레이시아·브루나이'라고 되어 있고, 브루나이 단독의 가이드북은 거의 없다. 실제로 현지(브루나이)에서도 지역의 영자신문(보르네오·브리틴)정도밖에 정보처가 없다. 말레이시아에 간 김에 오랑우탄이 있는 원생림을 보고 싶다거나 혹은 정글을 걸어보고 싶다는 취미가 있는 사람밖에 브루나이에 가지 않는 것 같다. 하물며, 이슬람교 나라이기 때문에 술을 전혀 마시지 못한다고 하면 일본인 관광객은 브루나이에 거의 흥미를 나타내지 않는다고 한다(필자가 브루나이를 방문했을 때에 관광소에서 들은 이야기). 그것도 있지만, 일본어뿐이 아니라 어떤 언어에서도 브루나이에 관한 문헌은 매우 적다.

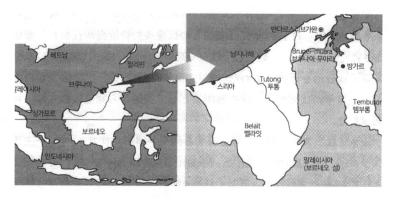

그림 1 : 브루나이 주변도(왼쪽), 브루나이 전 지역(오른쪽)

브루나이는 정식명칭을 Negara Brunei Darussalam브루나이 다루살람이라
고 한다(이하, 브루나이). (Negara는 말레어로 '나라'를 의미하고, Darussalam은 아
라비아어로 '평화로운 토지'라는 의미이다.) 보르네오(칼리만탄)섬 북서부에 위
치하고 면적은 5765㎢(미에현三重県과 거의 같은 정도의 면적)이고 북쪽은 남
지나해에 면해 있지만, 그 외에는 말레이시아의 사라와크주에 둘러싸여
진 소국이다. 브루나이는 4개의 지역으로 이루어진다. 나라 중심, 브루
나이·무아라 지구, 투통 지구, 템부롱 지구, 그리고 벨라잇 지구이다(그림
1 참조). 수도는 반다르스리브가완으로 브루나이·무아라 지구에 있고, 정
치와 경제활동의 중심 지역이다.

2. 역사

브루나이는 13세기 이전에는 힌두교·불교국가로서 존재하고 14세기
중반에는 이슬람교를 신봉하는 술탄Sultan 국가가 보르네오 섬과 필리핀

의 여러 섬을 광범위하게 걸쳐 지배하는 일대제국을 이룬 적이 있고, 영어명의 '보르네오'는 브루나이[01]가 방언화된 것이라고 한다. 그 후 스페인과 영국 등에 의한 침략을 받으면서도 19세기까지 번영하고, 브루나이는 1888년에 영국과 보호조약을 체결하고 보호령이 되었다. 그 후 영국은 브루나이에 대한 보호를 철저하게 하기 위해 1906년에 영국 정부 대표로서 한 사람의 영국인을 주재관[02]으로 두었다. 이것은 말레이의 습관, 전통이나 종교(이슬람교)이외에는 이 주재관이 말하는 대로 움직이지 않으면 안된다고 하는 규정이 있기 때문이다. 즉 실질상 브루나이의 정치는 영국이 모든 권력을 쥐고 있게 된다. 형식상, 브루나이는 독립국이었지만, 영국의 식민지상태에 놓여져 있다고 말해도 과언이 아니다. 하지만 1950년 초창기부터 술탄이 내정의 충실을 도모하기 시작하여 결국 1959년에는 영국과의 보호조약 개정이 이루어지고, 헌법이 배포되었다. 이에 따라 주재관이 아니라 고등 변무관이 생기고 브루나이는 자치를 회복하기 시작했다. 그리고 1971년 영국과의 협정이 재개정되어 1979년에는 브루나이가 주권국가로서 영국에서 완전히 독립하고 자치를 회복했다.

브루나이는 술탄의 칭호를 갖는 국왕이 국가원수로 '말레이주의, 이슬람국교, 왕정(말레이어로 Melayu Islam Beraja이기 때문에 그 머리문자를 따서 MIB라고 불린다. 자세히는 제4절을 참조)을 내세우는 입헌군주제국가이다. 국왕은 세습제이고 현 술탄(2010년 현재)은 1984년에 즉위한 하사날 볼키아 국왕(제29대 술탄). 수상, 국방장관, 재무장관을 겸무하고 있다. 국왕은 그 의미에서 정치의 정점에 있다고 할 수 있다. 국왕은 술탄이기 때문에 종교의 최고권위자이기도 하다. 국왕의 친아우인 모하메드 볼키아Mohamed Bolkiah는 외무·무역 장관을 하고 있다. 즉 입헌군주제라고는 하나 국왕의 권한이 상당히 강화되었기 때문에 절대군주제라고 해도 좋을 것이다. 브루나이는 석유와 천연가스로부터 수입이 있어서 국민 한 사람당 소득 수준이 높다. 또한 충실한 사회복지제도 등을 배경으로 정치·경제적으로 안정되기 때문에 절대군주제여도 국민의 반발은 보이지 않는다.

3. 민족구성과 언어

브루나이는 열기기후지역에 위치했기 때문에 국토의 대부분이 열대 우림이다. 이 산림과 국토를 흐르는 강이 천연의 장벽이 되어 선주민이 서로 왕래하는 것을 저지해 왔다. 그 결과 소국임에도 불구하고 10개의 민족이 각자의 문화와 언어나 방언을 계승해 왔다(Saxena 2007 : 144). 이들 민족이란 주요한 말레이계Malay 외에 케다얀Kedayan, 두순Dusun, 벨라잇Belait, 투통Tutong, 비사야Bisaya, 무루트Murut, 무카Mukah, 이반Iban, 페낭Penan이다. 이들 말레이계 이외의 민족은 토착민족indigenous people이다. 말레이어로는 puak jati라고 불린다. 단 1961년의 국적법에서 벨라잇, 비사야, 투통, 케디얀, 무루트, 투통은 '말레이계'에 속한다고 정해져 (Government of Brunei 1961 : 118-120, Saxena 2007 : 151에서 인용), 이들 민족어는 말레이어의 '방언'이 되었다.

브루나이는 2008년 현재 40만 명의 인구를 갖는다. 이 중 말레이계와 puak jati가 74%를 차지하고 있다. 또한 중국계가 19%, 그 외의 외국인이 7%를 차지한다. 그 외의 외국인이란 필리핀, 인도네시아, 방글라데시에서 온 노동자, 또한 영국, 호주, 홍콩, 싱가포르, 말레이시아, 인도에서 온 주재원이다.

동일하게 주로 말레이계 민족으로 구성되고 있는 옆 나라 말레이시아는 2800만 명의 인구를 가지고 있지만, 말레이계가 65.5%, 중국계가 25.6%, 인도계가 7.5%, 그 외의 민족이 1.3%라는 민족구성이 되었다. 말레이시아와 비교하면 브루나이는 말레이계 민족이 인구의 대부분을 차지하고 중국계가 소수파라는 것을 알 수 있다. 앞서 기술한 MIB는 1984년 독립시에 정해진 것이지만 말레이계 민족을 브루나이 국민의 주체로 한다는 것을 의미한다. 즉 국가가 국민을 선택했다는 것이다. 이것은 말레이시아의 부미푸트라 정책(말레인 우대정책)과 서로 비슷하다. 하지만 나라 크기의 차이나 중국계 인구의 비율의 차이에서인지 브루나이는 말레이시아처럼 '국어의 정의를 통해서 내셔널 아이덴티티를 모색하거나 말레이계 그룹의 우위성을 확보한다'는 것은 없었다. 이것은 말레이시아에서는 인구의 3할 정도를 차지하는 중국계(화인) 모어(중국어 방언)나 화어(표준 중국어), 그 다음에는 영어를 선택하지만(부미푸트라 정책으로 중국계 말레이시아인은 진학이나 취업도 잘 안되기 때문에 국외에 나가려는 사람이 많기 때문에), 말레이계 7할을 차지하는 브루나이는 말레이어 화자의 비율이 높아서 영어가 말레이어의 지위를 추월할 위험성이 지극히 낮은 것을 들 수 있다(杉本 2000).

1959년에 제정된 헌법 제82장 제1항에 국어는 말레이어Bahasa Melayu라고 정해졌다(Government of Brunei 1959). 말레이어는 브루나이의 국가형성에 큰 힘을 가지고 국민의 아이덴티티를 형성하고 있다. 실제로 "Bahasa Melayu itu adalah jiwa bangsa kepada orang Melayu Burnei"(말레이어는 브루나이의 말레이계 민족에게는 혼이다)(Mohd Jamil AI Sufri 1982, Kamsiah 2000 : 42에서 인용)라고 할 정도이다.

말레이어는 현 술탄 볼키아 국왕에 의해서 보르네오 광역에 퍼졌다. 현재 말레이어는 종교행사나 공적기관에서 사용되고 있다. 1985년까지 유일한 교육언어이기도 했다(후술하는 바와 같이 현재는 영어와의 2언어교육이 되었다). 말레이어는 브루나이 민족간의 공통어이고 오스트로네시아계 언어를 말하는 puak jati의 공통어이기도 하다.

브루나이에서 사용되는 말레이어는 브루나이·말레이어, 캄퐁·아에르어, 케다얀어, 표준 말레이어의 4종류가 있다고 한다(Nothofer 1991). 표준 말레이어는 교육용어, 공식 스피치, TV나 라디오의 뉴스 등에서 사용되고, 그 외의 3개 언어는 일상생활에서 사용되고 있다고 한다. 확실히 학교 안에서도 교과서에서는 표준 말레이어를 사용하고, 작문 등 학생이 제출한 과제물도 표준 말레이어를 사용하고 있지만, 교원과 학생은 수업중의 대화는 일상생활에서 사용하는데 익숙한 브루나이·말레이어를 사용하는 경우가 많다. Maxwell(1980)은 브루나이·말레이어는 케다얀어와 캄퐁·아에르어의 중간적인 언어(방언)라고 하지만, 국립 브루나이 대학교 학생의 설문조사에서는 캄퐁 아에르어와 가깝다고 한다(Martin & Poedjosoedarmo 1996 : 6).

표 1 : 브루나이의 언어사용상황

공식	미디어 교육 식전 표준 말레이어
↑	민족간 커뮤니케이션 브루나이·말레이어
비공식	캄퐁·아에르어 브루나이·말레이어 케다얀어 (그 외의 민족어)

하지만 케다얀어나 캄퐁·아에르어를 모어로 하는 사람들도, 그 언어만으로 말하는 경우가 적고, 특히 젊은이는 브루나이·말레이어를 섞어서 말하는 경우가 많다(Hjh Sumijah & Poedjosoedarmo 1996 :105). 또한 Martin은 브루나이·말레이어가 중국계나 외국인, 또한 소수 민족어를 모어로 하는 민족 이외의 공통어가 된다고 한다(Martin 1996 : 29).

단 '말레이어'는 말레이어권에서는 넓은 의미로 사용되고 있다는 것에 주의해야 한다. 여기서 말하는 말레이어는 표준 말레이어Bahasa Melayu를 가리키고, 인도네시아어Bahasa Indonesia나 브루나이어Bahasa Brunei, 혹은 브루나이·말레이어Bahasa Melayu Brunei와는 다르다. 국어나 교육용어가 된 것은 표준 말레이어이다. 국어이기도 하고 공용어이기도 한 말레이어는 표준 말레이어를 가리키고 있지만, 실제로는 수도 반다르스리브가완에서 가장 넓게 사용되고 있는 것은 표준 말레이어가 아니라 브루나이·말레이어이다.

말레이어 화자 다음에 큰 언어 그룹은 인구의 19%를 차지하는 중국계이다. 그 대부분은 복건성 출신으로 복건어를 말하지만, 말레이이시아(특히 쿠알라룸푸르)와의 비즈니스 대화에서 광동어를 말하는 사람도 많다(쿠알라룸푸르의 화인은 광동어 화자가 압도적으로 많기 때문). 단지 중화학교 Chinese School에 가면 표준 중국어(화어)를 배우기 때문에 화어를 말하는 사람들도 많다. 하지만 최근에는 중국계 젊은 층은 비즈니스에 유용한 영어를 말하는 사람들이 압도적으로 늘고 있다.

7% 정도 있는 외국인은 필리핀, 인도네시아, 방글라데시에서 온 노동자이다. 자신의 모어를 사용하는 경우가 적고 직업상에서는 영어나 혹은 말레이어를 사용하고 있다. 또한 금융, 석유산업, 교육관계자로는 영국, 호주, 홍콩, 싱가포르, 말레이시아, 인도에서 온 주재원 등이 있지만, 그 대부분은 영어를 말하고 생활하고 있다.

각종 미디어에서는 표준 말레이어가 사용되고 있지만, 일상생활에서는 그것에 더해서 브루나이·말레이어가 사용되고 있다. 또한 왕실에서 사용되는 Bahasa Dalam이나 Bahasa Istana라고 불리는 브루나이 왕실 말레이어도 존재한다. 이것은 전문가들에 의해 왕실 사람들의 위대함이나 권력을 자아내는 언어로서 만들어진 것이다(Fatimah Awang Chuchu 1996, Kamsiah 2000에서 인용).

브루나이·말레이어는 표준 말레이어와 거의 같은 어휘, 발음, 문법구조를 갖는 말레이어의 일종이다. 브루나이인의 95%가 사용하고 있다고 말해지고, 브루나이의 사실상의 국어와 같은 역할을 다하고 있다(Martin 1996).

현재 브루나이인의 대부분은 복수의 언어를 사용하고 있다. 학교에서는 표준 말레이어(이하, 말레이어)와 영어, 그 이외에는 브루나이·말레이어와 영어를 사용하는 사람이 많다. 또한 브루나이인의 대부분은 이슬람교도이기 때문에 코란을 이해하기 위해 아라비아어를 읽을 수 있는 사람이 많지만, 코란을 읽기 위해서 학습하는 것 만으로는 말할 수 있는 사람이 적다.

브루나이에서 사용되는 많은 언어 중에서 가장 영향력이 있고 중요한 것은 영어와 말레이어이다. 게시판, 가게 앞, 회사 등 일상생활에서는 기본적으로 브루나이·말레이어와 영어를 사용한다. 정식 문서를 교환하거나 하는 경우도 말레이어가 사용되지만, 막상 토론하거나 할 경우에는 브루나이·말레이어가 사용된다. 즉 연령, 사회경제 수준, 교육 수준에 따라서 몇가지 언어를 구별하여 사용하는 것이다. 가정이 유복하면 할수록 영어를 사용하는 경향이 보이는 것은 싱가포르와 유사하다. 이것은 유복한 가정의 아이는 사립학교에 가는 비율이 많아서 말레이어도 배우지만 영어를 배우는 시간이 공립학교에 다니는 아이들보다도 훨씬 많은 것이나 영어를 말할 수 있는 것이 지위로 연결되는 것이 이유이다. 그런 이유로 브루나이·말레이어와 영어가 가장 많이 사용되고 있는 것이다.

4. MIB(말레이주의·이슬람 국왕·왕정)

MIBMelayu Islam Beraja의 MelayuMelay는 말레이 민족의 문화와 언어를 가

리킨다. Beraja는 말레이식 절대군주제를 가리키고, 국민의 이익과 복지를 신경쓰고, 말레이식의 절대적 전제專制이다. 파핀·아부둘·아지즈 전 교육부 장관은 재직 중에 적극적으로 교육 안에 MIB를 도입했다. 학교교육의 언어정책으로 '영어'를 도입하여 2언어교육으로는 했는데, 가치교육에 대해서는 브루나이 정부가 지극히 동화주의적이고 단일 문화지향적이다(杉本 2000 : 52). 그 현저한 것이 종교교육(이슬람교 교육)의 필수화이다(Saxena 2007 : 150). MIB는 '1국가, 1문화, 1언어'라는 원리가 포함된다. 종교, 도덕, 문화를 포함한 과목이다. 말레이 문화와 말레이어를 자국 문화와 언어의 핵으로 해서 브루나이인으로서의 아이덴티티의 기본을 가르치기 위해 만들어진 과목이다. 또한 MIB는 브루나이의 주요민족인 말레이민족의 문화와 언어를 강조하고 있어서 현재도 말레이 문화와 말레이어가 브루나이인 엘리트 층이나 지배계층의 문화와 언어가 된 것이다. 이러한 MIB에 의한 정책에 의해 말레이계 이외의 토착민족은 언어적으로도 문화적으로도 '브루나이화' 하게 되었다(Saxena 2007 : 151).

먼저 1961년 국적법에 의해 '비 말레이민족'이 된 puak jati토착민족을 '말레이인'에 포함시키고 그들의 언어(민족어)는 말레이어 방언이라고 위치지었다. 이리하여 말레이화, 특히 브루나이화가 자꾸 진행되어 이슬람교로의 개종이나 교육, 고용, 도시화와 관련지어졌다. 특히 교육에서는 말레이어 학교는 말레이어, MIB, 브루나이 역사가 필수가 되고, 고용에서는 말레이인인 것이 군인이나 정부고관이 되기 위한 필수조건이 되었다. 정부기관에서 일하는 데에도 말레이인인 것이 유리하게 작용하게 되었다. 이것은 옆 나라 말레이시아의 부미푸트라 정책과 비슷하다. 또한 국내의 도로나 인프라 정비에 의해 내륙부의 토착민에게도 도시에 나와 의료나 교육을 무상으로 받을 수 있는 공무원이 되는 기회가 주어졌다. 하지만 이것은 국가에 상징되는 종교에 의한 폭력(Bourdieu 1991, Saxena 2007 : 151에서 인용)으로도 보인다. 즉 브루나이·말레이인 이외의 토착민족이 생활 수준의 향상만을 위해서 브루나이·말레이인의 이슬람교도와 결혼하거나 이슬람교에 개종하는 것으로 자신들의 언어적, 혹은 문화적 아이덴티티를 스스로 잃게 되었기 때문이다. 하지만 브루나이 민족은 각자의 전통은 민족 아이덴티티를 희생시켜 브루나이인이라는 아이덴티티 하에서 통합되어 갔던 것이다. 이것은 브루나이나 싱가폴과 같은 다민족소국가에서 국민 통합 시에 이용되는 방법일 것이다. 싱가폴에서도 그러했지만 국력이 올라가거나 자신의 생활 수준이 향상되면, 이것은 '희생'이 아니라 '적극적 참가'가 되는 것이다.

5. 교육

브루나이의 교육제도는 제2차세계대전 전은 영국령의 말라야의 교육제도와 유사했다. 즉 언어별로 학교가 설립되어 공립 말레이어학교(말레이어를 교육언어로 하는 학교), 공립과 사립의 영어학교(영어를 교육언어로 하는 학교), 또한 중화학교(사립)로서, 각각 초등학교에서 고등학교까지 설립되었다. 또한 그것과 병행하여 공립 종교학교도 있었다.

5-1. 말레이어 학교

말레이어 학교에서는 처음에는 아라비아 문자와 알파벳의 양쪽이 사용되었다. 브루나이에서는 Ejaan Sekolah Melayu(말레이어 학교 철자)라고 불린 알파벳 표기가 오랫동안 사용되었지만, 1970년대에 들어서 Ejaan

Bersama Indonesia-Malaysia(인도네시아·말레이시아 공통 철자)라고 하는 이 미 인도네시아, 말레이시아, 싱가포르에서 사용되기 시작한 표기(철자)를 이용하게 되었다(Kamsiah 2000).

1969년에 중등교육 5년차 수료자격(General Certificate of Education (GCE)의 0 수준 상당)인 Sijil Rendah Pelajaran(SRP Examination)이 시작된 것을 계기로 말레이어의 중등교육은 급속히 성장하기 시작했다. 그에 동반하여 말레이어를 혹은 말레이어로 가르치는 교원이 부족하기 시작하여 정부는 말레이시아나 인도네시아, 싱가포르 측에 말레이어를 말할 수 있는 교원 파견을 요청했다. 이렇게 브루나이의 국어인 말레이어는 교육의 장에서도 주요한 언어가 된 것이다. 교육제도를 통일할 목적으로 제출된 1972년의 교육 리포트에서도 말레이어를 교육언어로 하는 교육은 순조롭게 진행되고 있다고 보고되고 있다(Kamsiah 2000 : 48).

5-2. 영어학교

1930년 초에 앙글리칸 교회(성공회)에 의해 시작된 영어를 교육언어로 한 학교는 이슬람교를 신봉하는 브루나이인에게 경원시되었다. 당초에는 학생 수가 지극히 적었지만, 그 대부분이 왕실계의 자녀나 국가의 엘리트 층의 자녀 혹은 유복한 중국계 브루나이인의 자녀였다. 그 때문에 영어학교는 서서히 학생 수를 늘려 갔다. 이는 취직에 유리하고 영국이나 미국에 유학할 기회가 우선적으로 주어졌기 때문이다.

5-3. 독립 후의 교육

브루나이가 완전히 독립한 후에 나온 교육 리포트(1979년)에서는 국어인 말레이어만을 교육언어로 한 교육을 국민에게 제공한다고 강조한다. 그렇다고 해서 말레이어학교, 영어학교, 중화학교, 종교학교라는 4개의 교육기관이 바로 없어지지는 않았지만, 말레이어는 모든 학교에서 가르치게 되었다.

그 후 70년대에 들어서서 초등학교와 중학교의 영어교육 수준을 올리는 것이 검토되었다. 동시에 국어인 말레이어 보급을 위해서 말레이어 교육의 수정도 계속해서 이루어졌다. 체계적인 말레이어 교육을 목표로 하여 1975년에는 커리큘럼 개발 센터에 말레이어 부문이 설치되어 말레이어 교육의 실러버스 개발이나 교원양성이 이루어지기 시작했다. 그리고 초등학교에서는 비 말레이계의 아이들에게는 먼저 말레이어를 말하는 것을 가르치고 말레이계의 아이에게는 말레이어의 읽기 쓰기에 중점을 둔 교육을 실시했다. 중등학교(중학교와 고등학교)에서는 교육내용을 심화시키고 문법, 말레이어의 속담 암기나 보다 고도한 작문·독해능력 등의 육성에 중점을 두었다.

6. 2언어교육정책Dwibahasa Education Policy

1985년 브루나이의 교육은 크게 변화했다. Dwibahasa(dwi는 말레이어로 2, bahasa는 언어라는 의미이기 때문에 dwibahasa는 2언어를 가리킨다) 교육정책이 시작되었기 때문이다. 이러한 신정책에 의해서 공립, 사립 모두 초등학교 4학년부터 말레이어와 영어의 2언어교육이 시작되었다.[03] 이것은 단순한 교육개혁만이 아니라 브루나이 학교에서 영어가 말레이어와 동등한 취급을 받게 되었다는 대개혁이기도 했다(Jones et al.1993). 신교육제도의 목표는 교육언어별이 아닌 브루나이 독자적인 교육제도를 실시하는 것과 하나의 교육제도에서 브루나이인으로서의 결속을 촉구한다. 즉 브루나이인이라는 아이덴티티를 만드는 것이었다. 공식발표에 의하면 이 새로운 교육제도는 "Mendanlatkan Bahasa Melayu말레이어를 최중요 언어로 한다"이지만, 영어는 단순한 외국어라는 위치는 아니다. 하지만 2언어정책은 어디까지나 브루나이인의 제1언어인 말레이어에 영어가 더해지는 것뿐이고 브루나이 국민의 기본언어는 말레이어인 것이다.

이 교육개혁은 브루나이가 완전히 독립한 것이나 UN에 가맹함으로써 영어가 보다 중요한 언어로서 브루나이 국내에서 받아들여졌기 때문이라고 말해도 좋을 것이다. 즉 영어를 매체로 하는 세계경제권 진입을 완수했던 것이다. 산유국의 하나로서 이것은 없어서는 안되는 결단이었다. 독립 전에는 교육제도 안에서 말레이어가 영어보다도 중요하게 되었지만, 독립 후에는 말레이인의 전통이나 자존심보다도 세계 경제상 유리한 영어가 이긴 결과가 된다.

이렇게 말레이어학교, 영어학교, 중화학교라는 '틀'은 폐지되고 말레이어와 영어의 2언어에 의한 교육의 일체화가 도모된 것이다. 이에 따라 초등학교 3학년까지는 교과로서의 영어(주5시간 (Ho 1998). 단지 현재는 좀 더 시간수가 늘어난 것 같다) 이외의 교과는 모두 말레이어로 가르치고 초등학교 4학년부터는 수학, 이과, 역사, 지리, 영어는 영어로, 체육, 미술, 전통공예, 도덕은 말레이어로 가르치게 되었다.

하지만 말레이어는 확연히 교육분야에서의 세력을 잃고 있다. 이것은 바로 젊은 층이 국제사회에서의 영어의 중요성을 알고, 말레이인의 전통이나 아이덴티티보다도 자기 향상을 위한 수단으로서 영어를 중시하는 사람이 늘어났기 때문이다.

영어로 가르치게 된 수업은 영어만으로 말레이어로 가르치게 된 수업은 말레이어만으로 가르치게 되었지만, 실제로는 특히 초등학교 수준에서는 3학년까지 말레이어로밖에 수업을 받아 오지 않아서 모두 영어로 수업을 받아 이해할 수 있는 학생이 적은 것이 실상이다(Jones 1996 : 125). 그 때문에 말레이어를 섞어서 수업을 진행하는 경우가 많다.[04] 하지만 교육 장면에서 영어가 말레이어 보다도 세력이 생긴 것은 확실하다.

전술한 바와 같이 브루나이의 교육은 영국령 말라야의 영향을 받아서 1985년 2언어정책이 시작된 후에는 영어능력을 기준으로 한 시험이 시행되었다. 초등학교 6학년이 끝나고 나서 Primary Certificate Education(PCE)Exam, 3년간의 초등고교Lower Secondary가 끝나면 Junior Certificate of Education(BJCE)Exam, 2년간의 중등학교Upper Secondary가 끝나면 GCE의 0수준, 그리고 2년간의 상급 중등학교Higher Secondary가 끝나면 GCE의 A수준을 받는다. 현재 브루나이에는 의무교육제도는 없다. 각각의 시험에서 기준점이 충족되지 않으면 그 학년을 반복해야 하는 것만 정해졌다. 즉 말레이어와 영어 양쪽이 안되면 진급하지 못하고 진학도 할 수 없게 된다.

7. 영어의 위치

전술한 바와 같이 1959년에 제정된 헌법에 브루나이의 공용어는 말레이어라고 제시되어 있다. 말레이어는 말레이계 민족의 공통어이고 옆 나라인 말레이시아나 인도네시아와 우호적인 관계를 유지하기 위해서는 중요한 언어이다. 헌법 제정 이전에 언어에 대해서 정부가 언급한 것은 전혀 없었다. 즉 말레이어를 국어로 하고 공용어로 하는 것이 당연시 여겨져왔다.

하지만 독립 이후, 특히 유전개발이 진행되고 나서는 갈수록 영어의 수요가 늘어나 정부도 영어의 중요성을 강하게 의식하기 시작했다. 그것이 1985년 2언어교육정책으로 연결된 것이다. 1972년에는 말레이어를 기본으로 한 교육시스템이 만들어지는 구상(즉 영어학교와 중화학교를 폐지한다)까지 하였지만(Government of Brunei 1972 : 3), 결국은 그때까지와 같이 말레이어학교, 영어학교, 중화학교는 2언어정책이 실시될 때까지 존재했다. 2언어정책이 시행된 요인은 영어교육을 요구하는 인구가 늘어났던 것에 있다. 또한 왕실의 자녀나 정부고관, 비즈니스계에서 성공한 사람들이 영어학교에 아이들을 입학시키기 시작했기 때문에 국민이 영어를 배우는 것이 고등교육이나 장래의 성공에 연결될 것이라고 깨닫기 시작한 것이다.

실제로 말레이어학교 졸업생은 고등교육을 받으려고 생각했을 때, 말레이시아나 인도네시아에 유학하는 것 밖에 길이 없고, 졸업 후 귀국해서도 교육부의 말레이어를 취급하는 부서나 종교부 정도밖에 취직자리가 없었기 때문에 영어를 공부하는 것 외에는 장래성이 없다는 것을 알게 되었다. 이러한 국민의 걱정이나 말레이시아어 학교로의 진학자 감소를 보고 정부는 1985년에 과감한 교육정책을 결정했다고 보인다.

2언어교육을 초등학교 4학년부터로 한 것은 유치원과 초등학교 3년간 정도로 말레이어를 습득할 수 있다고 생각했기 때문이다(Ozog 1996 : 158).

하지만 그것은 표준 말레이어를 가정에서도 사용하고 있는 경우에는 가능할지 모르지만 가정 내에서는 브루나이·말레이어를 포함하여 민족어가 사용되고 있는 경우가 많아서 실제로는 말레이어도 영어도 '외국어'가 되어 버린 학생이 있고 어느 쪽의 언어도 제대로 하지 못한 경우도 적지 않다. 또한 코드 스위칭(2개, 혹은 그 이상의 언어를 섞어서 사용하는 것)도 자주 보인다(Ozog 1996 : 159). 이것은 어떤 언어에서도 어휘력이 부족한 것이 큰 원인으로 보인다.

영어는 기술의 습득이나 개인, 국가의 장래성에는 매우 중요한 언어라고 정부도 인정하고 있고(Government of Brunei 1989 : 16). 45세 이하의 국민의 대부분은 영어를 일상생활에서 사용하고 있다(그림 2 참조).

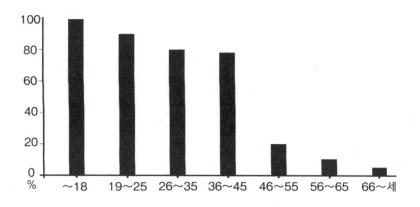

그림 2 : 연령별 영어사용의 상황

또한 그림 3에 제시된 것처럼 영어는 친구간의 커뮤니케이션에서도 사용되고 일을 할 때에도 필요로 한다. 또한 정부기관의 언어이기도 하다. 슈퍼마켓에서의 사용이 많은 것은 브루나이에서는 일반적으로는 시장에서 쇼핑하는 경우가 많고, 슈퍼마켓은 고급상품을 취급하는 가게로 여겨져 외국인이나 사회경제 수준이 높은 사람들이 쇼핑을 위해 가는 곳이기 때문이다. 또한 이러한 슈퍼마켓에서 일하는 사람들은 필리핀 등 외국에서 온 사람이 많고, 말레이어가 잘 통하지 않는다는 것도 거론된다(시장과 슈퍼마켓은 사진 1, 2를 참조).

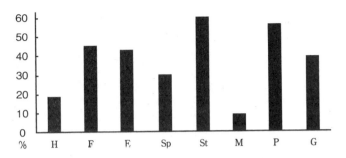

장소 : H=가정내 F=친구 E=직장 Sp=점포 St=슈퍼마켓 M=시장 P=사적 공간 G=정부기관

그림 3 : 장소별 영어사용상황

사진 1 : 시장

사진 2 : 야야산몰(슈퍼마켓이 들어가 있다)

8. 영어의 중요성

산유국으로서 외국과의 거래에는 영어가 빠질 수 없다. 또한 브루나이와 같은 소국에서는 교과서를 출판하는 것이 힘들기 때문에 교과서는 대부분 모두 수입되고 영어서적은 말레이어로 번역되었다. 하지만 이과나 수학, 지리, 역사, 영어와 같은 과목은 말레이어로 번역하는 것 보다도 영어로 배우는 것이 더 실용적이다. 또한 브루나이에는 1986년에 설

립된 국립브루나이대학Universiti Brunei Darussalam밖에 고등교육기관이 존재하지 않기 때문에 고등교육을 받기 위해서 인도네시아나 말레이시아로 가는 경우가 많다. 그 경우도 영어를 알고 있는 편이 크게 유리하다. 또한 영국이나 미국에 유학해서 고등교육을 받게 되면 귀국 후의 승진이 빠르다는 등 보다 유리한 면이 많아서 앞으로도 일상생활에서 영어를 말하는 사람이 늘어날 것은 명백하다.

브루나이인(특히 말레이계)은 말레이시아와 다르게 영어를 습득하는 것에 '위협'을 느끼거나 말레이어 이외의 언어가 교육언어로 더해져도 특히 자신들의 전통이나 문화를 위협받는다는 생각은 지금까지의 역사를 통해서 보아도 하지 않는다고 생각된다. 그 때문에 국민이 영어의 중요성을 간단히 이해하고 받아들였다고 생각해도 좋을 것이다.

9. 마치며

브루나이는 다언어화자를 갖는 소국이기 때문에 언어정책은 각 민족에게 관용적인 언어정책이 수행되고 있다(Saille-Troike(1982)는 "soft-shelled", 즉 껍질이 부드럽다라는 표현을 사용하고 있다). 이것은 말레이계 이외의 토착민족어가 브루나이·말레이어, 혹은 표준 말레이어를 습득하는 것에 대해서도 말할 수 있다(Martin 1990 : 180). 실제로 영어가 큰 힘을 갖기 시작했지만 국어이상의 힘을 가지고 싱가포르와 같이 제1언어가 되는 데에는 상당한 시간을 필요로 한다고 생각된다. 하지만 2언어정책이 진행되고 영어사용자가 늘어나는 가운데에 브루나이 영어가 발달하고, 보다 많은 장면에서 영어가 사용 될 것은 분명하다.

주석

01 '브루나이'의 어원은 산스크리트어의 varunah(수면과 하늘, 선원)라고 한다.

02 주재관(resident)과 고등변무관(high commissioner)은 권한이 다르다. 주재관은 총독대 리라고도 하는 경우도 있고, 정치적으로 최고의 권한을 갖는다. 고등변무관은 주재관 보 다 권한이 약하고 고등변무관이 생기면 나라의 자치 회복으로 연결된다.

03 단 인터내셔널 스쿨은 여기에 들어가지 않는다. 인터내셔널 스쿨은 기본적으로 외국인자 녀를 위한 것이고 영어를 매체로 해서 교육을 실시하고 있다. 또한 종교학교는 아라비아 어, 말레이어, 영어를 사용해서 가르치고 있다(Jones 1996 : 132).

04 그 때문에 말레이어와 영어의 2중언어화자 교원은 초등학교 저학년에는 필수적이지만, 영어능력이 없는 학생이나 동기가 낮은 학생이 이러한 교원의 말레이어 설명(번역)에 의 존해 버리는 것도 문제가 된다.

참고문헌

下元豊 1986. 『もっと知りたいブルネイ』東京 : 弘文堂

杉本均 2000. 「ブルネイ王国の言語・価値教育政策—シンガポール・マレーシアとの 比較の視点から—」『京都大学大学院教育学研究科紀要』第46号, pp.42-59

柴田征二 2009. 「国立ブルネイ・ダルサーラム大学(UBD)における英語を媒体とする 教育の現状と歴史的背景」『立命館国際研究』第21巻第3号, pp.45-64

Bourdieu, P. 1991. *Language & Symbolic Power*. (Translated by Gino Raymond and Matthew Adamson). Cambridge: Polity Press.

Fatimah Awang Chuchu. 1996. "Pengajian Bahasa Melayu di Negara Brunei Darussalam: Satu tinjauan ringkas." Paper presented at the international Conference on Malay Studies, May 27-31, Beijing, China.

Government of Brunei. 1959. *Brunei Constitution 1959*. Brunei Darussalam: Government of Brunei.

Government of Brunei. 1961. *Undang-undang Taraf Kebangsaan Brunei*. Government of Brunei.

Government of Brunei. 1972. *Report of the Brunei Education Commission*. Ministry of Education, Government of Brunei.

Government of Brunei. 1979. *Report of the Brunei Education Commission*. Ministry of Education, Government of Brunei.

Government of Brunei. 1989. *Report of the Brunei Education Commission*. Ministry of Education, Government of Brunei.

Hjh Sumijah Alias and Poedjosoedarmo, G. 1996. "Language Shift in Kampong Ayer," in P. W. Martin et al. (eds.), *Language Use & Language Change in Brunei Darussalam*, pp.105-118. Ohio University Press.

Ho, W. K. 1998. "English language teaching in Southeast Asia: Continuity and change."

Asian Englishes, 1(1), pp. 5 – 30.

Jones, G. M. 1996. "The bilingual education policy in Brunei Darussalam," in P. W. Martin et al. (eds.), *Language Use & Language Change in Brunei Darussalam,* pp.123 – 132. Ohio University Press.

Jones, G. M., Martin, P. W. and Ozog, A. C. K. 1993. "Multilingualism and bilingual education in Brunei Darussalam," *Journal of Multilingual and Multicultural Department,* 14(1) (2), pp.39 – 58.

Kamsiah Abdullah. 2000. "Brunei Darussalam," in Ho, W. K. and R. Wong (eds.), *Language Policies and Language Education—The Impact in East Asian Coutries in the Next Decade—,* pp.43 – 64. Singapore: Times Academic Press.

Martin, P. W. 1990. "The pattern of language communication in Brunei Darussalam and its pedagogic implications," in V. Bickley (ed.), *Language Use and Language Teaching and the Curriculum,* pp.175 – 185. Hong Kong: Institute of Language in Education.

Martin, P. W. 1996. "Brunei Malay and Bahasa Melayu: A sociolinguistic perspective," in P. W. Martin et al. (eds.), *Language Use & Language Change in Brunei Darussalam,* pp.27 – 36. Ohio University Press.

Martin, P. W. and Poedjosoedarmo, G. 1996. "An overview of the language situation in Brunei Darussalam," in P. W. Martin et al. (eds.), *Language Use & Language Change in Brunei Darussalam,* pp.1 – 26. Ohio University Press.

Maxwell, W. E. 1980. "Urang Darat. An ethnographic study of the Kedayan of Labu Valley, Brunei." Unpublished Ph.D. Dissertation, Yale University.

Mohd Jamil Al-Sufri, H. A. 1982. *Corak Pendidikan di Brunei Pada Masa Hadapan* (The Future Form of Education in Brunei). Brunei: Majlis Pelajaran Brunei.

Nothofer, B. 1991. "The languages of Brunei Darussalam," in H. Steinhauer (ed.), *Papers in Pacific Linguistics.* Pacific Linguistics, A-81, pp.151 – 176. Canberra: Australian National University.

Ozog, A. C. K. 1996. "The unplanned use of English: The case of Brunei Darussalam," in P.W. Martin et al. (eds.), *Language Use & Language Change in Brunei Darussalam,* pp.156 – 172. Ohio University Press.

Saville-Troike, M. 1982. *The Ethnography of Communication.* Oxford, U. K.: Blackwell.

Saxena, M. 2007. "Multilingulal and multicultural identities in Brunei Darussalam," in A. Tsui and J. W. Tollefson (eds.), *Language Policy, Culture and Identity in Asian Contexts,* pp.143 – 161. London: Lawrence Erlbaum Associates.

제 5 장

터키의 언어개혁과 그 후의 언어정책
-유럽 안의 이슬람적 민주주의 국가를 목표로-

핫타 요코八田 洋子

16세부터 18세 무렵, 한쪽에서는 중증의 유럽주의자와 같이 마을과 자신 모두가 서양적인 것을 바라는 한편, 본능은 습관과 추억에 따라 내가 사랑했던 이스탄불에 속하기를 바랐다. …… 이스탄불이 충분히 현대적이지 않다는 사실, 빈곤과 비참함에서 벗어나고 패배감을 버리려면 상당한 시간이 걸린다는 것을 알고 절망한 나는 자신의 인생과 자신의 마을에 대해서 운명 지어졌다고 말 할 수 있다. 나이가 듦에 따라 이스탄불의 모든 것이 체관諦觀과 함께 긍지를 가지고 자신의 것으로 한 우수가 나의 정신에도 이렇게 들어온 것이었다. (오르한 파묵『이스탄불, 도시 그리고 추억』)

1. 들어가며

문명의 십자로라고 불리는 터키 이스탄불은 노벨 문학상 수상자 오르한 파묵이 말하는 것처럼 정말로 서양문명과 동양문화, 고대와 근대, 빈곤과 번영이 함께 어우러진 마을이다. 일찍이 중근동中近東에서 발칸 반도, 북아프리카, 또한 빈에 근접할 정도의 영토를 지배한 오스만·터키는 당연히 다민족, 다언어, 다문화의 대제국이었지만, 피지배민족에게 특정 언어를 강요하는 일은 없었다. 이슬람교도는 아라비아어이고 그리스도교도는 그리스어나 아르메니아어라고 부르듯이 각각 다른 언어를 사용했다. 또한 문화교양언어로서는 페르시아어, 상업용어로는 그리스어가 사용되었다. 후에는 술탄의 궁정에서 성립한 오스만어가 공용어로서 궁정의 공문서에 사용되었지만, 일반민중에게 강요하지는 않았다. 즉 언어에 관한 한 오스만제국에는 '제국주의'는 없었던 것이다(小島 2006 : 22-23).

18세기에 들어오면 그때까지 유럽 세계에서 위협적이었던 오스만·터키도 그 영토내의 그리스교도의 여러 민족의 인권 보호, 민족독립을 이유로 한 열강에 의한 간섭을 받아 영토를 계속해서 잃어 스스로의 체재개혁의 필요성을 깨닫고 서구화를 목표로 하게 된다. 제1차대전의 패전에 의해 존망의 위기에 빠진 '이슬람국가' 오스만제국은 1923년에는 무스타파 케말의 손에 의해 소멸하고 '국민국가' 터키공화국의 수립에 이르렀다. 그 결과 공용어는 후술하는 언어개혁이 지나 오스만어에서 근대화된 현대 터키어로 바뀐 것이다.

최근의 터키는 20세기 후반부터 국제화 파도 속에서 언어교육을 중시하고, 영어, 프랑스어, 독일어, 이탈리아어 등을 중등교육 안에 도입하게 되었다. 또한 유럽연합 정식가맹을 목표로 하고 오랜 바램인 '서양문명 안에 이슬람을 조화시키고 그 문명에 무슬림·터키인으로서 전면적으로 나아가 주체적으로 참가할 것을 주장'(新井 2001 : 143)해 가려고 한다.

본 장에서는 인구 7790만 명(2010년 중반의 추정인구)을 끌어안고 일본의 약 2배의 국토 중 3%가 유럽 측에, 97%가 아시아 측에 있다고 하는 문자대로 동서문명 사이에 있는 터키공화국이 서구화정책으로 돌진해가는 과정에서 얼마나 언어개혁을 이루어 내고 그 후의 언어정책을 실시했는지를 검증하고자 한다.

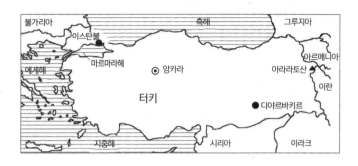

그림 1 : 터키 주변도

2. 터키의 서구화정책 : 탄지마트에서 EU가맹을 목표로까지

2-1. 탄지마트

1699년 유럽 여러 나라와의 사이에 연결된 카를로비츠 조약에서 오스만제국은 헝가리 영토의 대부분을 잃고 유럽의 군사적 우월을 인정하게 된다. 그 후의 유럽인의 유입이나 18세기말에 런던, 빈, 베르린, 파리에 개설된 대사관에 부임하는 대사들을 수행한 젊은 서기관들이 서양사회를 보고, 그 말을 배워 귀국한 후 관료로서 '서양을 향한 창문'을 열었다. 국내적으로는 술탄의 사위 이브라힘·파샤가 대재상이 되어 '태평유미주의의 시대'를 부르고 특히 프랑스 궁정과의 사이에 빈번한 사절 교환이 이루어져 서방의 취미나 풍조를 도입하고, 튤립시대Lâle Devri[01]라고 불리는 호화로운 신문화를 생산했다. 하지만 인플레로 고통받은 이스탄불 사람들이 파트로나 카릴의 선도 하에 사회개혁을 요구하고 폭동을 일으켜 술탄이 퇴위하고 튤립시대는 종말을 선언했다.

제정帝政 러시아와의 사이에 1774년에 체결한 퀴췩·카이나르자 조약에서 흑해 북해안을 잃은 이후, 오스만 제국은 유럽 열강의 침략의 대상이 되었다. 이 사태에 대해서 제국의 술탄들, 서양을 체험한 관료들, 그리고 지식인들 사이에 '이 대제국을 어떻게 하여 구제하는가'라는 문제가 일어났다. 이것이 1839년부터 1876년까지 이루어진 탄지마트라고 불리는 개혁운동이다. 탄지마트란 '탄지 하리에(은혜적 개혁)의 약자로 조정·정비·편성의 의미인 아라비아어이다. 노후화한 중세적 여러 제도를 재편성하고 서구의 여러 제도를 본뜬 행정기구, 법체계, 군제, 교육제도를 도입함에 따라 근대사회에 적응해 가려고 한 것'(永田 1970 : 32)이었다.

이 개혁기에 선두에 서서 마흐무트 2세는 1826년, 구식의 예니체리 군단[02]을 폐지하고, 신군단 무함마트상승군을 창설한다. 서양식 군대를 모방하여 군락대를 창설, 복장도 서양식 제복과 터키모자를, 또한 문관의 복장도 서양식으로 바꿨다. 바지를 입고 터키모자를 쓴 군인, 문관의 등장이다.

1827년에는 4명을 유학생으로서 파리에 보내고, 같은 해에 군의관학교, 31년에는 음악학교, 34년에는 프랑스를 모델로 육군사관학교를 창설하고, 프랑스어가 필수 외국어로서 교육되었다. 또한 18세기말부터 재류 프랑스인에 의한 프랑스어 정기간행물이 출판되었지만, 1831년에는 프랑스어판 관보도 창간되었다(新井 2001 : 39). 다음 개혁으로의 길이 닦아졌던 것이다.

그 후 파리에 파견된 외무대신 무스타파 레시드 파샤는 1839년 고관이나 각국 대사를 토프카프 궁전 밖에 있는 귤하네 정원에 모아 국정개혁 방침을 기록한 칙령을 읽어 내렸다. 이것이 귤하네 칙령이다. 이렇게 탄지마트는 시작되었다. 이 칙령에서는 '오스만 제국이 법치국가가 되어야 하는 것과 그 법치국가를 운영해 가는 것이 관료다'고 제시되어 있지만, 이들의 개혁을 한층 더 진행할 수 있었던 것은 크리미아 전쟁의 처리를 둘러싸고 서로 이야기 되는 동안에 이스탄불 주재의 영불 양국 대사의 압력을 받고 1856년에 공포된 '개혁칙령'에 의해서이다. 예를 들면 그 개혁 칙령 안에는 다음과 같은 것이 있다. '제국신민은 종교, 언어, 민족을 이유로 다른 신민과 차별받는 일 없이, 또한 차별어·모욕어의 사용도 금지된다.' '제국신민은 제국의 모든 학교에 입학 가능하고, 또한 모든 공동체는 자신들의 학교를 설립할 수 있다.' '무슬림·비 무슬림간, 혹은 그 리스도교도 및 그 이외의 비 무슬림간의 형사·상사계쟁은 혼합법정에서 공개 재판에 부쳐지고, 증인은 증언시에 각자의 종교에 따라 선언하는 것으로 한다.' 이들에게 보이는 것처럼 개혁칙령은 비 무슬림의 권리 보장과 관련된 것이었다(新井 2001 : 49-56).

그 사이에도 다양한 기구가 만들어지고 근대화로의 길을 진전시켜 간다. 프랑스의 강한 영향하에 개조된 국가 평의회, 프랑스 형법에 의거한 형법의 공포, 프랑스 상법의 번역을 기본으로 한 신 상법의 공포, 프랑스·아카데미를 모델로 한 학술심의회의 설립, 또한 1868년에 갈라타 사라이·리세가 설립되어 프랑스어에 의한 교육이 이루어졌다. 이스탄불에 정착한 유럽인이 늘어나 갈라타·베이욜루 지구에는 서양풍의 가게가 쪽 늘어서고, 민중 사이에도 서양풍의 생활 양식이 들어 갔다(新井 2001 : 57-69). 근대 서구어의 지식을 가지고 근대서구의 사정을 잘 아는 개혁파의 관료나 군인들에 의해 속행된 탄지마트는 1876년, 벨기에 헌법을 모델로 오스만제국헌법 발포에 이르렀다.

2-2. 터키 공화국의 탄생

'이슬람 국가' 오스만 제국을 '국민국가' 터키공화국으로 크게 전진시키는데에는 서양제국주의와 싸워 철저하게 이슬람을 배제하려고 한층 더 서양화를 도모한 무스타파 케말의 등장을 기다리지 않으면 안되었다. 케말은 제1차대전 후 연합군에 대항하기 위해 조국해방운동을 조직하고, 앙카라에 대국민의회 정부를 수립, 연합군에 가담하는 이스탄불의 술탄을 향해 반란을 일으켜 술탄제를 폐지하고 오스만 제국을 멸망시켰다. 1923년 연합국과의 사이에 로잔조약을 체결하고 '터키공화국'이 성립했다. 케말은 초대대통령이 되고, '탈 이슬람화' 즉 세속주의laiklik를 국시로 근대국가건설을 향해서 전력을 다하고 서양을 본보기로 하면서도 터키 민족으로서의 긍지를 '국민'에게 심으면서 계속해서 개혁을 실행해 갔다. 1924년 칼리프제, 메드레세[03]의 폐지, 모든 교육기관이 국민교육부에 의해서 총괄된다. 같은 해 샤리아(이슬람법)에 기초한 종교법정을 폐지한다. 25년에는 신비주의 교단의 수행장이나 성자묘를 폐쇄한다. 1914년 앙드레 지드가 터키여행 중 '이 인종은 입고 있는 초라한 의상이 어울려!'(파묵 2007)라고 쓴 터번이나 터키모자의 착용을 금지했다. 여성의 베일 착용은 공식적으로는 폐지되지 않았지만 바람직하지 않는 것으로 여겨지고 여성은 스스로의 아름다움을 주위에 보이는 것이 권장되어 29년에는 '미스 터키'가 선발되었다. 여성 참정권도 30년에 지방의회의 선거, 피선거권을 인정했고 이어 34년에는 국정선거에서도 인정되었다. 1925년의 양력채용, 다음해 26년에 음주의 합법화, 31년에는 미터법의 채용, 35년이 되면 금요일을 대신하여 일요일이 공식적인 휴일이 되는 등 일상생활에 서양이 침투해 갔다(新井 2001 : 214). 28년에는 헌법에서 '이슬람을 국교로 한다'라는 조항을 삭제했다. 같은 해 과거 수백 년에 걸쳐 친숙해 진 아라비아문자의 사용이 금지되어 라틴 문자를 기본으로 한 터키 문자가 채용되었다. 18세기 이래 진행되어 온 근대화와 터키 공화국의 세속주의의 이념이 '터키인의 아버지'를 의미하는 '아타튜륵'이라는 칭호가 주어진 초대대통령 케말 아타튜륵의 강력한 지도와 공화인민당의 독재 아래에 어느 정도의 단계에 달했다.

1947년 공화인민당은 아타튜르크 이래의 세속주의를 완화하는 제안을 실시하고, 성자묘의 재개나 종교교육을 도입했다. 1950년 민주당 정권이 되고 나서 이슬람 복귀의 양상이 한층 확대되고 초등학교에서의 종교교육이 필수과목이 되었다. 1933년에 터키어화된 아잔[04]은 아라비아어로 되돌아갔다. 하지만 동시에 '아타튜르크 옹호법'을 제정하여 '아타튜르크의 추억'을 더럽히는 것을 처벌 대상으로 하고 공화

사진 1 : 이스탄불·리세의 교사(校舍) 입구

국 건국의 아버지에대한 개인 숭배를 한층 강화했다. 현재도 학교를 비롯하여 공적시설에 아타튜르크의 큰 사진이 걸려있다.

대외적으로는 이 시기 신서구화를 강력하게 한다. 1952년 북대서양조약기구NATO의 정식가맹이 정해지자 결국 서양의 일원으로서 인정되었다고 국내에서는 경축 분위기가 만연하고 'NATO와인'(新井 2001 : 249)까지 발매되었다고 한다.

2-3. 이슬람주의의 고양

80년대가 되면, 이슬람주의의 고양이 보이게 되고, '터키민족'이 '터키어를 말하는 무슬림'으로 바뀌고 '터키민족' 혹은 터키·내셔널리즘을 지탱하는 중요한 기둥으로서 이슬람이 강조되었다(新井 2001 : 292). 동시에 마약이나 포르노의 범람이라고 한 서양화의 부정적 측면이 드러나고, 도덕이라든지 미덕이라고 한 이슬람의 전통적인 가치관이 다시 수정되

면서 96년 세속주의를 부정해 온 쿠르드바칸이 번영당 연립정권을 성립시키고, 2002년에는 친 이슬람 우파공정발전당AKP이 규르 단독정권을 수립한다. 2003년 공정발전당의 쿠르드도안이 정권을 잇고 EU가맹을 최우선 사항으로 '이슬람색의 자제와 군과의 우호를 중시하고 IMF주도의 경제정책'(『トルコとは何か』p.289)을 진행해 간다. 2007년 7월 총선거에서 여당 공정발전당은 압승하고 규르가 대통령에 취임, 첫 스카프 모습[05]의 퍼스트 레이디 탄생에 군이나 공화국 엘리트 층에 지지받은 세속주의 세력과의 사이에 긴장이 높아져 간다. 하지만 여당은 2007년 12월 후 여학생이 대학에서 스카프를 착용하는 것을 용인[06]하고, 그에 따라 헌법 개정에 착수한다. 이에 대해 2008년 3월 14일, 터키 최고 검찰청은 여당을 헌법재판소에 기소하고, 공정발전당의 해산과 규르 대통령, 에르도안 수상을 포함한 71명 정치가의 5년간의 정치활동 금지를 요구했다. 헌법재판소는 7월 30일, 헌법 제2조의 세속주의 조항에 저촉되지만, 오늘날의 상황에서 민주국가의 정당 해산은 어울리지 않는다는 정치적인 판단을 내리고 청구를 기각했다.[07]

터키가 EU에 정식가맹 교섭을 개시한 것은 2005년의 일이지만, 프랑스가 키프로스공화국을 터키가 승인하는 것을 교섭조건에 포함시켰기 때문에 터키측이 2006년에 그 조건을 거부하여, EU가맹은 실현되지 못했다. 또한 2008년 상기의 재판은 EU 여러 나라 및 미국에서 사법의 횡포로서 엄격한 비난을 초래하는 결과가 되었다. 이들 나라들은 공정발전당의 정책을 이슬람과 민주주의의 융화를 도모하는 것으로서 인식하면서도 EU가맹을 인정하는데에는 이르지 못한다. 아타튜르크 이후 '큰 희생을 치르고 한 마음으로 추구해 온 서구에의 진입이라는 목표가 바로 그 서구자신의 손에 의해 거론되었다'(新井 2001 : 296). 터키의 국내여론은 EU가맹에 대한 열의가 식어 갔지만 규르 대통령, 에르도안 수상은 EU에 가맹함으로써 유럽 안에 그 존재를 나타내고 이슬람 세계의 새로운 리더가 되는 것을 요구하고 있다.

'바뀌고 싶지만 바뀌지 못해서 서구화를 저항하고, 종교나 전통으로 되돌린다'[108]라는 오르한 파묵의 말은 터키공화국의 미래의 암시일 것이다.

사진 2 : 스카프를 한 이스탄불 대학교 여학생

3. 터키의 언어개혁 : 문자혁명과 터키어순화운동

터키어는 우랄·알타이어족으로 중앙아시아 일대에서 사용되는 튜륵의 여러 언어 중 하나이다. 그 화자 수는 터키 5573만 명, 독일 205만 명, 불가리아 80만 명, 프랑스 31만 명, 네덜란드 30만 명, 키프로스 20만 명, 오스트리아 13만 명, 그리스 10만 명, 사우디아라비아 10만 명, 영국 8만 명, 마케도니아 8만 명, 스위스 8만 명, 벨기에 7만 명, 루마니아 4만 명이다. 터키어는 이민자를 중심으로 유럽에도 유입되고 확실한 위력을 가진 언어이다. 이 절에서는 터키의 근대화 과정에서 오스만어가 어떻게 현대 터키어 형성에 이르게 되었는지를 오스만어 간략화, 라틴문자 채용, 터키어 순화운동 순으로 검증한다.

3-1. 오스만어의 간략화

탄지마트기에 활약한 지야 파샤에 의하면 문학·역사·공문서의 서술형식의 장식화가 민중의 언어와 지배자 층의 언어 단절을 낳았다. 오스만어는 발음과 철자의 격차가 크고 아라비아어나 페르시아어의 혼입이 많아서 민중에게는 읽기 쓰기의 습득이 힘들었다. 그 때문에 민중은 탄지마트에 의해 정부가 무엇을 하려고 하는지를 이해하지 못했다. 그는 지식인의 언어를 민중과 근접시킬 필요가 있다고 주장했다. 또한 아라비아 문자는 지식의 습득에 필요한 인쇄에 적합하지 않아서 문자개혁의 필요성이 주창되었지만, 오스만 정부는 '고전적인 이슬람 문화의 망각에 이른다'(永田 1970 : 33-34)라고 하며 이것을 거부했다. 이렇게 문제의 초점은 오스만어의 간략화로 옮겨갔다.

1908년 '청년 터키인' 혁명 시대에는 정치적 혼란에 기인한 왕성한 언론·출판활동과 더불어 터키인 부대에 전달하기 위해 민중의 언어를 사용해야 한다는 이유로 난해한 오스만어는 점차로 간략화되어 갔다. 또한 이 시기의 중심적인 이데올로기가 된 터키주의 사상의 지도자 지야 교칼프는 '우리들의 국어를 만드는 목적은 대중문학의 기초에 도움이 되는 터키어를 있는 그대로 수용하고 이스탄불 사람들, 특히 이스탄불 여자들이 말하는 것처럼 오스만어를 마치 존재하지 않은 것처럼 버리는 것이다'(Lewis 1999 : 26)라고 주장하고, 잡지 『젊은 펜』이나 『모어 터키』에 '늘 민중을 이해할 수 있는 명확하고 간결한 터키어'를 사용해서 투고했다. 동시에 매스미디어의 급속한 발달로 보다 간결한 표현이 필요하게 되어 '오스만제국 해체시에는 전통적인 난해한 오스만문학 방식은 이미 시대적으로 뒤쳐진 것'(永田 1970 : 35)이 되어 언어의 간략화가 크게 진전됐다.

사진 3 : 『예언자전』 오스만어로 쓰여진 예언자 무함마드의 전기
(교토대학 대학원 아시아·아프리카지역연구 연구과 소장)

3-2. 라틴문자의 채용

일찍이 이스탄불 주재 이란대사가 터키인 자제의 국어교육이 늦은 이유가 아라비아 문자의 결함에 있다고 지적한 것처럼 문자개혁의 필요성이 외부에서도 제안되었다. 하지만 정치적 사회적 혼란 속에 있던 터키는 아라비아 문자가 코란 문자여서 '국민국가'의 성원인 무슬림의 정신적 기반으로 한 아라비아문자를 간단히 버리지 못했다. 이것을 단행한 것이 '탈이슬람'을 표방하는 아타튜륵이었다. 당초 아라비아 문자개혁론과 라틴문자 채용론이 있지만 아타튜륵의 의도는 라틴문자의 채용에 있었다. 터키 국민을 이슬람에서 분리하고 또한 터키어를 장모음 이외에 모음을 나타내지 않은 아라비아 문자로 나타내는 것의 미비함을 없애고 식자율을 향상시키기 위해서였다. 1923년부터 1928년 동안 라틴문자 채용을 둘러싸고 격한 논쟁이 있었고 저명한 문학자나 정부고관 중에도 계속 반대하는 사람이 있다. 하지만 1928년 5월에 '언어위원회Dil Encümeni'를 설

립하고, 라틴 문자화가 검토되었다. 수상 이스메트 이노뉴가 지지를 표명하고, 전문가가 제시한 라틴문자를 기본으로 한 '터키식 신 알파벳'이 탄생했다. 8월 아타튜르크는 공화인민당의 야외 모임에서 '터키문자'의 채용을 다음과 같이 선언했다. '제군, 나는 아름다운 내 국어를 바르게 표현하기 위해서 신 터키문자의 채용을 선언한다. 이것에 의해서 내 국어가 얼마나 아름답고 풍부하고 조화로운 것인가가 분명해 질 것이다'(永田 1970 : 38). 이렇게 1928년11월, 신년에 '터키문자'의 사용이 의무지어지고, 동시에 아라비아문자의 사용을 금지하는 법률이 의회를 통과해서 '문자혁명'(新井 2001 : 215)이 완성됐다. 이것은 新井가 저서 『터키 근현대사(トルコ近現代史)』 안에서 미묘하게 구별하여 사용하는 것처럼 장식 모양과 같은 아라비아문자에서 실용적인 '터키 문자'로의 전환은 단순한 개혁이 아니라 바로 '문자혁명Harf İnkılabı'인 것이다.

메링[11]과 하티제 공주[12]가 서로 쓴 편지에서 '터키어를 로마자로 쓴다고 하는 작은 지적 실험'(파묵 2007)을 하고 나서 138년 후에 탄생한 '터키 문자'는 영어 알파벳에서 q, w, x를 제외하고, ç, ş, ğ, ö, ü을 추가한 29문자로 터키어의 특징인 모음조화(하나의 단어 안에 2개 이상 모음이 있는 경우, 전설모음 e, i, ö, ü 과 후설모음 a, ı, o, u을 혼재시키지 않는다)를 나타내는 것이 가능하게 되었다.

문자혁명의 태동은 터키 국내에만 있었던 것은 아니었다. 터키주의가 소련연방 터키계의 여러 민족에 의해서 자극받은 것처럼 연방내의 이슬람계 여러민족에 대한 소련정부 언어정책의 영향도 있다. 소련정부는 연방내의 터키계가 대부분을 차지하는 여러 이슬람교도 민족의 슬라브화를 도모하고 연방 외의 이슬람교도와 유대를 끊기 위해서 일찍부터 아라비아 문자 개량을 도모하고 있었다. 1921년쯤에는 이미 일부 터키인 거주지역에서 라틴문자화가 시도되고, 23년에는 우즈베크, 카자흐, 키르기스로 확대, 26년이 되자 연방내의 모든 터키계 민족어의 라틴문자화가 결정되고 28년에 실시되었다.

그런데 같은 해 터키의 '터키문자'화를 알자 소련정부는 그들의 문자를 키릴 문자로 돌렸다. 소련의 이 정책을 본 아제르바이잔 정부가 '1922년에 앙카라의 혁명정부에게 라틴문자화에 관한 각서'를 보내자, '이것에 호응해서 소 아시아에 사는 아제르바이잔 방면에서 온 망명 터키인들이 열심히 라틴문자화 운동을 전개'(永田 1970 : 37)한 것이다. 탈 이슬람을 실행하려고 하는 아타튀르크이 그들과의 연계를 요구한 것은 아니겠지만만, 적어도 터키어의 라틴문자화에 대한 확신을 품게하는 역할이 있었다고 생각된다.

아타튀르크은 '문자혁명'이 초래한 '터키문자'를 많은 마을 사람들에게 가르치기 위해서 칠판과 이젤을 지니고 여행을 계속했다. 아타튀르크은 대국민의회에서 Gazi개선장군이라는 칭호가 주어지고 Gazi Paşa라고 불린 것에서 사람들은 이 문자를 Gazi elifbası Gazi 알파벳(Lewis 1999 : 35)라고 불렀다. 이 터키문자가 교육의 보급을 촉구하고 식자율의 향상을 초래했다. 식자율은 1924년의 9%에서 1975년의 65%로, 그리고 1995년에는 82.3%(Lewis 1999 : 37)까지 향상됐다. 덧붙여 UNICEF의 통계에 따르면, 2003-2008년의 성인 식자율은 89%이다. 또한 15세에서 24세의 식자율은 남자 98%, 여자 94%로 비약적인 향상을 나타내고 있다.[13]

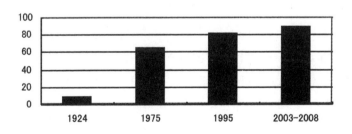

그림 2 : 식자율의 향상

3-3. 터키어의 순화운동

언어개혁의 또 하나의 중요한 목적은 터키어에서 아라비아어, 페르시아어의 문법적 특징이나 오랫동안 터키어의 일부가 되어 온 몇 천 개의 착용어를 제외하고 순수 터키어öztükçe를 만드는 것이었다. 1932년 7월 '터키언어연구위원회'Türk Dili Tetkik Cemiyeti'(후의 터키언어협회 Türk Dil Kurumu)가 설립되어, 9월26일[14]에 '제1회 터키언어협회대회Birinci Türk Dil Kurultayı'가 소집되어, 터키어의 순화운동이 국가적 사업으로 시작되었다. 오스만어의 어휘를 터키어로 바꿔 넣는 작업이 시작되고, 전국 규모에서 신문이나 설문조사를 통해서 사람들 사이에서 사용되는 방언이나 터키어 기원의 단어를 수집하고, 접미사나 어근에서 새로운 말을 만들어내고 그 성과를 발표했다.[14]

이들 조어는 *Dictionary of New Words, Fake and Otherwise*의 저자 파르크 가도리 티무루타슈의 1979년 분석에 의하면 터키어의 낱말 구성에 맞게 만들어진 단어 40%, 대강 만들어진 단어 37%, 의미, 형태론상 바르지 않지만 넓게 사용되어 정착한 단어가 23%였다(Lewis 1999 : 142). 이와 같이 해서 만들어진 현대 터키어는 문자언어에서 사용 되는 비율이 1932년 이전에는 35-40%였지만, 2005년에는 75-80%에 달했다(『トルコ』p.24). 덧붙여 초등교육의 교과서 서문 'ATATÜRK'ÜN GENÇLİĞE HİTABESİ'(아타츄륵이 젊은이들에게 호소)는 아타츄륵의 서명이 있던 것으로 보아 1930년 전후에 쓰여졌다고 추측되는데, 175어로 이루어져 있고 그 중 약 50%가 아라비아어 기원의 단어이며 43%가 터키어이다.

그러나 무한한 양의 어휘에 순수 터키어를 적용하는 작업이 한계에 부딪혔을 때, 빈 대학의 크베르깃치 박사가 프랑스어로 쓰인 47페이지에 이르는 원고를 보내주었다. 거기에는 다음과 같이 쓰여져 있다. '인간은 자신의 주위에 있는 물건이 무엇인가를 인식하려고 하는 관념을 품었을 때 비로소 자신이 어떤 사람인가를 이해한다. 언어는 처음에 제스처로 이루어지고, 그 후에 음성이 더해져 간다'고 기술하고 생각을 터키어의 대명사 안에서 찾았다. 'm은 ben나의 오랜 형태 men이나 elim나의 손에 있는 것처럼 자신을 나타내고, n은 sen군이나 elin너의 손에 보이는 것처럼 내 근처에 있는 것을 나타내고, z는 biz우리들이나 siz당신들에 있는 것처럼 더 넓은 범위를 나타내고 있다' 박사는 또한 '터키어는 확실한 형태를 띤 인류 최초의 언어이다'(Lewis 1999 : 57)라고 덧붙였다. 민족주의의 고양을 추구하고 프랑스어에 능숙한 아타튜르크에게 있어서 크베르깃치의 말은 시선時宜을 얻은 것이었다. 바로 언어협회의 멤버와 함께 '언어의 시작은 원시인이 태양을 바라보고 'Aa!'라고 말한 순간이다'라는 부분에서 '태양언어설'(Güneş Dil Teorisi)을 주창했다. 다음 해인 1936년 보스포러스 해협가의 화려한 도르마바흐체 궁전에서 개최된 '제3회 터키언어협회대회'에서 발표된 '태양언어설'인데, 비과학적이라고 해서 외국 학자들의 불평을 샀다. 이것은 혼란 중에 있는 터키어 순화정책의 변경을 정당화하기 위한 구실이라고 말하는 사람도 있다.

격동의 터키어 순화운동 후 터키언어협회는 1983년, 아타튜르크 연구센터, 터키역사협회, 아타튜르크 문화센터와 함께 아타튜르크 문화언어역사고등협회에 편입되어 완만한 순화운동이 계속되고 있다. 그 홍보 월간지 『터키어』(언어와 문학 잡지) Türk Dili, Dil ve Edebiyat Dergisi는 1994년 3월 호에서 '외래단어로의 대응'(TDK : Yabancı Kelimimelere Karşılıklar)이라는 표제로 외래어에 상응하는 터키어를 게재하고 있다. 예를 들면 영어의 laptop 컴퓨터는 diz üstü, diz는 무릎, üstü은 위, 즉 무릎 위, 영어의 iced tea는 buzlu çay, buzlu는 얼음, çay는 차, 즉 얼음이 들어간 차(小田 1997 : 174-175)가 된다. 이러한 터키언어협회의 노력에도 불구하고 국제화의 파도를 타고 방류되어 들어 온 영어는 터키 젊은이들 사이에 'Tarzanca'라고 불리는 영어 단어가 섞인 '젊은이 말'을 낳고 있다. 예를 들면 start를 의미하는 터키어 başlamak 대신에 "start almak"[15](almak는 명사 다음에 와서 ~ 하다, 라는 어구를 만든다)라고 한다. 서구화를 목표로 해 온 터키에게 있어서 이 흐름에 푯대를 세우는 법적 조치는 터키 언어협회에게는 주어지지 않는다.

하지만 터키어 순화운동의 정신은 현재도 다음과 같은 뉴스로 볼 수 있다. 2009년 5월21일자 Milliyet신문[16]에 의하면 터키국내에 카라타이, 토로스, 이스탄불 메디폴, 메블라나, 누후 나지 야즈간이라는 5개의 사립대학이 설립될 예정이다. 하지만 이스탄불에 설립 예정의 메디폴대학의 대학 명을 둘러싸고 반론이 일어나고 있다. '메디폴'은 터키어가 아니므로 '대학명은 터키어로 해야 한다'라는 것이 반론의 이유이다.

터키문자의 채용은 '시장에 가서 그 이름을 서도가에게 쓰게 한다'라는 75년 전의 플로베르의 '이국적인 즐거움'(파묵 2007)을 빼앗게 되었다. 그리고 '태양언어설'까지 만드는 데에 이른 터키어의 순수화라는 강경한 언어정책은 터키공화국을 '중동의 우등생'으로서 국제무대에 등장시키는 데에 성공했다. 하지만 동시에 50년 전의 서적을 이해하지 못하는 층을 만들어 내고 오스만 문서를 해독할 수 있는 전문직원의 부족이라는 부정적인 측면이 지적되는 것도 사실이다. 하나의 광명은 2009년 8월 8일자 Hürriyet 신문에 의하면 이스탄불의 캬우트하네에 설립되는 '오스만 문서관 시설 Osmanlı Arşiv Sitesi'에 모든 오스만조[朝] 문서군이 디지털화되어 수집된다는 것이다.

4. 터키의 언어정책
: 교육제도와 언어교육, 미디어 및 쿠르드어를 둘러싸고

4-1. 교육제도와 언어교육

국가의 언어정책이 여실하게 나타나는 것이 교육에서의 커리큘럼, 특히 언어교육이다. 터키공화국의 교육체제는 서구화를 목표로 한 아타튀르크 아래에 오스만시대의 종교학교 메도레세를 폐지하고 1924년 교육 통일법을 제정하고 모든 교육기관을 국민교육부Milli Eğitim Bakanlığı에 관할시키는 것부터 시작되었다. 여기서는 현재의 언어정책을 검토하기 위해 1997/1998년에 개혁된 제도에 기초하여 터키의 교육제도를 개관해 보고자 한다.

터키의 교육제도는 ① 취학전교육Okul Önce Eğitim(3-5세), ② 초등교육 İlköğretim(6-14세)[17], ③ 중등교육Ortaöğretim, ④ 고등교육Yükseköğretim으로 분류된다. ①에서는 유치원, 보육원, 보육소, 탁아소가 포함된다. ②는 8년간의 의무교육이다. 하지만 32개의 현에서 만5세(60-72개월) 아이들의 취학전 교육의 의무화가 계획되어 있고 국민교육성은 2013-2014년도 말까지 전국에서 만5세의 취학률을 100%로 하고, 취학전 교육의 의무화를 목표로 함과 동시에 의무교육기간을 9년으로 하는 것을 목표로 하고 있다(2009년 6월 10일자 Milliyet 신문). 취학아동학생을 수용할 수 없기 때문에 오전과 오후 2부제를 하는 곳이 많다. ③은 일본의 고등학교에 해당하고, 보통교육과 직업·기술교육으로 나뉜다. 전자는 보통고등학교, 아나톨리아 고등학교Anadolu Lisesi, 과학고등학교Fen Lisesi, 아나톨리아 교원양성고등학교, 아나톨리아 예술고등학교, 다각적 교육과정을 갖는 고등학교가 있고 후자에는 남자기술훈련교, 여자기술훈련교, 상업·관광업고교, 그리고 종교교육고등학교로서 이맘(종교지도자)이나 하티프(설교사)를 양성하

는 이맘·하티프 고등학교가 있다. ④는 중등교육을 끝낸 자에 대해 전문대학, 대학, 대학원이 있다. 국립대학이 94, 사립대학이 38, 합계132개의 대학이 있다. 전문대학은 중간맨 파워를 육성하는 것을 목적으로 하고 있다. 대학원을 수료한 자는 'Uzman전문가' 또는 'Yüksek고학위 취득자'의 학술칭호를 얻는다.

교육 보급에 힘을 쏟는 정책이 어떻게 열매를 맺는가를 의무교육이 8년이 된 1997/1998년과 2006/2007년의 취학률 비교를 통해서 볼 수 있다.

표 1 : 교육단계별 취학률

		초등교육		중등교육		고등교육	
		남자	여자	남자	여자	남자	여자
1997-1998	총 취학률	96	82	60	45	23	16
	총 취학률	90	82	41	34	11	9
2006-2007	총 취학률	99	93	96	77	39	30
	총 취학률	92	88	61	52	20	17*

Milli Eğitim İstatistikleri, Örgün Eğitim 2006-2007에서 작성, 숫자는 %를 나타낸다.
*은 통계가 없기 때문에 2005/2006에 의거한다.

초등교육에서는 여자의 취학률 향상이 보이고, 중등교육, 고등교육에서는 남녀 모두 9년간 취학률의 증가가 현저하다. 하지만 고등교육의 취학률은 OECD의 자료에 의하면 스페인 43%, 헝가리 68%, 폴란드 76%에 비해 터키는 27%[18]로 상당히 낮다. 터키는 0-14세의 전 인구에 차지하는 비율이 30%, EU는 17.2%, 65세 이상은 EU가 15.7%인 데에 반해 불과 5.6%("터키『トルコ』" pp.22-23)라는 젊은 세대가 많은 나라이기 때문에 EU여러 나라를 향한 질이 높은 노동력 육성이 요구되고 있다. EU가맹을 갈망하는 터키의 과제가 될 것이다.

언어정책의 관점에서 학교교육에서 외국어교육의 실태를 파악할 필요가 있다. 초등교육에서는 1998년에 4학년부터 영어교육이 도입되었다. 4-5학년이 주 2시간, 6-8학년은 주 4시간 배우게 되었다. 외국어교육을 중시하는 엘리트교인 아나돌 리세는 1983년의 외국어교육법에 의해서 급증했다. 또한 1994년 4월, 보통고등학교 내에 '슈퍼 리세'라고 불리는 외국어 코스를 만들었다. '슈퍼 리세'가 770교, 아나돌 리세가 426교가 되어 한층 영어교육의 강화를 추진하고 있다. 양 리세 모두 1년째의 예비 클래스에서 주 24시간의 영어, 4시간의 터키어 수업이 있고, 9년차에서 8시간의 영어와 4시간의 터키어, 10-11년차에서 영어 터키어 모두 4시간이 된다.[19]

사진 4 : 초등학교 4학년의 영어수업풍경(이스탄불 시내)

아나돌 리세에는 영어중시 학교뿐 아니라 독일어, 프랑스어, 이탈리아어 중시 학교도 있다. 예를 들면 엘리트 학교라고 불리는 이스탄불 리세는 과학, 독일어, 영어교육이 중시된다. 850명의 학생에 대해서 독일 정부의 지원을 받아 파견된 35인의 독일인 교사와 같은 숫자의 터키인 교사가 있다. 2008년 9월에 수업을 참관하고, 몇명의 학생과 이야기를 해 보았더니, 그들은 독일어도 영어도 실로 능숙했다. 프랑스어 중시에는 갈라타사라이 리세가 있고 역시 프랑스 정부의 원조 아래에 프랑스인

교사가 반수를 차지한다. 또한 '이스탄불 상공회의소 아나돌 상업고등학교'에서는 전과목을 일본어로 가르친다는 이념에서 '일본어과'가 창설되었지만, 기대된 일본어교사가 모이지 않고, 예비 클래스에서의 일본어교육이외의 일반과목은 터키어로 가르치고 있다고 한다. 이맘 하티프 양성 고등학교에서는 영어 외에 아라비아어를 가르치고 있고, 그 숫자는 95년에는 601교를 넘고 또한 모스크 등에 부설된 코란학교가 5500교 있다(村上 1997 : 28-29). 이렇게 중등교육단계에서 영어를 중심으로 독일어, 프랑스어, 이탈리아어, 아라비아어, 일본어 등 엘리트양성을 위한 코스가 준비된다.

대학에서도 영어교육은 중시된다. 대학을 목표로 한 학생은 학생선발배속센터ÖSYM에 의해 1년에 한번 실시되는 학생선발시험OSS과 외국어시험의 결과에 따라 대학이 배분된다. 배분된 대학에서 영어능력이 부족한 경우는 전문과정에 들어가기 전에 1년간의 영어예비 교실에 들어가 일정 능력에 달할 때까지 공부를 해야 한다. 사립코치Koç대학에는 충실한 영어교육 프로그램을 가진 예비 교실이 있다. 코치대학과 같이 엘리트 국립대학인 보아지치Boğaziçi대학과 중동 공과대학에서는 영어가 교육언어이다. 교육언어를 둘러싼 이스탄불 공과대학의 언어의식이 흥미롭다.

이스탄불 공과대학에서는 전 학생은 입학 전 여름방학에 일부 TOEFL에 기초한 영어능력시험을 보지 않으면 안된다. 이것은 학생이 터키인 교사가 사용하는 영어를 이해할 수 있는지의 여부를 보기 위한 것으로 영미대학이 외국인학생에게 요구하는 영어수준은 아니다. 매년 합격자의 반이 이 능력시험에 합격하고 학부 수업에 들어가지만 남은 반은 이 코스를 수료하고 나서 재시험을 보지 않으면 안 된다. 중요한 점은 학생들은 학부수업에서는 30%는 영어로 실시되는 수업, 70%는 터키어로 실시되는 수업을 이수해야 하는 것이다. 이 정책은 학생이 국제사회에서 전문적으로 일하기 위해서 필요한 영어능력을 익힘과 동시에 터키어에 의한 전문용어

개발, 전문서 출판을 계속해 가기 위한 것이다.[20]

영어가 교육언어인 대학에서도 학생의 영어능력 문제나 수업에서 영어를 사용하는 것에 위화감을 갖는 교사도 있기 때문에 반드시 모든 수업에서 영어가 사용된다고는 할 수 없다고 한다. 결과적으로 기대한 만큼의 효과가 나타나지 않은 현상에 대해 고등교육심의회의 오즈잔 위원장은 '터키공화국이 계속해서 실패한 것 중의 하나가 외국어교육이다'고 말하고 에르도안 수상은 '나도 외국어를 모른다. 매우 부끄럽게 생각한다'(Milliyet 2009년 6월 27일자)고 한탄한다. 이러한 상황을 타개하기 위해 고등교육 심의회는 예비 교실에서 영어 이수여부에도 불구하고 대학교육을 받는 동안, 150만 명의 학생이 5개의 대규모 대학에서 원격지 교육법에서 영어교육을 받을 수 있는 시스템을 제공하는 것을 계획하고 있다 (Hürriyet 2009년 5월 21일자).

교육언어를 둘러싸고 반대 의견도 나오고 있다. 케즈반·아자르 박사는 '아나돌 리세의 교육평가'에 대한 연구에 언급하고, '학생의 83.9%가 영어로 하는 수업을 충분히 이해하지 못하고 82.4%가 과학 수업을 터키어로 듣고 싶다고 대답했다'고 기술한다. 2008년 마르마라 대학의 수학 전공 학생을 인터뷰 했더니 '전공 수학은 터키어로 받고, 컴퓨터는 영어로 듣는다'는 답변이 있었다. 터키언어협회 회장의 오제르 씨는 '터키에서 가장 유력한 대학 중 하나가 외국어로 수업을 실시하려고 한다. 이것은 누구에 대한 어떤 서비스일까? 여기는 점령 중의 나라일까?'[21]라고 영어중시의 교육정책을 엄격하게 비판하고 있다.

4-2. 미디어에서의 영어

영어우세 현상을 만들어 내는 것은 교육만이 아니다. 일상생활에서 커다란 존재가 된 미디어, 특히 TV, 라디오의 영향은 크다. 터키에서 TV방송이 시작된 1968년부터 1986년까지는 TRT(터키·라디오·TV협회)와 그 계열뿐이었지만, 1986년의 STAR TV 개시부터 다채널시대가 시작되었다. 민방이나 케이블 TV가 퍼지고 80만의 계약자를 가진 DigiTurk는 스포츠나 영화를 원어로 방영, 40만의 계약자를 가진 Cine5는 외국영화나 쇼를 더빙이나 원어로 방영하고 있다.[22] 이들 영화나 쇼는 대부분이 미국 것으로 당연히 시청자는 영어나 미국문화에 친숙하고, 또한 미국적 사고의 영향을 받는 사람도 나타난다.

라디오·TV프로그램을 감독한 것은 12명의 멤버로 구성되는 '라디오·TV고등평의회RTUK'이고 '라디오·TV국개설 및 방송관련법' 제3984호에서는 '터키어의 보호 및 바른 사용을 지지하기 위해서 프로그램에서 사용되는 터키어를 배려한다'는 것이 요구되고 있다. 하지만 '라디오·TV고등평의회'의 멤버는 프로그램이 터키국가와 국민의 결속을 위협하는지의 여부에만 관심이 있고, 영어 유입에는 관대하기 때문에 전술한 영어 단어를 유입한 젊은이 말 'Tarzanca'가 사용되는 사태를 초래한다고 비판이 일었다.

4-3. 쿠르드어 문제

EU가맹을 강하게 바라는 터키 공화국에게 목청에 꽂힌 가시라고 말할만한 과제는 쿠르드어의 문제이다. 쿠르드어는 인도·유럽어족이고, 크루디스탄이라고 불리는 터키, 시리얼, 이라크, 이란에 걸쳐 퍼진 지역에서 사용되는 언어이다. 그 화자 수는 2000만에서 3000만이라고 일컬어지고 고유의 문자는 없다. 터키에서는 라틴문자, 구소련에서는 키릴문자, 이란과 이라크에서는 아라비아문자로 표기되어 왔다. 터키국내에는 1200-1300만 명 있다고 하는 쿠르드인의 존재, 그리고 쿠르드어 문제가 EU가맹문제와 결부되어 크게 조명되어 왔다.

쿠르드인은 오스만제국 말기 터키인과 협조해서 제국을 지탱해 왔지만, 공화국건국 후, 민족적 문화적으로 균질적인 통일 국가를 목표로 하는 터키 정책에 의해 1924년 법정, 학교언어를 포함한 공적 장소에서 쿠르드어 사용이 금지되었다. 쿠르드인도 터키국가의 구성원으로서 '모든 면에서 동등한 권리를 갖는다. 하지만 독자적인 인종, 문화, 언어의 구별을 주장하는 권리'는 이 안에 포함되지 않았던 것이다. 1981년 전년까지 정부고관을 수행한 인물이 '나는 쿠르드인. 터키에는 쿠르드인이 존재한다'고 말해서 금고 2년 3개월의 판결을 받았다. 1983년에는 군사정권이 새롭게 쿠르드어 사용을 금지하는 법을 만들고, 쿠르드 민요도 터키어로 부르지 않으면 안되었다. 이와 같은 언론 탄압, 신문·TV·라디오보도, 학술출판에의 규제, 외국인 기자의 취재에도 엄격한 제한이 있었다[23]고 하는 쿠르드인에 대한 탄압은 특히 80년대부터 90년대말에 걸쳐 PKK(쿠르드 노동자당)의 공공연한 무력행사를 초래했다. '국민과 국가와 영토의 불가분의 통일'과 '민족문화'의 일체를 칭송하는 케말주의는 계속된 헌법 개정에서도 변하지 않는다(川上 2003 : 87).

하지만 에르도안 수상은 2005년8월, 아나톨리아 동남부의 쿠르드인 마을 디야르바키르에서 '터키는 과거 역사의 잘못을 직시할 수 있을 정도의 대국이 되었다. …… 쿠르드 문제는 하나의 나라, 하나의 국민, 하나의 국기의 원칙 아래에 해결된다'고 '역사적인 성명'을 발표했다. 이때 디야르바키르 시장은 "Birez serokvezid em ji te hezdikin친애하는 수상이여, 우리들은 당신을 정말 좋아합니다" 라고 쿠르드어로 쓰여진 깃발을 수상을 향해서 펼쳐 보였다.[24] 이렇게 해서 30년간 계속된 쿠르드 문제해결의 문이 열린 것이다. 아래에 쿠르드어에 관한 정보를 열거하여 에르도안 정권하

에서의 쿠르드 문제, 특히 쿠르드어에 대한 정책의 움직임을 개관하고자
한다.

　Milliyet 2008년 12월 30일자에 의하면, 2009년 1월1일부터 TRT터키
방송협회가 TRT6을 전용 채널로 쿠르드어로 방송을 개시했다. 개국식에
기고 된 에르도안 수상의 축사에는 쿠르드어로 'TRT Şeş bê xerbeTRT의
행운을 빈다'라고 쓰여져 있다. 또한 에르도안 수상과 규르 대통령의 축사
는 쿠르드어 더빙과 자막으로 방송되었다. 하지만 같은 날짜의 Zaman
에 의하면 3월 29일의 지방 선거투표일을 향한 고등 선거관리위원회의
선거규약에서는 팸플릿이나 인쇄물에 터키어 이외의 사용은 인정받지
못했다. 한편 2009년 1월 2일 터키정부는 앙카라대학 언어역사지리학
부와 이스탄불대학 문학부에 '쿠르드어·쿠르드문학'학과를 개설한다고
발표. 같은 달 3일, 터키어 알파벳에는 없는 "x, q, w"의 문자가 자유화된
것에 이어 법무성은 수형자가 가족과의 전화할 때 쿠르드어 사용을 금한
법규의 변경을 지시한다. 또한 TRT6은 쿠르만지 방언을 사용하지만, 북
이라크의 쿠르드어 방송에서 사용되는 소라니 방언 방송도 준비하고 있
다. 2009년 4월 12일의 Radikal 신문에 의하면 '다언어행정'을 정한 것을
이유로 행정심사원 제8형법에 의해서 면직되었던 디얄바클주 수르 군수
는 3월 29일의 지방선거에서 재선되어 다언어행정 서비스를 재개했다
고 한다. 쿠르드어로 된 이야기책 출판, 쿠르드어, 아르메니아어, 영어로
디얄바클 주를 소개하는 팸플릿의 인쇄와 배부 또 관광서의 입구에서 쿠
르드어로 하는 직원 인사가 새롭게 개시되었다. 4월 16일자 Milliyet 신
문에서는 민주시민당 당수 외 1명이 터키대국민의회의 회합에서 쿠르
드어를 사용했기 때문에 터키어 이외의 사용을 금지하는 정당법을 위반
했다고 해서 고발되었지만 불기소가 된 것이 보도된다. 같은 달 23일의
Hürriyet신문에서 고등교육심의회YÖK 회장은 이스탄불대학이 '쿠르드
어 교육센터Kürtçe Eğitim Merkezi' 설립을 결정했다고 서술한다. 같은 신문

의 28일자에서는 일찍이 터키가 PKK를 지원한다고 해서 정지를 강하게 요청했던 덴마크에 거점을 둔 쿠르드어 방송 RojTV가 정지되었다. 또한 쿠르드어인 것을 이유로 이름이 바뀐 마을에 대해서 원래의 이름으로 돌리는 것을 인정받았다. 하지만 또 다른 한쪽에서는 디알바클주의 카야프날에 신설된 3개의 공원에 쿠르드어 이름을 붙였더니, 이들의 이름은 '터키언어협회에 의해 규정된 터키어 말 안에 존재하지 않은 것이 조사 결과 판명되었기 때문'에 승인받지 못했다. 6월 9일의 Zaman에 의하면, 디알바클 주정부의 전화상담 센터에서는 터키어를 말하지 못하는 주민을 위해 쿠르드어와 자자어를 말하는 직원이 고용된다고 한다.

같은 신문의 6월 10자에서는 2년전에 신설된 마르딘 아르투크대학의 문학부내에 '쿠르드어·쿠르드문학' 학과를 위한 준비가 완료, 2010년부터 학생 모집이 시작된다. 캠퍼스는 마르딘~디알바클 간선도로에서 12 킬로의 지점에 있고, 쿠르드어, 아라비아어, 페르시아어, 시리아어 학과를 신설예정이지만, 세계적으로 충분한 연구가 이루어지지 않은 쿠르드어와 시리아어를 우선한다고 한다. 일반 민중의 수준에서도 쿠르드어 해방이 이루어져 간다. 국민적 가수의 세젠 아스크는 7월의 콘서트에서 소수민족어인 자자어로 노래하고, '동부에서 스타 찾기'라는 TV프로그램에서는 참가자가 2곡의 민요 중 1곡을 터키어로, 다른 1곡을 쿠르드어로 부른다는 규정이 있다. 그리고 8월17일자 Radikal 신문에서 '공적기관에서 첫 쿠르드어 코스'의 뉴스가 보도되었다. 전술한 마르딘 아르투쿠대학은 쿠르드어·쿠르드문학학과의 신청 결과를 기다리는 동안에 학술관계자를 위한 쿠르드어 코스를 1개월간 개설하고 있다. 15명의 학술관계자가 참가하고 있고, 교실에서는 라틴문자를 이용하여 쿠르드어의 쿠르만지 방언을 가르치고 있다. 동 대학의 사회과학연구소 소장은 '사회에 뿌리내린 대학이라는 비전에 기초하여 시작한 시도 중 하나. 또한 우리들 대학에서 일하는 사회과학을 전문으로 하는 학술관계자들이 지역 시민과 보다 원활한 커뮤니케이션을 구축하기 위해서는 쿠르드어를 배우는 것은 불가결하다고 생각하고, 이 교실을 개설했다'고 기술하고 있다.

여기서 살펴 본 것처럼, 일부 후퇴를 나타내는 듯한 움직임을 보이면서도 2009년의 수개월간 쿠르드어 해방정책에는 놀랄만한 점이 있다. 이것은 단지 EU에서 온 인권 문제에 얽힌 요구에 기인한 것만이 아니라 내적인 변혁을 요구하는 에르도안 수상의 '민주적 해결을 위한 프로젝트'라고 이름 붙여진 쿠르드 문제에 대한 결의안에서도 볼 수 있다. Zaman 신문 8월 11일자로 에르도안 수상은 말한다. '어디서 잘못을 범했는가. 동포가 흩어지는 것을 누가 어떻게 바래서 활동하고 싸움의 씨앗을 뿌렸는가? …… 터키의 터키인, 터키의 쿠르드인, 터키의 라즈인, 터키의 쿠르지아인이나 터키의 체르케즈인 모두 우리들의 동포이다.' 또한 전사자의 어머니들의 고통에 언급하여 '죽은 아이를 위해서 코란의 야신의 장, 파티하의 장이 읽힌다면, 사람들이 같은 메카의 방각을 향해서 기원한다면, 여기에 매우 중대한 잘못이 있는 것은 명백하다'고 기술한다. 일찍이 Radikal 신문 2005년 12월 12일자로 '터키에서는 약30종의 민족집단이 있어도 99%가 무슬림이고 종교는 하나의 기반이 된다'고 기술한 에르도안 수상의 물음이 99%의 국민의 마음에 도달하지 않을 리 없다.

에르도안 수상의 코란에 대한 명확한 언급을 봐도, EU가맹 후보국이 된 이래 급속하게 발전해 온 터키의 민주주의는 '탈이슬람 국가'에서 '이슬람적 민주주의'로 완만한 전환을 시도하고 있다고 볼 수 있을 것이다. '이슬람적 민주주의'의 움직임 속에서 여당 공정발전당이 가장 중요한 과제로 꼽은 여겨진 쿠르드 문제 해결의 실마리로서 쿠르드어 정책은 큰 역할을 했다고 할 수 있다.

미디어에서 대량의 영어사용, 고등교육심의회에 의한 대학생의 영어교육개선이 계획되는 한편, 고등학교 수준에서 영어이외의 언어도 중시하는 정책, 혹은 이스탄불 공과대학의 언어사용은 향후의 언어정책에 어떠한 시사를 주고 있다고 생각된다. 또한 공적 장소에서 사용하는 것이 금지된 쿠르드어를 대학에서 가르치기 시작하여, '쿠르드어를 말하자' 캠페인을 개시하기까지 되었다[25]는 것은 국내외의 요구에 따라 터키 공화국의 언어정책이 변화해 온 것을 나타낸다.

5. 마치며

터키는 19세기 이래 서구화를 요구해서 제도를 정비하고, 언어개혁을 실행하고, 교육에 영어를 도입하며, 나아가 또한 언어정책을 전환해서까지 유럽의 일원이 되려고 노력해 왔다. 하지만 지향점인 서구는 '서양이 전 인류에게 있어서 척도이다'[26]라는 듯이 끊임없이 새로운 요구를 해온다. 유럽 여러 나라에 있는 200만 명이 넘는 터키인의 민족적 존재, 또한 큰 경제적 연결에도 불구하고 아직 그 일원으로서 인정받지 못한다. 그 때 국내적으로는 터키 유일의 언어로 된 터키어에 쿠르드어가 더해져 99%의 무슬림이 결속하려고 한다. 대외적으로는 세계에 터키의 존재를 나타내기 위한 방책으로서 젊은이의 영어교육을 강화한다. '이슬람은 비즈니스상의 종교이므로 바로 사용할 수 있는 영어습득을 위한 영어교육은 버리지 않는다'고 말한 어떤 연구자의 말이 떠오른다. 터키어를 지킨다는 시점에서는 독일 주재의 터키인 2세나 3세의 모어교육 문제가 있다. 1972년에 독일과의 협정에 의해 체결된 '적응협정'에 기초하여 초등학교 5학년부터 정규 커리큘럼 외에 주 3-5시간, 터키어·터키문화강좌가 실시되어 터키 국민교육부에서 파견된 교사가 담당한다. 현재의 수강자 수는 독일 전체에서 19만4000명 남짓이지만, 터키어의 필수화나 2개국어교육이 요구된다.[27] 이것은 향후의 터키에게는 중요한 과제일 것이다. 또한 쿠르드어 TV개설을 받아 라즈인도 라즈어 TV를 요구하는 운동을 개시하는 것처럼 다른 민족집단도 모어로 하는 방송을 요구하는 것을 생각할 수 있고 터키의 언어정책은 새로운 국면을 맞이하는 것이 예상된다.

국토의 대부분이 아시아에 있는 이슬람 국가이면서 그리스도교 나라들의 멤버가 되고자 서구화에 분주하고, 혹은 서구화를 이용하면서 터키 공화국은 이슬람적 민주주의 국가의 실현을 향해서 매진하고 있다. 이케우치池內惠(국제일본문화연구센터)가 말하는 것처럼 오르한·파묵은 '이슬람교도가 고유문화의 장벽을 스스로 넘어서 서구적 가치관을 공유하면 좋겠다고 하는 서구지식인의 메시지를 이해하고 유럽측 다리를 건넜다는 것'이 아니다. 그의 노벨상 수상은 '터키와 터키어와 터키문학에는 커다란 의미'[28]가 있는 것이다. 다시 말하면 터키는 스스로를 서구문명에 팔아넘긴 것이 아니라 서구에 이슬람 국가의 존재를 명확히 제시하면서 중동의 영웅이고자 모색하고 있는 것이다.

주석

01 터키 원산의 튤립이 '유럽에서 재수입되어 일종의 장식으로서 전국에 대유행하고 마치 이 꽃처럼 시대문화도 화려했다'는 것에서 이렇게 불린다. 대재상은 화려한 이궁(離宮)이나 별장에 요인(要人)을 초대하고 하루 밤의 원유회를 개최하고 '함께 튤립의 개화를 찬미하고 태평을 구가했다.'(『이슬람 사전』 p.200) 현재도 터키를 상징하는 것에는 튤립 그림이 그려져 있고 터키의 토산품에는 튤립 모양이 넘쳐난다.

02 1362년에 창설한 상비보병군단.

03 칼리프란 이슬람 세계의 주권자의 칭호, 메도레세란, 전통적인 이슬람학원.

04 모스크에서 예배를 신도에게 호소하는 방송으로 1일 5회 실시된다. 익숙하지 않은 여행객에게는 이른새벽의 정숙을 깨고 울려 퍼지는 첫 번째의 아잔에는 놀랜다.

05 Korab-Karpowicz(앙카라에 있는 빌켄트대학 조교수)는 스카프의 의미를 정의한다. ①스카프착용은 개인의 문제가 아니다. 그것은 후퇴를 의미하고 근대화를 하는 능력이 없든지 그 의지가 없는 것을 나타낸다. ②공화국의 국시인 세속주의에 반대한다는 정치적 입장을 상징하고 있다. Korab-Karpowicz(2008:96)

06 2008년 9월, 이스탄불대학을 방문했을 때 많은 여학생이 형형색색의 스카프를 착용했다.

07 나이토 마사노리(内藤正典), 公正・発展党에 대한 해산청구 각하(속보) global-news-net.

08 2006년 10월 13일 '동경신문'석간의 인터뷰 기사

09 町田(2008:160)『トルコ語話者のおもな分布』참조.

10 오스만조 시대의 공용어. 1928년의 문자개혁까지 사용되었던 아라비아 문자표기의 터키어 문장어로 어휘나 통사면에서 아라비아어, 페르시아어의 강한 영향을 받고 있고, 민중구어와는 동떨어졌다. 『角川世界史辞典』참조

11) 1763년 출생. 이탈리아인과 프랑스인의 피가 흐르는 독일인, 회화, 조각, 건축, 수학을 배우고 이스탄불에 18년간 체재. 하티제 공주의 요망에 의해 서양식 정원을 만든다.

12 술탄 세림3세(재위 1789-1807)의 여동생. 서양의 진보주의를 수용하고 있다.

13 http://www.childinfo.org/education_survivalrate.php

14 이후 9월 26일이 '언어기념일' Dil Bayramı이 된다.

15 Acar(2004:2)

16 이하, 터키어신문은 2005-2009 Tokyo University of Foreign Studies의 사이트에서 원문, 번역문을 인용 및 참조.

17 외무성의 '諸外国の学校情報에 의하면 취학연령 기준일은 12월 31일까지 만6세가 되는 자는 그 해의 9월에 초등학교 1학년에 입학한다'이다. 이 정보는 초등교육을 6-13세로 하지만 터키국민교육부는 6-14세로 하고 있다. 8년차 끝무렵에는 14세인 자도 포함되게 된다.

18 경제협력개발기구『図表でみる教育OECDインディケータ2007版』

19 Acar(2004:7)

20 Reagan and Schreffler(2005:123)

21 2009년 5월 7일자 Zaman신문.

22　Acar(2004:3)

23　松浦(2003)에 상술되어 있다.

24　Milliyet 2005년 8월 13일자.

25　2009년 5월 31일자 Hürriyet신문

26　파묵(2007:302)

27　野中(2007:124)

28　2006년 10월 17일 요미우리신문 오르항·파무크의 인터뷰 참조

참고문헌

新井政美 2001. 『トルコ近現代史イスラム国家から国民国家へ』東京：みすず書房

小田壽典 1997. 「『第3回国際トルコ言語集会―1996年』に参加して―アンカラ，9月
　　23日から27日―」『Bulletin of Toyohashi Sozo College』No.1, pp.171－178

西川正雄他（編）2001. 『角川世界史辞典』角川書店

川上洋一 2003. 『クルド人もうひとつの中東問題』東京：集英社

小島剛一 2006. 『トルコのもう一つの顔』東京：中央公論新社

小山皓一郎 1987. 「トルコ共和国の文化状況―文書館改革を中心に―」『学術月報』第
　　40巻第2号

澁澤幸子他 2008. 『トルコとは何か』東京：藤原書店

嶋田襄平，板垣雄三，佐藤次高 1994. 『イスラム事典』日本イスラム協会（監修）東京：
　　平凡社

首相府報道出版情報総局 2005. 『トルコ』トルコ通信社

東京外国語大学中東イスラーム研究教育プロジェクト 2005－2009 Tokyo University of
　　Foreign Studies. <http://www.el.tufs.ac.jp/prmeis/news_j.html>

内藤正典　<http://www.global-news.net/article/contents/2008/07/post-5.html>

永田雄三 1970. 「トルコの近代化と文字」『歴史教育』第18巻第7号

野中恵子 2007. 『ドイツの中のトルコ移民社会の証言』東京：つげ書房新社

パムク，オルハン（和久井路子訳）2007. 『イスタンブール思い出とこの町』東京：藤原
　　書店

町田健 2008. 『言語世界地図』東京：新潮社

読売新聞 2006年10月17日「ノーベル賞パムク氏西欧側に『橋』を渡ってきた人」

松浦範子 2003. 『クルディスタンを訪ねて―トルコに暮らす国なき民』東京：新泉社

宮崎元裕 2002. 「トルコの初等・中等教育の歴史と現状」『京都大学大学院教育学研究
　　科紀要』第48号．pp.95－107

村上薫 1997. 「トルコの教育制度改革―イスラム勢力にたいする危機感」『アジ研ワー
　　ルド・トレンド』第29号

Acar, Kezban. 2004. "Globalization and language: English in Turkey," *Sosyal Bilimler*
　　Cilt: 2 Sayı: 1. MANİSA: Celal Bayar Üniversitesi.

Korab-Karpowicz, W. J. 2008. "Turkey under challenge: Conflicting ideas and forces,"
　　Turkish Policy Quarterly spring 2008. İstanbul: Arı Turizm Tanıtım Yayıncılık

Danışmanlık ve Ticaret Ltd. Şti.

Lewis, Geoffrey. 1999. *The Turkish Language Reform A Catastrophic Success*. New York: Oxford University Press.

Reagan, Timothy and Schreffler, Sandra. 2005. "Higher education language policy and the challenge of linguistic imperialism: A Turkish case study," in Angel M. Y. Lin and Peter W. Martin (eds.) *Decolonisation, Globalisation Language-in-Education Policy and Practice*. NY: Multilingual Matters Ltd.

Turkish Daily News. June 11, 2008. "A prestigious, science-and language-based high school yesterday and today."

Turkish State Information Organization-Coordination and Research Division. *Basic Document on Turkey, No. 1b The Turkish Constitution 1972*.

Ülkütaşlr, M. Sakİr. 1998. *Atatürk ve Harf Devrimi* Yenigün Haber Ajansı Basın ve Yayıncılık A. Ş.

UNICEF. 『世界子供白書 2008 子どもの生存』東京 : 財団法人日本ユニセフ協会 <http://www.mofa.go.jp/MOFAJ/TOKO/world_school/06middleeast/infoC61200.html>

UNICEF. *The State of the World's Children 2009*.

Milli Eğitim Bakanlığı. <http://www.meb.gov.tr/duyurular2006/takvim/egitim_sistemi.html>.

Milli Eğitim İstatistikleri. <www.meb.gov.tr>.

제 6 장

중동의 언어정책
-이슬람권의 언어교육과 식자율識者率의 추이-

이시하라 다다요시石原 忠佳

1. 들어가며

일반적으로 '중동'이라는 단어를 듣고 떠올리게 되는 지역은 사우디아라비아 주변의 페르시아만 연안 국가들이 아닐까. 하지만 일본의 외무성에서는 최근까지 '중근동'이라는 단어를 사용하며 세계사의 관점에서 서아시아에 포함되는 지역, 엄밀하게 말하면 아프가니스탄에서 훨씬 서쪽으로 펼쳐진 지역인 북아프리카의 모로코까지를 중동으로 생각해왔다. 또한 19세기에는 지역 편성개념으로서 '중동'과 함께 '극동極東', '근동近東'이라는 용어도 빈번하게 사용되었다. '극동'이란, '가장 먼 동쪽'을 의미하며, '근동'은 문자 그대로 '가까운 동쪽'이다. 이러한 명칭은 사실 유럽에서 동쪽 방향을 바라본 것으로, '근동'은 그 당시에는 오스만투르크제국(1299-1922년)의 영역을 가리키는 용어였다. 따라서 '중동'은 근동과 극동의 사이의 지역에 해당하지만, 그렇다고 치더라도 그 지역은 우리들의 머릿속에 정확하게 떠오르지는 않는다. 19세기 중동에는 오스만제국의 지배를 받는 발칸반도도 포함되어 있었지만, 발칸은 현재 중동은 아니다. 현재는 이 지역을 대신해 북아프리카를 포함한 20개국이 '중동'으로 불린다.

또한 이 국가들 중에 이집트보다 동쪽에 위치하는 나라들은 '동아랍', 리비아의 서쪽에 위치한 북아프리카의 국가들은 '서아랍'으로 분류되기도 하며, 때로는 모로코, 알제리, 튀니지 3국을 '마그레브3국'(아랍어로 '마그레브'는 '해가 저무는 나라'를 의미한다)이라고 부르기도 한다. 이스라엘이라는 나라도 분명히 지정학적으로는 중동에 위치하고 있지만, 국교는 유대교이며, 공용어는 아랍어도 사용하지만 헤브라이어가 주요 언어인 점으로 미루어 보아 다른 아랍 국가들과는 종교나 언어의 면에서 성격을 달리한다. 또한 이란의 경우, 국교는 이슬람교이지만, 공용어는 페르시아어로 아랍어교육이라는 관점에서는 아랍의 다른 나라들과 성격이 다르다.

본고에서는 이슬람교를 국교로 하고 아랍어를 공용어로 하는 아랍의 여러 국가들의 언어정책에 대해 살펴볼 것이다. 하지만, 이들 국가들의 민족구성, 전통, 역사에는 상당한 차이가 있다. 특히, 이 지역에서 사용되는 아랍어의 성격은 지리적 위치 조건에 의해 크게 좌우되며, 나라에 따라서도 상당한 격차가 있다. 한편, 중동의 국가들을 경제 격차의 측면에서 보면, 부유한 나라와 빈곤한 나라의 격차가 두드러진다. 이것은 각국의 석유산출량과도 크게 관련된 문제이다. 쿠웨이트, 아랍수장국연방, 카타르 등 페르시아만 연안의 국가들은 석유를 충분히 산출하는 '부국'으로, GDP로 봐도 세계 최상위에 랭크되어 있다. 한편, 타지로 돈을 벌러나가는 노동자의 수입 등으로 국가의 수입이 유지되고 있는 예멘이나 최근까지 석유자원을 활용하지 못했던 수단 등은 '빈국'으로 꼽힌다.

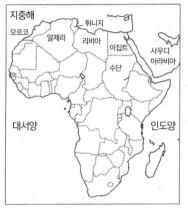

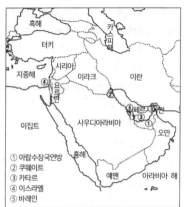

지중해
모로코
튀니지
알제리 리비아
이집트
사우디
아라비아
수단

대서양
인도양

그림 1 : 중동의 국가들 (북아프리카)

흑해
터키
카스피해
지중해 시리아
이라크 이란
④요르단
이집트
사우디아라비아
⑤페르시아만
③
①
오만
홍해
예맨 아라비아 해

① 아랍수장국연방
② 쿠웨이트
③ 카타르
④ 이스라엘
⑤ 바레인

그림 2 : 중동의 국가들 (서아시아)

2. 아랍어의 지역격차 : 문어 vs 구어

　요즘 세계 각지에서 사용되는 언어에 관한 통계에 따르면, 최근 아랍
어 학습자 수가 매년 증가하고 있다는 보고가 있다.[01] 아랍어를 학습하
는 동기로서, '정칙(표준)아랍어를 사용하면, 어느 아랍국가에 가도 사람
들과 의사소통이 가능하다'는 이유가 많다고 한다. 각국의 TV나 라디오
에서 흘러나오는 아랍어는 '풋스하'(정의는 제10절 참조)라 불리는 공용 아
랍어이며, 이 말은 아랍제국에서 개최되는 공식석상의 회의 등에서도 사
용된다. 하지만 아랍 사람들이 일상생활에서 사용하는 '암미야'라고 불리
는 구어아랍어는 표준아랍어와는 상당히 차이가 커, 정칙아랍어로 사람
들이 말을 걸어도 답변으로 돌아온 아랍어를 거의 이해하지 못하는 경우
가 적지 않다. 게다가 아랍어를 모어로 하지 않는 외국인이 정칙아랍어
와 현지의 구어아랍어 두 개를 나누어 사용한다는 것은 지극히 어려운 일
이라 할 수 있다. 그 이유로서 다음의 3가지를 들 수 있다.

· 정칙아랍어와 구어아랍어는 사용되는 어휘가 항상 동일하지는 않다.
· 지역의 구어아랍어는 각각 다른 문법체계를 기저로 성립하는 경우
  가 많다.
· 아랍어 외의 외국어로부터 많은 차용어가 각지의 구어아랍어에 도
  입되어 있다.

　여기에 아랍 국가들의 지역격차를 고려하여 구어아랍어를 크게 나누
면, 모로코, 알제리, 튀니지에서 리비아서부에 이르는 지역으로 불리는
'서방아랍어'와 리비아 동부를 포함해 이집트부터 동아랍의 국가들에서
사용되는 '동방아랍어'로 분류할 수 있다. 동방아랍어는 다시 ① 이집트
에서 리비아 동부에 걸쳐 사용되는 이집트구어, ② 시리아, 요르단, 레바
논 3개국에서 사용되는 시리아·팔레스타인구어, ③ 사우디아라비아 주
변의 아랍반도에서 사용되는 페르시아만연안구어, ④ 이라크구어 등으
로 세분화된다. 또한 아랍반도 중에서도 예멘에서 사용되는 구어는 다른
페르시아만연안 국가들의 구어와도 상당히 다른 양상을 보인다.[02]
　서방아랍어의 하위방언을 더 상세히 분류하면 ① 모로코에서 알제리
북서부에 걸쳐 사용되는 모로코구어, ② 알제리, 튀니지, 리비아 서부에
걸친 마그레브구어로 크게 나뉜다.[03] 이 중에서 모로코 구어는 발음이나
어휘 면에서 북아프리카의 선주민 베르베르인이 사용하는 베르베르어
의 영향을 크게 받았으며, 특히 발음 면에서는 음운체계가 표준아랍어와
매우 다르다.[04]
　전체적으로 본다면 구어아랍어의 다양성은 서쪽의 모로코에서부터 동
쪽의 이라크에 이르는 아랍 국가들의 지역격차에 의해 생긴 것으로, 극단
적인 예를 들자면, 서쪽 끝의 모로코인과 동쪽 끝의 이라크인이 자신의
나라의 구어로 이야기를 해도 의사소통이 거의 불가능하다. 그렇다면 어
떤 지역의 구어가 가장 많은 사람들이 이해할 수 있는 구어일까. 이러한

문제제기에 대해, 가장 침투성이 높은 아랍어는 이집트 구어라고 한다. 이것은 이집트가 아랍의 중앙에 위치하고 있다는 단순한 지리적 요인 때문이 아니라, 아랍 국가들의 거실에서 흘러나오는 TV드라마나 영화 대부분이 사실상 이집트에서 제작된 것이 많고, 등장인물의 회화가 이집트의 구어아랍어가 중심이 되고 있다는 점을 큰 이유로 꼽을 수 있다.

3. 중동의 본격적인 교육제도의 확립 : 이집트와 튀니지를 예로

이제 다음으로 중동의 여러 국가들에 언어교육의 보급이 어떠한 경위를 거쳐 현재에 이르게 되었는지에 대해 살펴보고자 한다. 19세기부터 20세기에 걸쳐 아랍 대부분의 국가들은 유럽의 식민지 지배 하에 있었다. 따라서 중동의 국가들을 지배했던 위정자들이 우선적으로 착수한 일은 자기 나라의 교육제도를 식민지에 의무교육으로서 도입하는 일이었다. 이렇게 해서 간접지배에 필요한 인재를 육성할 목적으로 유럽스타일의 교육이 한정된 엘리트층 사이에서 시행되었다. 식민지의 고등교육을 추진하는 것을 우선적인 제1의 목표로 삼았지만, 다른 한편으로는 식민지를 오래도록 자신들의 지배 하에 두는 것을 염두에 두고 있었다. 하지만 아랍 국가들에서 언어교육의 기저가 되는 것은 이슬람의 신학교에서 코란을 어떻게 가르칠 것인가 하는 기본방침이었기 때문에, 이 문제는 항상 공론화되곤 하였다. 이슬람을 근본으로 한 교육제도의 확립을 유럽 근대교육의 도입과 어떻게 양립시킬 것인가 하는 문제를 극복하는 것이 가장 중요한 과제였다고 할 수 있다. 다방면에서 문제가 되었던 것은 서구식 교육의 기반이 되는 서구문화 그 자체를 너무 강조하게 되면, 이슬람의 전통적 가치관이 훼손되지 않을까 하는 우려였다.

이러한 상황 속에서 적절한 언어정책을 국민에게 시행하는 것을 목표로 엘리트로 구성된 사절단의 유럽파견을 우선적으로 결정한 것은 튀니지와 이집트였다. 이 사절단은 파견된 각국에서 우수한 기술과 지식, 라이프스타일을 가지고 돌아와, 귀국 후에는 자국의 언어교육을 솔선해서 담당했다. 이러한 성과가 결실을 맺어, 19세기에는 근대교육을 보급하기 시작하여 각지에 학교가 설립되었다. 특히 1830년 튀니지의 바르도 Bardo에 설립된 종합기술교육학교(폴리테크닉[05])는, 프랑스에서 실시된 교육양식을 그대로 도입한 교육기관이었다. 이렇게 아랍 국가들의 교육제도는 핵심국가들의 교육정책을 근간으로 확립해 나가게 된다. 구체적으로는 예전부터 프랑스와 관계가 공고했던 모로코, 알제리, 튀니지에서는 프랑스어가 교육언어로 설정되는 한편, 오스만제국의 지배 하에서 동일한 정치단위로 편입되어 있던 레바논과 시리아, 그리고 이집트 등 일찍이 영국 세력권과 깊은 관계가 있던 지역에서는 영어가 외국어로서 중요한 위치를 차지하게 되었다.

19세기 후반에 들어서자 유입된 서구문화의 영향력이 각지에서 널리 인식되어, 유럽에서 방문한 지식인의 훈련을 바탕으로 인텔리층이 차츰 대두했다. 그들은 신생 오스만제국에서 교육을 받은 사회적 계층으로, 소위 '인텔리겐치아intelligentsia'라고 불리는 사람들이었다.[06] 이러한 상황을 배경으로 아랍 각국의 정부는 공무원, 박사 등의 인재 육성에 한층 더 노력을 기울이게 되었다. 이집트 카이로에서는 프랑스 정부 관리 하의 사법학교French law school에서 변호사가 다수 양성되었다. 튀니지에서는 프랑스인 정착민의 초·중학교가 싸디끼야Sadiqiyya라는 이름으로 관할되어 중학교 커리큘럼은 프랑스의 고등학교 레벨까지 향상되었다.[07] 이 싸디끼야는 1885년에 설립된 '튀니지 국립도서관Sadiqiyya library'의 원형이 되었다. 그 후 튀니지에서는 1965년 프랑스로부터 독립을 달성한 후, 도서관이 각지에 설립되어 언어교육과 관련한 문헌이 풍부하게 보관하고 있다.

4. 중동 국가들의 언어정책 : 탈식민지화 과정으로

중동 및 북아프리카 국가들에서 언어교육의 중요성이 고조됨에 따라, 사회제도의 변혁을 부르짖음과 더불어 창립(토박이) 엘리트들은 점차 국가의 요직을 차지하게 되었다. 견고한 국가의 건설을 목표로 삼은 각국은 국민의 식자능력을 높이는 언어교육의 충실을 목표로, 이를 위한 인적 지원을 아끼지 않았으며, 언어를 습득한 후의 기술지원을 추진했다. 학자나 위정자들을 중심으로 다양한 협의회를 소집하고, 경제 분야의 발전을 위해서는 언어교육의 정비가 열쇠를 쥐고 있다는 점을 각자가 인식할 수 있도록 노력했다. 이러한 목표를 현실화하기 위해 언어교육에 자본을 투자해야 한다는 의견이 지식인들 사이에서 점차 부상했지만, 한편으로는 여전히 실업문제에 대한 대책이 충분히 강구되지 못한 현실도 지적되었다. 식민지 지배로부터 벗어났음에도 변함없이 다음 정부가 교육제도 시행의 결정권을 좌우하고 있는 현황에 대해 의문의 목소리가 높아진 것은 말할 것도 없다. 도처에서 자유교육Free Education을 실시해야 한다는 논의가 성행하게 된 것도 이당시의 일이다. 기존의 교육이념에 따르면 '학업을 수료한 학생들은 국가건설을 위한 일에 종사해야한다'는 방침이 주류였지만, 당시 이집트 대통령 나세르는 '졸업생이 민간 기업에 진출하기 위해서는 노하우를 습득하기 위한 교육이 필요하다'는 새로운 의견을 제시했다.[08] 1960년대 이후, 이집트의 인구 증가와 더불어 초등, 중등교육을 마친 후에 국민이 받아야 할 교육의 중요성이 강조되기 시작했기 때문이다. 그 결과 이집트에서는 1965년부터 1990년까지 초등교육을 마친 학생 수의 비율이 61%에서 98%로 비약적으로 증가했다. 서구의 식민지 정책의 일환으로 대학교육을 충실히 한다는 계획이 가속화된 결과이다. 1939년에 이미 9개의 대학이 설립되었으며, 1960년에는 국내 대학의 수가 20개를 넘었다. 이러한 대학교육의 정비에 일찌감치 착수한 나라로는 이집트 외에도 시리아, 레바논, 이라크 등이 있다.

한편으로 사우디아라비아와 예멘은 서구식 언어교육의 보급에 적극적인 정책을 취하는 일을 주저했다. 서구식 교육의 급속한 추진이 학생들의 이슬람 문화의 이해를 방해하는 요인이 될 것이라는 우려 때문이었다. 양국의 생각의 근저에 이러한 기우가 있었던 것과는 달리, 같은 아랍반도에 있는 쿠웨이트는 이들과 교육방침에 관한 견해가 달랐다.

아랍반도의 중동국가들은 석유 붐이 끝난 후 경제를 뒷받침 할 국가의 지주가 될 인재의 육성이 우선시되어야 한다고 생각해 인재발굴에 교육자금을 투입하기 시작했다. 방향성을 계승하여 사우디아라비아에서도 압둘라 황태자[09]가 최근 기존 남녀별학교제도에 대한 재검토를 제언했다. 사우디아라비아 정부가 교육제도에 서구식 남녀공학을 적극적으로 도입하고 언어교육의 기반을 확립하는 일에 노력을 아끼지 않겠다는 취지를 세계의 미디어에 공언한 것은 획기적인 사건이다.

5. 독립국가가 된 중동 각국의 교육개혁의 시도

독립을 쟁취한 많은 중동 국가들이 가장 먼저 착수한 일은 교육제도의 개혁이다. 언어교육 면에서도 교육의 실시를 교실에 국한하는 기존의 방침을 재검토하여 과외수업을 도입하는 실천적 교육의 실시가 제안되었다. 시험을 위한 언어교육은 학생의 장래에 아무런 의미가 없다는 인식이 확산되고, 졸업 후의 실천적 전략을 책임질 인재를 양성하는 방향으로 교육방침이 바뀌어갔다.

그 다음으로 각국이 직면한 문제는 차후 어떠한 방침에 근거하여 언어교육을 실시하는가 하는 것이었다. 이것은 구체적으로 다음 사항으로 집약된다.

- 근대 서구식 교육과 이슬람교의 전통을 중시하는 기존의 교육을 어떻게 조화시킬 것인가.
- 공립교육시설과 사립교육시설의 비율을 어떻게 배분할것인가.
- 아랍어만을 사용하는 교육을 실시할 것인가, 아니면 영어와 프랑스어를 교육언어로서 사용할 것인가.[10]

그 결과 어쩔 수 없이 폐교가 되거나, 대학의 부속기관으로 병합된 이슬람신학교도 있었지만, 튀니지의 지투나Zaytuna처럼 전통적인 이슬람신학교가 튀니스 대학 법학부로 격상된 케이스도 보인다.

한편 아랍 국가들의 교육에서 극복해야 할 장애물은 아랍문자를 사용한 언어교육을 어떻게 확립하는가 하는 문제이다. 그것은 구 식민지시대에 유럽문자를 사용해 수업을 해 온 학교에 아랍어를 사용한 새로운 교수법을 어떻게 도입하는가의 문제라고도 할 수 있다. 그 결과 시리아처럼 학생이 외국어를 습득하는 기회가 급격히 줄어든 국가도 있었으나, 반대로 초등교육을 수료하고 중등교육에 진학한 학생들에게 외국어로 유럽어를 필수과목으로 지정한 나라도 있었다. 해외유학을 희망하는 우수한 학생들에게 장학금을 지급하기 시작한 것도 이 시기이다. 하지만 이러한 방향으로 나아갈 수 있었던 것은, 가정이 유복하고 공립학교가 아닌 사립학교를 선택하여 가정교사 등에 의한 맨투맨교육을 통해 충분한 엘리트교육을 누릴 수 있는 조건을 갖춘 매우 국한된 학생들이었다. 이른바 '인텔리겐치아'라고 불리는 계층에 속한 학생들만이 외국어를 습득할 수 있는 환경을 누릴 수 있었으며, 이것은 결과적으로 보다 좋은 일자리를 획득하는 일로 이어졌다. 그 한편, 많은 사회계층들은 공립학교에서 교육을 받는 것에 만족하며 일자리를 찾아 치열한 생존경쟁의 길을 선택할 수밖에 없었다.

6. 신생국가의 여성과 교육

교육제도의 충실은 다방면에서 사회적 개혁을 촉구했다. 이로 인해 중동 국가들의 여성의 지위는 눈부신 변천을 이루게 되었다. 기존의 교육제도를 고집하는 보수적인 군주제 국가[11]에서도, 여성이 교육을 받을 수 있는 길이 열리게 되었던 것이다. 분명히 초등교육에서는 예전부터 남녀학생 수의 비율이 같았지만, 고등교육에서는 여학생의 취학률이 매우 낮은 실정이었다. 식자율의 상승과 더불어 교육을 받은 우수한 여성이 변호사나 의사 등의 직업에 종사하는 케이스도 늘어나, 공공서비스를 제공하는 직장에 여성들이 많이 진출하게 되었다. 그 중에서도 국가적인 노력을 기울여 사회제도의 근대화에 매달려 온 튀니지와 이라크에서는 관공서가 다수의 여성을 채용하는 일에 적극적이었다.

7. 식자율의 상승에 따른 취업률의 향상

각국의 정부가 보다 많은 국가 예산을 교육자금에 쏟아 부은 당연한 결과로, 바로 일을 할 수 있는 능력을 가진 학생들의 취업률도 상승했다. 재정적 이익을 확보하는 것보다 오히려 국가적 목표를 달성하려는 방향성이 중시되어 교육제도에 한층 더 충실을 기한 결과, 중동, 북아프리카 전체의 식자율은 1960년부터 1995년에 걸쳐 거의 두 배 이상 증가하였다. 하지만, 대도시와 농촌사이의 식자율의 격차는 여전히 존재했다. 또한 이러한 통계상의 수치가 모든 지역에 그대로 적용 가능한 것도 아니었다. 농촌의 학생 수 증가는 통계상으로는 예멘, 모로코, 이집트에서 두드러졌다. 다만, 이집트에서는 6세부터 14세까지의 아동이 젊은층 인구의 3분의 1을 차지하기 때문에, 이 연령대의 아동에게 어떻게 교육을 제공할 것인가가 논의의 중심이 되고 있다. 또한 예멘은 산악지역에 새로운 교사(학교)를 건설해야 하는 상황이라고 유니세프가 보고하고 있다. 지금까지 많은 경우 야외에서 수업이 실시되어 왔기 때문이다.[12]

모든 아랍 국가들의 공통적인 과제는 특히 대도시에서 멀리 떨어진 지방 도시로, 여성들에게 어떻게 교육을 제공하느냐의 문제로 집약된다. 지방도시 여성의 식자율은 매우 낮으며, 2000년 유니세프가 발표한 보고에 따르면 모로코의 지방도시에서 읽고 쓰기가 가능한 여성은 10명 중에 1명이라는 통계가 있다. 나아가 유네스코의 집계에서는 중동 및 북아프리카에서 읽고 쓰기가 불가능한 사람은 여성이 7500만 명, 남성이 4500만 명으로 보고되고 있다.[13]

표 1 : 중동·북아프리카 국가들의 식자율

중동					북아프리카				
국명	년도	남성 %	여성 %	전체 %	국명	년도	남성 %	여성 %	전체 %
※예멘	2003	70.5	30.0	50.2	튀니지	2004	83.4		74.3
오만	2006	86.8		81.4	※이집트	2005	83.0		71.4
요르단	2003	95.1	86.3	89.3	※알제리	2003	78.8		
레바논	2005	93.1	82.2	87.4	모로코	2003	64.1	39.4	52.0
※사우디아라비아	2003	84.7		78.8		2004	65.7		52.3
아랍수장국연방	2003	76.1		77.9	※리비아	1980	70.0	35.0	50~60
※바레인	2003	91.9		89.1		2001	91.3	69.3	80.8
※카타르	2004	89.1		89.0		2003	92.4	72.0	82.6

중동					북아프리카			
터키	2004	95.3		87.4	※수단	2002	69.0	46.0	58.0
※시리아	2004	86.0		79.6		2003	71.8		61.1
	2006	86.0	73.6	79.8					
※이라크	2000	55.0	23.0						
	2003	55.9		40.4					
※이란	2002	83.5	70.4	77.0					
	2003	85.6		79.4					
쿠웨이트	1975			55.0					
	1985	84.0	63.1	73.6					
	2005	94.4		93.3					

※를 표시한 국가는 15세 이상 성인의 식자율

8. 중동·북아프리카 국가들의 교육수준을 둘러싼 문제들

경제발전의 촉진에는 국가에서 제공하는 교육의 질과 주민들의 높은 교육수준이 결정적인 요인이 된다고 할 수 있다. 이러한 문제에 대해 살펴보기 위해서는 세계 전체가 직면한 상황과 중동 각국의 현황을 개별적으로 분석할 필요가 있다. 예를 들어 중동에서는 이란과 요르단만이 국제적인 시야에서 조사를 진행하고 있으며, 다른 나라들은 교육 수준을 명시한 상세한 데이터를 공표하지 않고 있다. 요르단의 경우는 1991년 교육 향상을 촉진하기 위한 국제적평가작업[14]에 참여했고, 또한 이란은 1995년 제3회 국제수학·이과교육조사TIMSS[15]에 참여했는데, 데이터를 통해 국가의 교육수준이 지나치게 낮은 현황이 드러났다. 이것은 중동·북아프리카 국가들의 교육시스템에 대한 문제인식이 낮기 때문이라 할 수 있다. 교육제도를 다시 검토하는 일보다, 학력테스트와 시험에 패스하기 위한 단순한 암기가 마치교육인 것처럼 인식되고 있다는 점이 지적되었다. 즉, 주어진 교재를 수동적으로 익히는 일에 전념할 뿐, 스스로 학습하려는 학습자의 적극적인 자세가 결여되어 있다는 것이다.

두말 할 것 없이, 기업은 문제 처리 능력을 익힌 졸업생의 고용을 원한다. 하지만 기존의 교육제도에서 학업을 마친 학생들이 이들 기업에서 바로 일할 수 있는 능력을 갖추는 것은 극히 어려운 일이다. 중동·북아프리카의 국가에서 4명 중 1명의 졸업생이 일자리를 구하지 못하고 있는 현황은 세계적으로 봐도 최악의 상황이라 할 수 있다. 젊은 층의 실업률이 가장 높은 이집트에서 그 손실은 300만 달러로, GDP의 17%에 해당하는 수치이다. 요르단도 1500달러(7%)로 이집트의 뒤를 잇고 있다.

많은 중동·북아프리카의 국가에서는 초등학교 아동들에게 매년 어느 과목이든 단 1권의 텍스트밖에 지급하지 않는다. 이러한 현실을 생각하면, 그들에게는 오직 이 텍스트만이 정보 수집을 위한 유일한 수단인 것이다. 실습이 교육으로 인식되지 않은 결과, 더 많은 지식을 배우는 작업은 학생들 각자의 노력에 맡겨지고 있는 상황이다. 이 지역의 교육수준은 한마디로 비참하다고 밖에 표현할 길이 없다는 보고도 있다.[16]

페르시아만연안의 아랍 국가들에 눈을 돌리면 상황은 완전히 달라진다. 페르시아만연안의 아랍 각국에서는 고등교육에 국가가 관심을 기울이는 비율이 초등교육과 비교해서 약 4배라는 통계가 있다. 또한 다른 아랍 국가를 예로 들자면, 튀니지, 요르단, 모로코 등에서는 대학교육에 소비하는 시간이 의무교육에 비해 높아지고 있다.[17] 이들 3개국에서 대학교육이 의무교육보다 중시되는 이유는, 대졸자를 육성하는 편이 의무교육의 충실을 기하는 것 이상으로 '국가의 지주가 될 바로 일을 할 수 있는 인재를 공급한다'는 목적에 부합한다는 정부의 방침이 뚜렷하기 때문이다.[18]

전체적으로 봤을 때 아랍 국가들에 교육제도가 충분하게 정비되지 않은 것은 결코 자금이 부족하기 때문이 아니다. 교육을 위한 자금을 어떠한 분야에 얼마만큼 예산을 배분해야 하는가 하는 논의가 충분히 이루어지지 않고, 교육에 투입하는 예산도 여전히 변동이 없기 때문이다. 교육제도의 보급률을 나타내는 교육실시율지표Education Performance Index는 아랍각국마다 각기 다르며, 그 수치는 경제력을 기반으로 얻어진 수익을 어떠한 형태로 국민에게 환원해야 하는가 하는 문제와도 깊이 관련되어 있다.

예를 들어 튀니지의 경우, GDP의 6% 이상을 공공교육에 투자해 온 결과 1991년의 단계에서 1400만 명 남짓의 학생들이 의무교육을 받고 그 후에도 학습을 계속할 수 있는 기회를 갖게 되었다. 한편, 쿠웨이트, 사우디아라비아, 카타르에서는 나라의 경제력에서 나온 교육자금이 충분함에도 불구하고 초등교육에 아무런 개선점이 보이지 않았다. 정부가 인구통계를 위한 조사를 충분하게 실시하지 않아, 교육을 받아야 하는 학생 수 조차 파악하지 못하고 있는 실정으로, 기존에 실시되어 온 남녀별교육의 폐해가 결코 직접적인 원인은 아니다.[19] 오늘날 사우디아라비아에서는 고등교육도 발전해, 종합대학이 현재 8교이다. 이들 대학은 모두 합쳐 72학부를 보유하며, 남녀공학으로 약 38만 명이 취학하고 있다.

이처럼 중동·북아프리카 국가들의 정부기관은 교육레벨의 향상을 위해 많은 자금을 투입해 왔지만, 교육의 질적 향상의 앞길에는 여러 가지 문제들이 가로막고 있다. 1995년의 조사보고에 의하면, 남성에 비해 여성은 교육을 받을 수 있는 기회가 부족하다. 그 이유는, 제1차 세계대전 이후 식민지를 벗어나 독립한 많은 국가들이 교육제도의 개혁을 지향하는 대신 장래의 국익 확보를 우선시했고, 그 결과 교육은 기존의 보수적인 프로젝트를 바탕으로 실시되어 왔기 때문이다. 이 국가들에서는 교육이라는 영역이 항상 시장의 동향에 좌우되며 일손의 확보라는 경제적인 사정만을 우선적으로 생각했다. 즉, 얼마나 우수한 기술자를 육성하는가에 대한 과제는 소홀히 하고, 교육을 이러한 목적과는 전혀 관계없는 영역으로 간주해왔기 때문이다. 따라서 장래에 의학을 전공하려고 하는 학생은 이에 필요한 전문적 지식을 이미 중등교육의 단계에서 배워 둬야하는 어려운 상황에 놓여 있었다. 게다가 이러한 교육을 받을 수 있는 것은 도시에 사는 유복한 학생들뿐이며, 지방 학생들의 장래는 이미 이 단계에서 막혀 있다고 할 수 있다.[20]

9. 교육의 남녀격차 문제

중동·북아프리카의 국가들에서도 여성이 교육을 받을 권리는 정당한 것으로 여겨져 왔다. 여성이 교육을 받는 일은 장래에 좋은 어머니가 되기 위한 하나의 조건으로 여겨졌기 때문이다. 더불어 교육은 여성이 사회와 적극적으로 관여해 나가기 위해 필요한 과정으로 여겨져 왔다. 교육이야말로 미래의 보다 풍족한 생활을 약속하는 것으로, 남녀차별로부터 자신을 보호하기 위해 없어서는 안 되는 수단이라는 견해를 가지고 인권문제를 다루는 진보적인 여성도 적지 않다. 또한 교양 있는 여성들의 양쪽 어깨에 새로운 세대의 미래가 달려있다고 강하게 호소하는 여성들도 늘어나고 있다. 1990년대 초반, 많은 이슬람의 국가들에서 초등교육을 받고 있는 여성은 약 2% 증가했는데, 이 취학률의 신장은 다른 선진국의 평균과 비교해 약 4배에 달한다는 분석이 있다. 이슬람 기존의 가치관에 따르면 여성이 교육을 받는 일에 많은 저항이 있었지만, 여성 취학률의 증가는 이러한 낡은 기성 개념을 떨쳐버리는 효과를 가져왔다고 할 수 있다.

페르시아어 국가인 이란에서는 1987년 여아의 초등학교 취학률이 80%에서 96%까지 증가했다. 이 수치는 대도시의 통계이지만, 농촌에서도 1990년대에는 60%였던 취학률이 80%까지 상승했다. 이란의 경우, 총괄적인 의무교육을 실시하기로 정한 정치법안의 시행이 교육수준의 상승으로 이어져, 학교 교육의 남녀 차가 감소했다. 많은 아랍 국가들이 여성이 취학할 수 있는 환경의 정비를 당면의 과제로 생각해왔기 때문에, 대부분의 교육과정에서 남녀 격차가 급격하게 줄어들고 있다. 사실, 많은 아랍 국가들은 교육개혁의 성과로 2010년까지 70%의 식자율을 달성하는 것을 목표로 내걸고 있다. 이 목표에는 특히 여성에 대한 교육을 충실히 한다는 지침이 담겨있다.

튀니지에서는 1956년 독립기에 시작된 정치법안의 실시로 이미 이 목표를 달성했다. 튀니지는 교육상의 남녀격차를 철폐하는 것을 당초부터 목표로 해왔기 때문이다. 즉, 각국 정부의 정치방침을 여성을 중심으로 바꿔 나아간다면, 여성의 지위가 현격히 향상될 것이라고 생각해, 여성들이 주저 없이 교육에 참가하도록 장려했다는 보고도 있다.[21] 중동·북아프리카 국가들의 의무교육에서 여성 취학률은 1960년부터 1988년까지 다음과 같이 변화했다.[22]

시리아 44%에서 95%로 상승

리비아 26%에서 90%로 상승

이라크 39%에서 88%로 상승

이와는 반대로 중동·북아프리카의 국가들 중 여전히 식자율의 남녀격차가 큰 나라는 이집트, 예멘, 모로코 3개국이며, 특히 이집트에서는 6세부터 10세까지의 여아 중에 60만 명 이상이 학교에 다니지 않는다고 보고되고 있다.[23] 이 현실은 국가에 의한 교육제도의 미비가 특히 농촌에 영향을 끼치고 있음을 말해준다. 대도시로의 인구집중이 현저한 이집트에서는 수도인 카이로를 제외하고는 교육설비가 거의 정비되어 있지 않으며 기본적인 교재조차 갖추어지지 않은 것이 현실이다.

10. 카이로(이집트)의 식자교육 현황

서두에서도 언급했듯이, 아랍어 식자율의 상승을 저해하는 가장 큰 요인은 문어와 구어의 공존과, 이 둘 사이에 현저한 격차가 있다는 점이다(diglossia). 1992년 2월, 카이로의 국제식자보급협회는 이 문제에 주목하여 '아랍제국의 언어식자교육을 고민하다'를 테마로 국제회의를 개최했다. 이 당시, '중동의 모든 나라에서 아랍어의 독서를 권장히는 교육상의 시도가 불충분한 현황을 인식해야 한다'는 것이 많은 참가자들의 일치된 견해였다. 그리고 문어와 구어의 지역차를 어떻게 극복하느냐가 논의의 중심이 되었다. 통일된 아랍어의 규범화는 18세기부터 19세기에 걸쳐 이미 고안되어 있었으며, 이른바 표준아랍어를 제정할 필요성이 아랍 국가들의 문법학자들에 의해 제기되었다. 이것은 문어를 중요시하고 코란과 아랍문학이 갖고 있는 언어적 유산을 재평가하려는 시도였는데, 지역격차에서 생기는 구어아랍어의 문법 차이에 대한 대안이 충분하지 않았다. 슬로건 상으로는 정칙아랍어를 "true language"로서 아무리 장려한다 하더라도 교육수준이 일정하지 않은 아랍사회에서 이것은 단지 구호로 끝나버릴 가능성이 높기 때문이다. 이 두 가지의 말은 다음과 같이 정의된다.

- 정칙아랍어(풋스하) : 공식석상에서 사용되는 성명, 회의, 연설을 위한 언어
- 구어아랍어 : 상업이나 시장거래 등에 사용되는 낮은 수준의 말

이렇게 이론상의 용어를 구사하여 두 가지의 말을 정의하더라도 풋스하가 어떤 사람에게도 모어가 될 수 없는 것은, 결코 가정에서 사용되지 않으며, 성인이 된 후에도 자연스러운 형태로 습득할 수 없기 때문이다.

필자도 20대 학생시절에 풋스하를 공부해서 이집트에 유학을 갔지만, 일 상회화는 잘 이해하지 못해 난처했던 쓸쓸한 경험이 있다. 풋스하를 할 수 있으면 어느 아랍 국가에서도 활개를 치고 다닐 수 있을 것이라는 선 입견에 지배되어 있던 것도 당시의 일이다. 그래도 풋스하의 공부를 계 속했지만, 최종적으로는 구어를 체계적으로 배우지 않으면 일상생활이 불가능한 아랍 국가 특유의 현황을 인식하게 되었다. 이러한 체험이 현 재 전공인 아랍어 방언학을 공부하는 확실한 동기부여가 되었다는 사실 을 오늘날도 잊지 못한다. 하지만 많은 아랍 국가들의 아이들은 풋스하 의 학습을 시작하는 동기를 찾을 수 없다. 장래 정식아랍어를 사용하는 일에 종사하는 것을 목표로 하는 청년들 외에는, 풋스하를 배울 메리트 등은 전혀 없기 때문이다. 경제적 이익을 획득하는 문제로 이어지지 않 는한 풋스하가 사회의 구석으로 몰리는 것은 자연스런 절차일 것이다. 아랍 국가들에 잠재하는 경제 격차의 문제가 항상 존재하기 때문이다.

이러한 사회언어학적 현상은 '아랍어는 하나다'라고 역설하는 지식인 의 말을 전혀 근거 없는 것으로 만들어버리는 것이라 할 수 있다. 아랍어 가 코란의 말이라는 종교적 이유를 들어 이 말을 사람들의 일상생활로 끌어들이려는 아랍 국가들 지도자들의 속마음, 종교적 신앙을 기저로 사 람들을 통제하려하는 정치적 의도를 간파한 것은 과연 필자뿐일까. 생 각해 보면 고문을 구어로 사용하고 있는 나라 따위는 어디에도 존재하지 않는다는 현실을 아랍어 연구자들은 어떻게 인식하고 있는가 하는 문제 에 다다른다.

11. 식자교육의 언어를 둘러싸고 : 모어 vs 제2언어

이제 모어를 배우는 일이 제2언어로 학습하는 것에 비해 정말로 학습 효과를 향상시키는 수단이 되는가 하는 문제에 대해 살펴보겠다. D.A Wagner는 1997년 독일에서 개최된 유네스코 주최의 '성인교육에 관한 국제회의CONFINTEA V'에서 이전 유네스코 국제회의에서 대다수의 언어 학자들이 일치하는 견해를 보였던 주제가 다시 도마 위에 올랐다. 이전 의 결론은 모어로 배우는 것, 혹은 현지 말로 교육을 시행하는 것이 가장 좋은 학습수단이라는 것이었다.[24] 언어학자든 교육자든 이 점에 대해서 이의를 제기하는 사람은 없을 것이다. 사실상 언어 면의 조사를 실시한 교육현장에서 얻은 결과에 의하면, 제1언어로 교육을 받은 아동에 비해 제2언어로 교육을 받을 수밖에 없었던 아이들의 이해력이 상당히 뒤떨 어져 있다는 사실이 판명되었다. 이 조사 결과는 유럽과 일련의 중남미 국가들에서 실시한 통계를 바탕으로 하고 있는데, 다언어국가인 모로코 의 경우에는 사정이 달라진다.[25]

1987년에서 1988년에 걸쳐 모로코의 지방도시에서 아동들의 읽고 쓰기 능력 현황조사가 5년간에 걸쳐 실시되었다. 아이들은 동일한 생활 공동체에 속하지만, 의도적으로 아랍권 출신의 아동과 베르베르어권 출신의 아동으로 나누어 통계를 산출했다.[26] 그들은 같은 학교에 다니고 먼저 아랍어로 교육을 받은 후에 프랑스어로 교육을 받는 상황에 놓여 있었다. 그 결과 처음 1년간은 문어아랍어의 독해에 있어 이 두 공동체 의 아이들의 이해력에 차이가 보였지만, 5년간의 교육을 끝마친 단계에 서는 양쪽 공동체의 아동들이 모두 거의 비슷한 독해능력을 지니게 되었 다는 보고가 있다. 여기서 주목해야할 점은 초등학교에 입학한 단계에서 코란에 관한 지식에 대해 문어아랍어로 교육을 받았느냐의 여부이며, 이 과정을 거쳤는지의 여부가 아동들의 언어능력에 중대한 영향을 미치는 결과가 되었다는 것이다. 이에 반해 제2언어인 프랑스어 습득에 관해서는 아랍어 사용지역의 아이들과 베르베르어 사용지역의 아이들 사이에 이해력의 격차가 보이지 않았다. 이러한 조사결과로부터 도출할 수 있는 결론은, 유아기에 사회적, 혹은 언어적으로 일정한 환경이 유지된다면 모어 학습이 결코 불가결한 조건이 아니라는 점이다. 하지만 이러한 조사결과를 연령대를 달리하여 실시하는 경우 결과는 자연스레 달라진다. 즉, 성인의 경우는 아이들이 놓인 상황과는 달리 모어의 체계적인 학습이 불가결하다는 것을 의미한다.

12. 마무리를 대신하여 : 언어정책의 법령화(알제리 1998년)

알제리에서는 1998년 7월의 법령에 의해 엄격한 언어통제정책이 시행되었다. 그 조항의 하나로 '공사문서에서 정칙아랍어 외의 언어를 사용하는 자는 형벌에 처한다'라고 기재한 부분이다. 즉, 프랑스어와 베르베르어를 문서에 사용하는 일을 금지시킨 법령이다. 하지만 알제리의 현황은 고전아랍어를 기반으로 성립한 정칙아랍어, 소위 표준아랍어를 자유자재로 구사할 수 있는 것은 알제리 전체 주민의 약 10%이며, 고등교육에서 사용되는 언어는 80% 가까이가 프랑스어이다. 주민의 4분의 1을 차지하는 베르베르인이 가장 먼저 이 법령의 시행에 반발한 것은 두말 할 것 없다. 이것은 법령을 시행하는 의도가, 원리주의를 적극적으로 선도하고 있는 것은 계통이 다른 언어를 사용하는 베르베르인 주민이라는 정부의 판단 때문이라고 생각했기 때문이다. 사실 알제리 정부는 이전부터 베르베르인의 분리, 독립운동을 우려하고 있었다. 왜냐하면 1962년 알제리 독립 이래, 베르베르인은 베르베르어를 제2공용어로서 승인해 줄 것을 지속적으로 정부에 요구해왔기 때문이다.

확실히 언어의 선택과 보급의 문제는 정부 등의 공공기관에서 행하는 언어 정책의 일환이며, 다민족국가와 신생국가에서는 공용어의 선정과 보급이 중요한 문제이다. 중동에서는 1948년 건국과 더불어 이스라엘 정부의 언어정책에 의해 헤브라이어의 보급이 추진되었다. 구약성서의 기술을 숙지하고 있던 유대인 민족의 언어로 헤브라이어를 공용어로 인정했기 때문이다. 한편, 다민족, 다언어국가인 알제리와 모로코에서는 지역에 따라 언어의 차이가 현저하여 공용어를 정하는 작업에 큰 어려움이 있다. 아랍어의 문어와 구어의 차이는 물론이거니와 이 국가들의 언어사정에도 눈을 돌려 '언어정책'의 의미를 한번 더 생각해 봐야 하는 이유가 여기에 있다.

주석

01 David Crystal,1994. *The Cambridge Factfinder, Cambridge University Press*에 따르면, 아랍어를 모국어로 하는 인구는 1억 5000만 명, 공용어로 하는 인구는 1억 7000만 명이다.

02 아랍어 방언학으로부터 본 예멘 방언 성립의 배경에 대해서는 이시하라(石原)1997「南スペインのアラビア語における言語学的諸相Ⅰ」『地中海学研究』ⅩⅩ,pp.127-130 참조.

03 알제리에서 리비아에 걸쳐 사용되고 있는 마그레브 방언의 특징에 대해서는 다음 문헌에서 자세하게 논하고 있다.

　- Azia Boucherit,2002. *L'Arabe parlé À Alger*. Editions Peeters, paris: Louvain.

　- J. Clermont. *Manuel de Conversations, Franco-Arabe(Dialect Tunisien avec Prononciation Figurée en Français.*) Tunis: Editions Bouslama.

　- Jean-Loïc LE QUELLEC.2003 *Méthode d'Arabe Libyen (Tripolitaine et Fezzân)* L'Harmattan.

　- Nobert Tapiéro.2002. *Mannuel d'Arabe Algérien Moderne*. Librairie Klincksieck.

04 모로코 아랍어의 많은 어휘는 이중모음과 이중모음을 많이 수용한 음운체계를 기반으로 성립한다. 일반적으로 모로코, 알제리, 튀니지의 구어아랍어를 통틀어 '마그레브구어'라고 부르지만, 현저하게 베르베르어의 영향이 보이는 모로코구어를 따로 분류하기도 한다.

05 "polytechnic school"라 불리는 학교는 프랑스의 학교제도 "Ecole polytechnique"를 그대로 도입한 것이다.

06 "intelligentsia"라는 것은 넓은 의미로는 지적, 정신적인 노동에 종사하고 있는 계층을 가리키지만, 이 계층은 자본주의 사회의 많은 지역에서 특히 근대 국가의 탄생 이후에 등장했다. 러시아어에서 유래한 "인텔리겐치아"라는 용어는 좁은 의미로는 19세기 초부터 러시아 혁명기까지의 러시아 지식인 계급이 정치적, 사회적, 문화적 책임을 자각해 사회에 대두한 것에서 유래한다.

07 중학교, 이른바 "Sencondry school"에서는 프랑스어〈Lycée〉에 필적하는 레벨의 고등교육이 시행되고 있었다는 보고가 있다: Hourani(2002:302-304)

08 나세르(Jamal 'Abd al-Nasil)은 일찍부터 반영민족운동에 참여해 1954년 이집트 대통령에 취임. 국내에서도 기업 우선주의에서 국가지도에 의한 계획화경제로의 전환을 노렸다.

09 1982년에 제4대 칼리드 사우디아라비아 국왕이 서거하고 파드황태자가 제5대 국왕에 즉위, 그에 따라 압둘라(Abdullah bin Abdulaziz al-Saud) 왕자가 황태자로 취임했다. 1998년 11월 압둘라황태자는 일본을 공식 방문하여 천황폐하, 나루히토 황태자전하, 오부치수상과 회견했다. 회견석상에서 장래의 일본과 사우디아라비아의 교육문화 교류에 대해 의견 교환의 장을 가졌다.

10 소위 '외국어'로서 채용되어야 한다고 하는 것은, 구영국권의 국가들에서는 영어, 구프랑스어 세력권에서는 프랑스어이다.

11 중동의 국가들은 오늘날 군주제를 유지하는 군주국과 공화혁명을 거쳐 군주제에서 공화제로 이행한 공화국으로 나뉜다. 공화제 국가에서는 서구를 본보기로 근대적인 교육제도

의 도입을 검토 중인 국가도 늘고 있다.

12   UNICEF(2000)

13   UNICEF(2002)

14   International Assessment of educational Progress

15   Third International Mathematics and Sciences Study

16   Heyneman(1997:449-466)

17   통계에 따르면 대학교육에 소비되는 시간 수는 의무교육에 비해 튀니지에서 약 8배, 요르단에서 14배, 모로코에서는 15배에 달한다는 보고가 있다: Ibid. vol. 17, N4, p. 454.

18   Ibid.

19   사우디아라비아 최초의 교육청이 설립된 것은 1952년에 들어서이며, 그 후 오늘날까지 충분한 자금이 교육부문에 투입되어 온 결과, 교육기반이 증대하였다. 하지만 공립학교는 모두 남녀구별제이며, 1970년의 3263교가 2001년에는 2만 3517교로 7배 증가했다.

20   Heyneman(1997:458)

21   Zaimeche(1994:944-955)

22   Gould(1993)

23   World Bank(1999)

24   Wagner(1996)

25   현대 모로코의 언어사정에 관해서는 이하의 문헌을 참고하기 바란다.
      - 石原忠佳2006『ベルベル人とベルベル語文法』新風舎pp. 9-30
      - 石原忠佳2007「多言語国家としてのスペイン・モロッコ」『世界の言語政策第2集』

26   현대 모로코가 직면하고 있는 언어사정으로 ①아랍어 단일사용지역, ②아랍어, 베르베르어 2중언어 병용지역으로 분류할 수 있다. 예전에는 베르베르어 단일사용 지역도 건재했지만, 아랍어교육의 침투로 인해 현재는 베르베르어만 사용하는 주민은 거의 없다.

참고문헌

石原忠佳 2000.『モロッコ・アラビア語』東京 : 大学書林
石原忠佳 2008.『まずはこれだけアラビア語』東京 : 国際語学社
石原忠佳 2009.『まずはこれだけエジプト・アラビア語』東京 : 国際語学社
石原忠佳 2009.「私のフィールドワークから : ベルベル語」『言語』 第38巻第7号,
      pp.86 - 91
Akkari Abdeljalil. 2004. "Education in the Middle East and North Africa: The current situation and future challenges," *International Educational Journal*, Vol.5, N° 2, pp.144

- 153.

Albert Hourani. 2002. *A History of the Arab People*, pp.302 – 304. England: Clays.

Camille Lacoste-Dujardin, Yves Lacoste. 1991. *L'Etat du Maghreb*. Paris: La Découverte.

Farzaneh Roudi-Fahimi and Valentine M. Moghadam. 2003. *EMPOWERING WOMEN, DEVELOPING SOCIETY: Female Education in the Middle East and North Africa*. Population Reference Bureau.

Gould, W. T. S. 1993. *People and Education in the Third World*. London: Longman.

Heyneman, S. P. 1993. "Human development in the Middle East and North Africa region," in S. El-Naggar (ed.), *Economic Development of the Arab Countries: Selected Issues*. Washington, DC: International Monetary Fund, pp.204 – 226.

Heyneman, S. P. 1997. "The Quality of Education in the Middle East and North Africa," *International Journal of Educational Development*, Vol.17, No4, pp.449 – 466.

Institut national d'études statistiques. 1999. *Recensement de la Population et de l'Habitat*. Tunis: INES.

Nadia Zibani. 1994. "Le travail des enfants en Égypte et ses rapports avec la scolarisation: esquisse d'évolution," *L'Education en Égypte*, pp.135 – 168. Cairo: Cedej.

UNICEF. 2000. *State of World's Children 2000*, New York.

UNESCO. 2002. *Financing Education-Investments and Returns, Analysis of the World Education Indicators*.

UNICEF. 2007. "Rethinking policies in teachers: Recruitment and school distribution," *Accelerating Girl's Education in Yemen*.

United Nations Population Fund (UNFPA). 2002. *State of World Population 2002: People, Poverty, and Possibilities*. New York.

United Nations Development Programme (UNDP). 2002. *Arab Human Development Report 2002*, p.54. New York.

Wagner, D. A. 1996. *Acquiring Literacy in Multilingual Contexts: A Cross-cultural Comparison*. NJ: Erlbaum.

World Bank. 1995. *Claiming the Future: Choosing Prosperity in the Middle East and North Africa*. Washington, DC.

World Bank. 1999. *Education in the Middle East and North Africa: A Strategy towards Learning for Development*. Washington, DC.

Valentine M. Moghadam. 2003 *Modernizing Women: Gender and Social Change in the Middle East*. 2nd ed. Boulder, CO: Lynne Rienner.

Zaimeche, S. E. 1994. "Algeria, Morocco and Tunisia: Recent social change and future prospects," *Middle Eastern Studies*, 33(4), pp.944 – 955.

제 7 장

방글라데시의 언어정책
-언어내셔널리즘이 낳은 새 국가-

미조카미 도미오溝上 富夫

1. 들어가며

방글라데시 인민공화국은 남아시아국가들 중에 약 1억 5000만 명의 많은 인구에도 불구하고 벵골어를 모어로 하는 벵골민족이 거의 99%를 차지하기[01] 때문에, 언어 간의 대립이 없는 거의 유일한 국가라고 할 수

있다. 또 다른 거의 단일언어국가라고 할 수 있는 것은 부탄과 몰디브라는 작은 나라 뿐이다. 따라서 이 나라의 언어정책이란 것은 벵골어의 발전을 위해 어떠한 정책이 채택되어 왔는가 하는 것과 영어교육의 문제 정도이다. 몇몇 소수민족의 언어는 존재하지만, 이 언어들을 위한 '언어정책'은 없는 것과 다름없다.

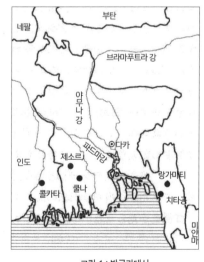

그림 1 : 방글라데시

하지만 벵골어가 독립국가의 유일한 국어로서 지위를 얻기까지의 과정은 방글라데시 독립운동 그 자체이며, 몇 백만 명의 귀중한 인명을 희생시킨 고난의 역사가 있었다.

2. 독립까지의 고난의 길

방글라데시라는 나라가 1971년 파키스탄에서 분리되어 독립하기 전에는 동서 1800㎞가 넘는 멀리 떨어진 곳에 위치한 동파키스탄이라고 불리는 지역이었다는 점, 그리고 파키스탄이 1947년 영국령 인도연방에서 분리되어 독립했다는 점은 우리에게 잘 알려져 있다. 방글라데시의 독립운동은 벵골어를 지키려고 한 언어내셔널리즘 운동이 큰 동기가 되었다. 이것은 세계적으로도 특수한 경우이므로 본고에서는 이 '언어운동 BhashaAndoloner'의 역사에 대해 자세하게 살펴보고자 한다. 이것을 설명하기 위해서는 영국령시대의 벵골(방글라의 사투리 발음)지방의 정세부터 살펴볼 필요가 있다.

2-1. '방글라데시'란

먼저 역사적으로 '방글라데시'란 '벵골인의 나라'라는 의미이며, 현재 인도연방공화국의 주인 서벵골 주(주의 수도는 콜카타, 구칭 캘커타)를 합친 지역을 가리키는 말이었다. 여기서의 '나라'란 국가라는 뜻이 아니라 정치, 경제, 문화적으로 일정한 공통점을 가지는 지방, 지역이라는 의미이다. 현재 방글라데시의 국가인 '아마르 쇼나르 방글라'(나의 금빛 벵골)는

1913년 아시아 최초로 노벨문학상을 수상한 시성詩聖 라빈드라나트 타고르가 작사·작곡한 것인데, 이 노래에서 말하는 '방글라'란 동서 벵골을 합친 벵골지방을 가리킨다. 타고르는 파키스탄의 독립과 방글라데시라는 국가의 독립도 보지 못한채 1941년에 사망하였으므로 만약 지금 타고르가 자작인 '아마르 쇼나르 방글라'가 '방글라데시'라는 녹색 바탕에 둥근 해의 모양을 국기로 하는 독립국가의 '국가'로 불리고 있다는 사실을 알게 된다면 놀랄 것이다. (이것과는 별개로 타고르는 현재 인도연방공화국의 국가 '자나가나마나아디나야끄자야헤바라뜨바갸위다따'(그대는 모든 사람들의 마음을 지배하고 인도인의 운명을 조정한다네)'라는 노래도 만들었는데, 여기서 인도는 벵골지방을 포함한 영국령인도의 광범위한 지역 전체를 가리킨다.)

이 '방글라데시'라는 말은 최근에는 독립국가의 이름으로 정착했지만, 처음에는 예전부터 사용되어 오던 '방글라데시'라는 말과 종종 혼란을 빚는 경우가 생겼다. 지금도 인도연방공화국의 나이든 벵골인들은 옛날에 사용하던 '벵골의 나라'를 가리켜 무심코 '방글라데시'라고 말해버리는 경우가 있다. 때로는 한때 논의되기도 했던 '통일 벵골국가' 실현의 노스텔지어를 담은 의미로 사용되는 경우도 있지만, 방글라데시 인민공화국이 독립한지 거의 40년이 되어가는 이 시점에서 이 용어의 혼란은 거의 없다고 생각한다. 같은 '벵골인'이라도 방글라데시 사람들은 '(인도연방공화국 국적을 가지는)인도인인 벵골인'과 구별하여 자신들을 '방글라데시(방글라데시 국민)'로 부르는 것을 아이덴티티로 여기고 있다. 하지만 영국령 시대에 방글라데시라고 불리던 지역은 벵골어를 사용하는 주민으로서의 일체감을 느끼는 지역이었다. 또한 동인도회사시대를 포함해 영국의 정치적 지배가 이루어진 후에도 영국령 인도의 수도가 처음에는 콜카타였다는 사실로부터, 이 지역은 정치적인 면뿐 아니라 문화적으로도 다른 지역에 비해 중요한 지역이었다는 사실을 알 수 있다.

2-2. 벵골분할

하지만 지리적으로는 무슬림 인구가 많은 동벵골과 힌두 인구가 많은 서벵골은 상당히 명확한 지역적 특징을 가지고 있었다. 벵골 민족끼리의 종교 감정을 바탕으로 미묘한 대립도 존재했다. 인구 비율로는 무슬림 쪽이 많았다. 하지만 벵골어는 북인도의 힌디어와 우르두어처럼 다른 문자와 어휘의 전통을 가지는 두 개의 말로 분화되지는 않았다. 종교에 관한 전문용어와 친족 명칭 등에서 다소 차이는 존재했지만, 기본적으로 힌두와 무슬림은 같은 벵골어를 사용하고 콜카타 지방의 표준어를 공통의 문장어로 사용했다. 이슬람권의 모든 지역에서 보통 '금요일'은 아랍어로 주마라고 하는데, 벵골어로는 슈크로발이라고 하는 산스크리트어 계통의 어휘를 사용한다. 실제로 현대 벵골어에는 산스크리트어에서 차용한 어휘가 매우 많이 사용된다. 일상회화 레벨에서도 사용되는 산스크리트어 계통의 어휘는 힌디어 계통의 어휘보다 많다.

또한 북인도의 힌두는 방글라데시의 무슬림보다도 많은 아랍페르시아어계의 어휘를 일상회화에서 사용한다. 이것은 벵골지역의 문화적 엘리트층(힌두의 브라만)이 일찌감치 벵골어의 어휘를 '산스크리트어화' 해버렸기 때문이다. 18세기에서 19세기에 걸쳐 벵골지방에서 발생한 이른바 '인도 르네상스(때로는 벵골 르네상스라고도 불린다)'를 선도한 인텔리층은 거의 모두 힌두의 높은 카스트(계급)인 브라만이었다. 즉, 교육문화적으로(그리고 경제적으로도) 압도적으로 힌두가 우위에 있어, 무슬림들은 2급 시민적인 지위에 놓여있는 실정이었다. 미묘한 종교감정이란 이런 것을 말한다.

행정단위로서의 '벵골 주'는 이 동서의 벵골어지역 외에 현재 인도의 오디샤 주와 비하르 주를 포함한 광대한 지역이었다. 1857년 북인도에서 '세포이의 반란'이라 불리는 영국통치에 대한 최초의 대규모 반란이 발발했는데, 통치의 뼈대가 흔들리는 것을 우려한 영국지배자는 1905년에 인구와 면적 면에서 모두 광대하고 정치의식이 높았던 이 지역을 동벵골(동벵골과 아삼)과 서벵골(서벵골과 비하르와 오디샤)로 분할했다. '벵골분할'이라는 이름으로 알려진 역사상으로도 중요한 사건이다. 영국은 분할의 이유에 대해 행정적인 효율화를 위한 것이라고 했지만, 사실 종교로 인해 분단된 양 주의 민족운동을 진정시키려는 목적이었다. 이 '벵골분할'은 영국령 인도 전체에 큰 반내운동을 일으켜, 오히려 민족운동을 더 격화시키는 결과를 가져왔다. 결국 6년 후인 1911년 철회되어 동시에 그 해 영국령 인도의 수도가 콜카타에서 델리로 옮겨지게 되었다. 그리고 이 때 나뉜 동벵골, 서벵골의 경계선이 이후 동파키스탄(현재의 방글라데시)과 인도의 국경선과 거의 일치한다.

2-3. 라호르결의(파키스탄결의)에서 분리독립으로

인도연방과 파키스탄의 분리독립에 이르는 상세한 역사는 생략하지만, 1940년 라호르에서 개최된 무슬림연맹 제27회 대회에서 무슬림이 거주하는 많은 주가 모여 독립국가군Independent States을 만들어야 한다는 '라호르결의'가 성립한 이래, 연맹총재인 무함마드 알리 진나Muhammed Ali Jinnah[02]가 이것을 바탕으로 구체적인 '파키스탄 구상'에 들어간다.

'라호르결의(후에 '파키스탄결의'라고 불리게 된다)'에 의하면 당시 이미 '방글라데시'의 독립은 이론적으로는 가능했지만, 북서부의 펀자브, 북서변경주, 신드, 발루치스탄 및 동부의 아삼, 벵골의 6개 주에서 '단일무슬림독립국가 파키스탄'을 수립하려는 진나를 지도자로 하는 무슬림연맹의 정식 결의가 1946년 델리에서 열린 무슬림연맹중앙, 주 의회 의원총회에서 맺어졌다. 이 '델리결의'를 거쳐 이듬해인 1947년 6월 영국총독인 마운

트배튼에 의한 인도파키스탄(의 영토를 포함한)분리독립안이 무슬림연맹과 국민의회파 쌍방에 의해 승인된 결과(펀자브와 벵골이 동서로 분할되었으므로 무슬림연맹에게는 '델리결의' 이후 큰 폭의 후퇴였지만) 동벵골이 파키스탄의 동쪽 반으로서 1947년 영국령 인도에서 독립하게 된다. 이 분리독립은 종교로 민족을 분단하는 것이었기 때문에 펀자브와 벵골에서는 큰 민족이동이 일어나게 되었다. 이 때 힌두(펀자브에서는 시크도)와 무슬림의 쌍방에 의해 펼쳐진 대살육은 영국으로부터 독립을 획득한 대가로서는 너무나 큰 희생을 수반하는 것이었다. 파키스탄은 이슬람교를 공통으로 하는 이른바 종교적인 아이덴티티를 바탕으로 생긴 국가이지만, 이것이 차후 큰 문제를 야기하게 된다. 이 모순은 바로 언어문제로서 나타나게 된다.

영국령 시대에도 힌두가 다수를 차지하는 서벵골에 비하면 후진 지역이었던 동벵골이 동벵골 주로서 파키스탄의 일부가 되자, 서파키스탄과의 경제적 격차가 더욱 현저해 졌다. 어찌해 볼 도리도 없이 당연하게 수도가 서파키스탄의 카라치(나중에 현재의 이슬라마바드로 천도)가 된 것에서도 알 수 있듯이, 정치 경제적으로 압도적으로 서쪽이 우위의 관계에 있었다. 구체적으로는 관사·군인이나 재계인의 수도 서파키스탄 출신자가 압도적으로 많았으며, 동벵골 주의 특산품인 황마의 수출로 벌어들인 외화수입은 주로 서파키스탄의 공업 발전을 위한 투자에 사용되었다. 애초에 PAKISTAN이라는 이름은 펀자브의 머리글자 P, 북서변경주(아프간)의 머리글자 A, 카슈미르의 머리글자 K, 신드의 머리글자 S, 발루치스탄의 끝 철자 TAN을 합쳐서 만든 말로, 우연이지만 우르두어로는 '청아한 나라'라는 의미가 되는데, 이것으로 봐도 당초의 파키스탄 구상에 벵골은 들어 있지 않았다는 것을 알 수 있다. 하지만 잊지 말아야 할 것은 인구 면에서는 동벵골 주의 주민이 서파키스탄의 인구보다도 많았다는 점이다. 그리고 파키스탄 정부의 우르두어 국어화정책과 이를 동벵골 주에 강요하는 것이야말로 문화적 차별의 상징이었다. 다음 절에서는 이 언어

문제와 언어운동에 대해 연도에 따라 상세하게 살펴보도록 하겠다.

3. 벵골어 국어화운동의 역사

3-1. 1947년의 언어운동

　1947년 8월 14일, 파키스탄은 인도연방공화국보다 하루 일찍 영국에서 독립했지만, 파키스탄의 국어를 무엇으로 할지에 관한 논의는 독립 이전부터 있었다. 1947년 6월 말 혹은 7월 초순 경, 다카에 '고노아자디 리그(대중자유연맹)'라는 작은 단체가 창립되어 이 단체가 선언문에 벵골어를 국어로 인정하도록 선언한 것이 최초이다. 하지만, 같은 해 7월에 아리가르 대학의 학장이었던 지아우딘 아흐마드 박사가 우르두어를파키스탄의 국어로 해야한다는 의견을 제시했다. 그 이유는 라이벌인 인도가 힌디어를 국어로 채용하려 했기 때문이다. 하지만 동벵골 주의 무함마드 샤히둘라 박사가 『도이니크아자디(일간자유)』 신문지 상에서 아흐마드 박사의 의견에 반대하는 의견을 실었다. 1947년 6월 27일 발행된 주간지 『미라트』에도 "벵골어는 당연히 동벵골의 국어이다"라는 기사가 실렸다. 무함마드 에나무르 호크 박사도 월간지 『크리스티』에 기사를 실어 우르두어를 동파키스탄의 국어로 하는 것에 반대하며 파키스탄은 우르두어를, 동파키스탄에는 벵골어를 국어로 하도록 제안했다. 하지만 무함마드 와지드 알리가 『샤우가트』지에서 제시한 의견은 이와는 조금 달리 ①벵골어를 동파키스탄의 국어 및 교육언어로 하는 것, ②우르두어를 파키스탄 전국 주 간의 공통언어 또는 중앙정부의 공용어로 한다는 것이었다. 이처럼 신문지 상의 논쟁에는 동벵골 주 대부분의 문화인은 벵골어를 동파키스탄의 국어로 정해야 한다는 의견이었다.

　신문 외의 단체들의 움직임을 보면, 파키스탄 중앙정부의 지도자들과 우르두어 화자인 문화인은 겉으로는 인도가 힌디어를 인도의 국어로 채용했으므로 파키스탄은 우르두어를 국어로 해야 한다고 주장했다. 우르두어와 힌디어의 차이는 문자와 어휘에 있다. 원래는 공통 구어를 기초로 발전한 언어이므로 문법적으로는 아무런 차이가 없다. 어휘도 일상에서 사용되는 평이한 어휘는 완전히 공통되므로 두 언어 화자 사이의 의사소통에는 아무 지장이 없다. 명사와 형용사에 추상적인 개념을 나타내는 고급어휘를 사용하는 경우에는 통하지 않을 때도 있는 정도이다. 하지만 두 언어의 문장어와 문학적 전통은 다르다. 그리고 원래는 언어와 종교 사이에 아무런 관계도 없었지만, 문학적 전통을 이끄는 것이 힌디어는 힌두, 우르두어는 무슬림이 많다는 이유로 언제부터인가 '힌디어=힌두의 말, 우르두어=무슬림의 말'이라는 통설이 확산된 것이다.

　이것은 어디까지나 통설이며, 반드시 사실이라고는 할 수 없다. 하지만 우르두어가 북인도뿐 아니라, 널리 영국령 인도 전체에 무슬림의 공통언어 역할을 맡고 있는 것도 사실이었다. 동벵골 주의 무슬림 중에서도 특히 문화 엘리트층 중에서는 우르두어를 사용하는 사람도 있었다. 그러한 사람들 중에는 벵골인이어도 파키스탄 전체의 국어로서 우르두어를 지지하는 사람조차 있었다. 우르두어를 모어로 하는 사람은 서파키스탄에서도 겨우 7%정도의 소수파였다. 이 7%의 사람들도 북인도에서 온 이민자가 대부분으로, 무하지르라고 불리는 사람들이다. 지리적으로 보면 원래 우르두어는 파키스탄 지방의 고유의 말이 아니었던 것이다(제8장 참조). 하지만 나머지 93%가 우르두어를 전혀 이해하지 못하는 것은 아니었다(우르두어를 '이해할 수 있는' 주민의 비율은 서파키스탄에서 약 50%, 동파키스탄에서 10% 이하였다고 한다. '유창하게 구사하는' 주민의 비율로 따지면 이것보다 상당히 낮을 것이다).

앞서 서술했듯이 우르두어는 모어가 아니어도 무슬림 지식인의 공통어이며, 무슬림의 아이덴티티의 역할을 하고 있는 것도 사실이다. 따라서 중앙집권적 국가를 목표로 하고 있던 서파키스탄의 통치자의 이론으로 보면, 이슬람교라는 공통의 기반으로 동서파키스탄을 통일하려고 했던 것과 마찬가지로 우르두어로 파키스탄을 통일하려고 한 것에는 나름의 이유가 있었다. 하지만 그것을 인구의 다수(약 56%)를 차지하는 동파키스탄 주민에게 강요하려고 한 것은 명백히 민주주의에 반하는 일이었으므로 뱅골어와 뱅골문화에 대해 큰 자긍심을 갖고 있는 뱅골인의 반감과 저항을 산 것은 당연한 일이었다. 장기간에 걸친 논쟁 끝에 동뱅골 주의 학생과 문화인으로부터 ①뱅골어를 동뱅골 주의 공용어 및 교육언어로 정할 것, ②중앙정부에게는 뱅골어를 우르두어와 함께 국어로 정할 것, 이 요청되었다(뱅골어를 전 파키스탄의 유일한 국어라고 주장하는 뱅골인은 물론 아무도 없었다).

하지만 한편, 11월 26일부터 카라치에서 개최된 '파키스탄 교육회의'에서는 우르두어만을 파키스탄의 국어로 하도록 권고되었다. 이 정보가 동파키스탄에 전해지자 동파키스탄 학생들은 반발하여 12월 6일에 다카대학에서 회의를 열고 뱅골어를 우르두어와 함께 국어의 하나로 인정해 줄 것을 요구했다. 회의 후 학생들은 데모를 통해 재차 다음 항목에 대해 요구했다.

- 뱅골어를 파키스탄의 국어의 하나로 인정하고, 동파키스탄의 교육언어 및 공용어로 정하는 것.
- 중앙정부는 국어와 링구아프랑카(공통어)에 대해서 일부러 오해를 불러일으킴으로써 문제의 진상에서 눈을 딴 데로 돌리고 뱅골어와 동뱅골 주의 국민을 기만하려고 한 것을 비난하는 것.
- 중앙정부의 교육부장관 파즐루르 라만 및 주 정부장관 하비불라흐

바하르가 우르두어를 지지한 것을 비난하는 것.
· "모닝뉴스"지가 반벵골인적인 기사를 쓴 것을 비판하는 것.

이전까지는 벵골어를 동파키스탄의 공용어와 교육언어로 사용해야
한다는 요구에 국한되어 있었지만, 이 회의에서 처음으로 벵골어를 국어
의 하나로 정해야한다는 무엇보다 민주주의적이고 자명한 요구가 이루
어진 것이다. 그 후, 마우라나 아크람 칸은 벵골어를 국어로 해야 한다는
의사를 신문지와 회의 등에서 반복해서 표명했다. 12월 7일부터 다카에
서 벵골인과 비벵골인(주로 우르두어를 사용하는 비하리라고 불리는 인도 비하
르 주에서 온 이민자) 사이에 분쟁이 발생하게 되고, 벵골어 지지자와 우르
두어 지지자로 나뉘어 다양한 소문이 난무하는 대혼란이 찾아왔다. 12
월 말, 누룰 하크 부이얀 교수를 회장으로 하는 '언어행동위원회Language
Action Committee'가 창립되었다.

독립과 동시에 시작된 언어운동은 신문기자와 학자, 문화인들에 의해
시작되어 학문적인 논의가 중심이었지만, 이후에는 학문적인 논의의 단
계를 넘어 정치적인 운동단계에 들어서게 된다. 중앙정부의 공격도 더해
지기 시작했다.

3-2. 1948년의 언어운동

1948년 1월 11일, 파키스탄의 교통부장관 압둘 라브 니스타르가 실
헤트를 방문했을 때, 그곳의 무슬림 학생회의 대표가 장관과 면담에서
벵골어를 동파키스탄 교육 및 재판 용어로 쓰도록 요구했다. 1월 하순에
는 다카대학의 문학부 및 이학부에서 '1950-1951년도부터 다카대학 부
속 모든 컬리지에서 교육언어를 벵골어로 한다'라는 결정이 내려졌다. 2

월 1일에는 아불 카셈을 포함해 '언어행동위원회'의 대표자가 중앙정부의 파즐루르 라만 교육부 장관과 다카에서 회견을 하여 공무원 채용시험 과목에서 벵골어를 제외한 것에 대해 항의했다. 나아가 위원회는 벵골어를 지지하는 수천 명의 민중의 서명을 모아 정부에 제출했다. 또한 2월 23일 개최 예정인 파키스탄의 헌법제정회의를 앞에 두고 동파키스탄 주 정부의 장관과 면담을 해 벵골어를 동파키스탄의 공용어, 교육언어 및 파키스탄의 국어로 정하도록 요청했다.

하지만 제헌의회에서는 '의원은 우르두어 또는 영어로만 스피치를 행한다'라는 법안이 제출되었다. 이에 대해 동파키스탄 의회당의 당원이었던 디렌드라나타 다타가 이 법안에 대해 '의원은 우르두어와 영어에 더해 벵골어로도 스피치가 가능하다'라는 수정안을 제출했다. 다타는 파키스탄의 6900만 명 인구 중, 4400만 인구가 벵골어 화자이므로 벵골어도 허용해야 한다고 주장했지만, 리아콰트 알리 수상을 포함한 많은 중앙정부의 정치가들과 동벵골 주 수상인 카와자 나짐 우드 딘이 반대해 이 수정안은 통과되지 않았다. 이 소식이 동파키스탄에 알려지자, 동파키스탄의 학생, 문화인, 정치가들은 분노하였고, 당시 중앙정부파의 신문으로 불렸던 '도이니크아사디'조차 중앙정부의 결정을 강하게 비난했다. 2월 25일부터 2월 28일에 걸쳐 전국 각지에서 데모가 일어나고 각종 신문에서도 비판기사를 보도했다.

다카대학에서도 2월 26일 학생들이 데모를 일으켰다. 3월 1일에 정치문화단체인 '타마두나 협회'와 동파키스탄의 무슬림동맹 학생대표자가 전국적인 파업을 단행했다. 3월 2일에 양 단체의 대표자들이 다카대학의 파즐루르 허크 기숙사에서 회의를 열어, 이 회의에서 '국어행동위원회'가 설립되었다. 벵골어를 국어로 만들기 위해서 사마술라 허크를 필두로 '신행동위원회New Action Committee'가 설립되었다. '벵골어를 제헌회의 언어에서 제외시킨 것, 파키스탄의 화폐와 우표에 벵골어 문자가 표기되지 않은 점 및 해군의 공모채용시험이 우르두어만으로 실시된 점에 항의하여 3월 11일 동파키스탄 전국에서 총파업이 일어났다. 파업 중, 벵골어를 파키스탄의 국어의 하나로 인정하고 동파키스탄의 공용어와 교육언어로 사용할 것을 반복해서 요구했다.

이날의 데모로 샤우카트 알리, 카지 고람 마흐부브, 올리 아하드, 셰이크 무지부르 라만을 포함한 많은 리더들이 체포되었다. 이 때 압둘 마틴을 포함한 많은 학생 리더들도 이 행진과 피켓에 참가했다. 학생인 무함마드 토아하가 경찰의 소총을 빼앗으려다 중상을 입고 입원했다. 총파업은 3월 12일부터 3월 15일까지 연속해서 일어났다.

이러한 상황이 지속되자 정부도 학생들과의 교섭의 자리를 피할 수 없게 되어 학생들의 요구의 대부분을 들어줬지만, 벵골어를 파키스탄의 국어로 하는 일에는 여전히 난색을 표하며 인정하지 않았다.

3월 19일, 파키스탄 총독 진나가 동파키스탄을 방문했다. 그는 3월 21일에는 다카의 경마장에서, 3월 24일에는 다카대학의 캠퍼스에서 파키스탄의 국어는 우르두어 외에는 있을 수 없다고 연설하며, 벵골어 공용어화운동은 외국세력에 의해 굴러가고 있다고 비난했다. 외국이란 은연 중에 인도를 가리킨 것이라고 생각된다. 이 발언은 동파키스탄에서 맹반격을 받아 3월 24일 오후 국어행동위원회의 대표자들이 진나와 회견해 항의의 각서를 건네려 했지만 진나는 이를 수락하지 않았다.

4월 6일 동벵골의 주 회의에서 나짐 우드 딘 수상은 벵골어를 동파키스탄의 공용어 및 교육언어로 할 것을 제안하고 주 의회는 여기에 수정을 조금 가해 6월 8일 다음과 같은 결의가 이루어졌다.

• 동파키스탄은 가능한 기간 내에 영어를 대신해 벵골어를 공용어로 정할 것.
• 동파키스탄의 교육언어는 가능한 한 벵골어로 할 것.

3-3. 1948년 이후의 언어운동

이후, 언어에 대한 학생운동은 잠시 동안 잠잠해졌다. 하지만 학생들
은 1951년까지 3월 11일을 국어운동기념일로 정하고 있었다. 언어에 관
한 행동도 아예 멈춘 것은 아니었다. 정치, 경제문제에 관해서는 학생들
은 항상 정부에 대한 운동을 계속해 나갔다.

1950년 3월 11일, 압둘 마틴을 지도자로 하는 '다카대학 국어행동위원회
Dhaka University State Language Committee'가 설립되었다. 1949년 3월 12일 파키
스탄 국회의 제헌의회에 헌법 기본원칙 위원회가 존재했는데, 이 위원회가
1950년 9월 28일에 제출한 중간보고서에는 '파키스탄의 국어는 우르두어이
다'라고 명기되어 있어 벵골어 국어화의 요구를 완전히 무시했을뿐 아니라
언어 외의 면에서도 동벵골 주에 대한 불평등한 제안이 기재되어 있어 동벵
골 주의 여당과 무슬림동맹은 분노를 감추지 못했다.

이를 이어 동벵골 주에 전 정당 단체의 대표를 포함해 '민주연합행동
위원회'가 설립되었다. 1950년 11월 4일부터 5일에 걸쳐 열린 회의에
서는 벵골어와 우르두어를 파키스탄의 국어로 하도록 제안되었다. 11
월 12일에 전국에서 데모가 일어나 파키스탄정부는 11월 21일, 중간보
고서에 관한 국회의 논의를 철회했다. 1951년 2월 23일 무함마드 샤히
둘라 박사를 포함한 많은 학자, 대학교수, 저널리스트, 공무원, 학생 등
이 서명한 요청서가 누룰 아민 수상에게 전해졌다. 이것은 1948년에 결
의한 내용(벵골어를 동파키스탄의 국어 및 교육언어로 정한다)이 아직 실행되지
않고 있으므로 조속히 이것을 실행해야 한다는 내용의 요청서였다. 다카
대학 국어행동위원회도 1951년 4월 11일부로 벵골어를 파키스탄의 국
어로 인정하도록 국회의원들에게 요청서를 전달했다. 이 요청서는 국회
와 신문지 상에서도 큰 반응이 있었다.

3-4. 1952-1956년의 언어운동

1952년 초반 언어운동은 심각한 양상을 띠게 되었다. 이전 총독 진나와 수상인 리아콰트 알리도 각각 1948년 9월 11일과 1951년 10월 16일에 서거하였다. 이 때 수상에 취임한 것은 동뱅골 주 수상이었던 카와자 나짐 우드 딘이다. 이 시기는 동파키스탄에 정치위기가 발생하고 경제상황도 악화되고 있었다. 동파키스탄 주민들 사이에는 무슬림연맹에 대한 신뢰가 사라져, 1949년 A.H.K바샤니Bhashani하에 민족무슬림연맹이 창립되어 있었다. 동파키스탄의 주민들 사이에 서파키스탄이 동파키스탄을 새로운 식민지로 만들려 한다는 인식이 확산되어, 이를 빌미로 1952년 언어운동은 격화되어 갔다.

1월 26일, 나짐 우드 딘 수상이 다카를 방문했다. 그리고 그는 '주의 언어를 정하는 것은 주의 주민이지만, 파키스탄의 국어는 우르두어이다'라며 동뱅골 주민의 감정에 거스르는 연설을 했다. 이 발언이 끝난 순간부터 학생들은 "라슈토라바샤 방글라차이!국어로 벵갈어를 원한다!"라는 슬로건을 외쳐댔다. 그리고 1월 30일, 다카대학에서 총파업을 단행했다. 각 정당 및 문화단체의 대표들이 바샤니의 사회로 항의집회를 열고, 굴람 무함마드를 회장으로 하는 '전 정당 중앙언어행동위원회All-Party Central language Action Committee'가 설립되었다. 이 때 정부는 벵골어를 아랍문자로 표기하도록 제안했지만 동파키스탄 측의 큰 반발을 불러 전 정당 중앙언어행동위원회는 2월 21일 동파키스탄 전역에서 총파업과 데모를 단행했다. 정부는 3인 이상의 집회를 금지하는 법률 144조에 의해 데모를 금지했다. 전날인 2월 20일, 아불 카셈의 사회로 언어행동위원회의 집회가 열리고, 계획하고 있던 데모가 144조에 위반하는지에 관해 논의 했다. 학생들은 144조에 위반돼도 어쩔 수 없다고 생각해 2월 21일 오전 11시, 다카대학캠퍼스에서 집회를 열었다. 다카대학의 학장이 이 집회에 와 144조에 위반하는 행위를 하지 않도록 당부했다.

하지만 학생들은 아불 카셈과 가지우루 하카의 지도 하에 예정대로 데모를 단행했다. 다카 시내에서도 많은 학생들이 다카대학 캠퍼스에 모이기 시작했다. 캠퍼스 밖에서는 이 집회를 해산시키기 위해 많은 경찰들이 배치되어 있었다. 학생들은 소그룹으로 나뉘어 캠퍼스를 나갔지만 경찰은 남녀무차별적으로 경찰봉으로 구타하기 시작했다. 반발한 학생들이 경찰에게 벽돌과 돌을 던져 저항하자 경찰은 최루탄가스를 발사했다. 시내에서는 학생들 일부가 나짐 우드 딘 수상의 남동생이 경영하는 다카시내의 유일한 영자 일간지 모닝뉴스사를 방화했다. 학생들의 저항이 더욱 거세져 집회에 참여하려 했던 학생들을 향해 총이 발포되었다. 그리고 라피크 웃딘 아흐메드라는 26세의 청년, 압둘 자바르라는 33세의 남성, 아불 바르카트라는 다카대학에서 정치학을 전공하는 대학원생과 압두스 사라므라는 관청의 관리인과 오하이울라라는 9세의 소년이 목숨을 잃었다. 100명 이상의 부상자가 발생해 병원으로 이송되었다. 이 때 입법의회에서는 의회가 시작되어야 했지만, 의원 중에서 압둘 라시드 타르카바기쉬를 비롯한 많은 의원들이 의회를 나와 학생들의 데모에 합류했다. 하지만 의회에서는 동벵골 주의 누룰 아민 수상이 벵골어를 국어로 정하자는 요구를 단호하게 거절했다. 다음 날인 2월 22일에도 데모와 경찰의 탄압이 반복됐다. 주민들은 사망자의 장례식을 치른 후 데모를 시작했지만 경찰과 군대의 발포로 더욱 많은 희생자가 나오고 많은 사람들이 체포되었다. 바르카트가 목숨을 잃은 다카대학 부속의과대학 학생기숙사 앞의 공터에는 작은 샤히드 미나르Shahid Minar(순난자의 비)가 세워져 있는데, 우상숭배를 해서는 안 되는 이슬람의 가르침에 반한다는 이유로 바로 경찰에 의해 파괴되었다. 결국 며칠간에 걸친 경찰과 군대의 탄압으로 다카대학의 구내와 그 주변에서 스물 몇 명이 사망하고 수백 명이 부상을 입었다고 한다.

동벵골 주 입법회는 벵골어를 파키스탄의 국어로 하는 의안을 추천하기로 결정했다. 1956년까지 계속된 언어운동의 결과, 1956년 2월 29일, 파키스탄 헌법에서 정식으로 우르두어와 벵골어를 국어로 인정하고 20년 간은 공용어로 영어의 병용을 인정했다. 또한 동서파키스탄의 두 개의 주로 구성되는 연방제를 택해 동벵골 주는 동파키스탄 주로 개칭되었다. 이것보다 약 1주일 전인 2월 21일, 동벵골 주 정부는 정식 샤히드 미나르를 다카의 의과대학 구내에 건설했다.

사진 1 : 2타카 지폐에 그려진 샤히드 미나르

3-5. '국제 모어의 날'의 제정

많은 희생자를 낸 1952년 2월 21일을 기념해 이 후 매년 2월 21일은 '샤히드 디보쉬Shahid Dibosh(순난자를 기리는 날)'로서 기념행사가 열리고 있다. 2월 21일을 벵골어로 'Ekushe Februari'라고 하는데, 이 말은 이후 벵골인에게 감개무량한 울림으로 다가오게 되었다.

이렇게 해서 동파키스탄의 언어운동은 1956년을 계기로 일단은 성공을 거둔 셈이지만, 그 후에도 중앙정부의 동파키스탄에 대한 차별적인 정책은 조금도 바뀌지 않았으며, 언어운동으로 배양된 민족으로서의 자긍심은 중앙정부에 대한 주의 자치권 획득운동으로 발전해갔다. 1957년 4월 동파키스탄 주의회는 완전 주자치 요구를 결의했다. 완전 주자치라는 것은 국방, 외교, 통화를 제외한 나머지를 주의 관할사항으로 하는 것이다. 1965년에는 제2차 인도-파키스탄 전쟁이 발발하는 등, 내우외환으로 파키스탄의 정치는 항상 불안정한 상태에 놓여 있었다. 동파키스탄을 거의 매년 습격하는 사이클론으로 인해 1970년 해일로 인한 사망자가 10만 명 이상 발생한 미증유의 피해를 입었는데, 이 때 정부의 대처가 늦었던 것을 두고 동파키스탄 주민들 사이에 불만의 목소리가 높아졌다.

1971년 3월의 파키스탄 총선거에서 동파키스탄의 다수당인 아와미(인민)연맹AL, Awami League이 승리하여, 파키스탄 전체의 제1당이 되자, 정치 위기가 단숨에 고조되어 파키스탄 정부는 동파키스탄 주민의 항의행동을 무력으로 진압하기 위해 민중, 특히 지식인의 대량학살에 나섰다. 나아가 벵골어를 지키기 위한 투쟁에 목숨을 바친 4명을 기리기 위해 세워진 샤히드 미나르를 파괴했다. 군사적으로 압도적으로 우세했던 파키스탄군에 동파키스탄의 해방세력은 게릴라전으로 대항했다. 동파키스탄에서 대량의 난민이 인접국인 인도로 망명하게 되고, 이로 인한 재정적 부담을 견디지 못한 인도 정부가 군사개입을 하면서 제3차 인도-파키스탄전쟁으로 비화되었다. 1971년 12월 16일 파키스탄군이 항복함으로써 동파키스탄은 정식으로 '방글라데시'로서 독립을 달성하게 되었다(방글라데시의 독립선언은 3월 26일에 이루어졌다). 새로운 방글라데시 헌법 제3조에서는 '국어를 벵골어로 정한다'라고 드높이 선언하고 있다. 샤히드 미나르가 재건된 것은 말할 것도 없다.

이렇게 해서 예전에는 타고르의 시를 읊거나 타고르의 노래를 부르는 일조차 금지된 적이 있는 벵골어가 독립국가의 국어가 되었다. 방글라데시의 독립은 물론 동파키스탄 주민의 격렬한 자치획득투쟁의 결과였지만, 자치획득을 요구하는 에너지의 근원이 된 것은 앞서 서술한 바와 같이 뱅골어를 국어로 하려는 주민들의 모어에 대한 강한 애정이었다. 말하자면 언어내셔널리즘이 인구 1억 명 이상의 독립국가를 만든 것이며, 이러한 사례는 세계사상으로도 유례를 찾기 힘들다. 그리고 이 모어에 대한 사랑을 가장 강하게 인식하는 날이 다름 아닌 2월 21일Ekushe Februari인 '샤히드 디보쉬Shahid Dibosh(순난자를 기리는날)'이다. 방글라데시 국민에게 이날은 다른 어떤 경축일보다도 중요한 기념을 해야 하는 축일이다. 많은 애국가가 만들어졌지만, 이날에 불리는 애국가로 가장 유명한 노래는 Abdoul Gafar Chowdhury작의 'Amar Bhaiyer Rôkte Rangano Ekushe FebruariAmi Ki Bhulite Par i(나의 형제의 피로 물든 2월 21일을 내가 어떻게 잊을 수 있을까)'로 시작하는 노래이다.

이 기념해야할 2월 21일 '순난의 날'은 국제적으로도 알려지게 되어 1999년 11월, 유네스코에 의해 정식으로 '국제 모어의 날'로 지정되었다. 이 사건에 대해 방글라데시의 초두리 교수는 다음과 같이 말하고 있다.

> '국제 모어의 날'은 문화적인 중요성을 가진다는 의미에서 특히 의미가 깊다. 오늘부터 2월 21일은 방글라데시에서 뱅골어 희생의 날이 계속되는 한, 뱅골어 희생의 날과 동시에 국제 모어의 날로서 축하받을 것이다. 세계의 거의 200개국에서 다양한 민족문화를 가지는 사람들이 2월 21일을 국제모어의 날로 경축할 것이다. 그들은 당연히 그들의 모어를 축하하겠지만, 그러는 한편 방글라데시와 그 국민들이 시작한 1952년 2월 21일에 최고조에 달한 언어운동에 대해 언급할 것이다.
>
> (*Bangladesh Quarterly*, March 2000)

2002년 2월에는 1952년 2월 21일에 희생된 라피크 웃딘 아흐메드, 압둘 자바르, 아불 바르카트의 3명에 대해 '에크셰 포도쿠'(21일 표창)이 선사되었다. 일본에서도 2005년 7월 12일 동경의 이케부쿠로 서쪽 출구 공원 안에 재일 방글라데시인과 일본인 친구유지들에 의해 본국에 있는 것과 같은 목적으로 샤히드 미나르가 세워졌다. 이 샤히드 미나르는 일본과 방글라데시 양국의 우호의 심볼임과 동시에 예전에 아이누, 조선, 오키나와 사람들의 모어를 탄압한 일본인들에게 다언어 공존사회란 무엇인가, 모어란 무엇인가 하는 근원적인 문제를 생각해보게 하는 실마리가 되지는 않을까.

4. 벵골어 개량의 시도

4-1. 문자개혁

4-1-1. 로마자 도입의 시도

벵골어 표기에 로마자를 도입하려는 움직임은 18세기 식민지시대부터 있었다. 최초로 인도의 언어를 로마자로 표기할 것을 제안한 것은 '마누법전'과 '샤쿤탈라'의 영어번역으로 유명한 윌리엄존스(1746-1784)였다. 타고르도 로마자 표기를 지지했다고 전해진다. 유명한 언어학자인 수니티 쿠마르 차테르지Suniti Kumar Chatterji(1890-1977)도 벵골어의 로마자화를 권장했다.

파키스탄 독립 후에도 동파키스탄의 몇몇 학자들, 예를 들어 무함마드 쿠드라트 에쿠다와 나즈룰 이슬람 등이 벵골어의 로마자표기를 지지했다. 로마자화를 지지하는 이유는 다음과 같다.

- 벵골문자는 원래 벵골민족 고유의 문자가 아니었다.
- 벵골문자에는 문자 수 특히 자음결합 문자가 많은 등 여러 결점이 있다.
- 로마자는 문자 수가 적어 배우기 쉽다.
- 로마자는 벵골문자보다 빨리 읽고 쓸 수 있다.
- 벵골어를 배우는 외국인들도 로마자를 더 쉽게 배울 수 있다.

하지만 이 견해에 대해 불합리하다고 반론하는 학자들도 많았다. 예를 들면 필도우스 칸은 실제로 조사를 행해 다음과 같은 의견을 내놓았다.

"벵골어를 쓰는 속도는 영어와 동일하며, 우르두어보다는 느리지만 읽는 속도는 영어와 우르두어보다 빠르다. 글자 수 역시 설령 로마자를 도입한다 하더라도 알파벳 26문자로는 도저히 부족하여 새로운 기호를 도입해야하므로 결국은 벵골어 문자 수와 다를 바가 없지 않은가. 더욱이 언어학적인 관점에서 봐도 벵골문자는 음성학적으로 과학적으로 만들어져 있으며, 로마자는 과학적이라고는 할 수 없다. 로마자를 쓰는 것만으로는 식자자識字者라고 할 수 없으며, 자신의 모어로 자연스러운 어휘를 쓰지 못하는 한, 식자자라고는 할 수 없다. 터키어에 로마자가 도입되었다고는 하지만 일본어나 중국어에서는 숫자와 문자가 훨씬 더 복잡함에도 불구하고 로마자를 쓰지 않는다. 벵골어에 로마자가 도입되면 벵골인이 영어를 쉽게 습득할 수 있는 것이 아니라 오히려 복잡해진다. 그 이유는 같은 문자의 발음에 대한 표기가 벵골어와 영어에서 달라지기 때문이다."

1949년, 동벵골 주 정부의 언어위원회는 벵골어의 표기에 어느 문자가 어울리는가를 묻는 조사를 교원, 학자, 공무원, 의회 의원을 대상으로 실시했다. 301명으로부터 회답이 있었는데, 아랍문자의 도입이 어울린다고 답한 사람이 96명(32%), 벵골어 현재의 문자가 좋다고 한 의견이 187명(62%)이었던 것에 반해, 로마자의 도입을 지지하는 사람은 겨우 18명(6%)이었다.

하지만 1957년, 동파키스탄의 교육실행위원회는 성인의 문맹교육에 로마자를 도입하는 것을 추천했다. 이 때 벵골어뿐 아니라 우르두어를 포함한 파키스탄의 다른 언어들에도 로마자를 도입해야 한다는 의견도 있었다. 어쩌면 그렇게 함으로써 파키스탄의 언어문제가 해결된다고 믿었던 것일지도 모른다. 1957년부터 1958년에 걸쳐 로마자도입론은 조금씩 확산되어 갔지만, 파키스탄 국민회의에서 실시한 앙케이트 조사에 대해 무함마드 에나무르 하크는 다음의 이유를 들어 로마자 도입을 반대했다.

- 파키스탄이라는 나라에는 많은 종교를 믿는 자, 많은 언어를 사용하는 자가 있어 언어에도 다양한 종류의 문자가 사용되고 있다. 처음부터 이들을 하나로 통일하려는 생각 자체가 비현실적이다. 현실세계를 봐도 다언어, 다종교로 성립한 국가들이 많이 존재하며, 같은 종교를 믿고 같은 언어를 사용하는 민족이라도 다른 나라로 나뉘어 있는 예도 많다.
- 특정한 문자를 가지고 다언어국민의 언어적 연대감이 형성되는 것은 아니다.
- 음성학적으로도 현재의 로마자 26문자만으로는 파키스탄 언어의 모든 음을 표시 할 수 없다.
- 로마자를 도입하면 파키스탄 문학의 전통이 사라지게 된다.
- 중동아시아의 무슬림국가들이 로마자를 채용하지 않는 한, 무슬림국가로서 파키스탄도 로마자를 채용해서는 안된다.

4-1-2. 아랍문자 도입의 시도

중세시대에 무슬림 시인이 만든 벵골어 시가 아랍문자로 표기되던 시대가 있었다. 20세기 초반, 벵골의 무슬림 문화인의 모어가 벵골어여야 하는지 우르두어야 하는지에 관한 논의가 있었다. 벵골어에 아랍문자를 도입하는 논의는 당시부터 시작되었다. 치타공의 마우라나 즈루피카르 알리는 1928년부터 아랍문자 도입을 시작해 『도우르도르시(선견지명)』이라는 책을 내고 자신이 발행한 잡지 등에서 아랍문자에 대한 지지를 표했다.

파키스탄이 된 후에도 위에서 서술한 바와 같이 로마자 도입론자보다 아랍문자 도입론자가 많았던 것은 이러한 전통 외에도 거의 대부분의 이슬람국가에서 아랍문자가 사용되었기 때문이다. 서파키스탄의 모든 언어가 아랍문자를 사용한다. 하지만 엄밀히 말하면 '아랍문자'라는 명칭은 정확하지 않다. '아랍문자를 기본으로 하는 문자'라고 부르는 편이 정확하다 할 수 있다. 아랍문자는 28문자밖에 없어, 셈Sem어 계통의 언어에는 충분할지 몰라도 인도·이란어계통의 언어를 표기하기에는 불충분해, 예를 들어 페르시아어에서는 /p/음을 나타내는 문자 등을 추가해 32문자를 사용하는데, 이것을 페르시아문자라고 부른다. 또한 우르두어에서는 이에 더해 인도아리아어 특유의 권설음과 유기음을 표현하기 위해 3문자를 추가해 35문자를 사용한다. 부르는 방법은 아랍문자, 페르시아문자, 아랍=페르시아문자, 우르두문자 등 제 각각이다. 펀자브어도 우르두문자보다 1문자 더 많은 36문자를 사용하며, 신디어에서는 여기에 더해 입찰음 등의 특유음을 나타내기 위해 52나 많은 문자를 사용한다. 이것은 신디문자라고 불린다.

벵골어에 아랍문자를 도입하려는 논의는 실제로 우르두문자를 도입하는 것이지만, 이를 주장하는 사람들은 우르두문자라는 용어 대신 의도적으로 아랍문자라는 명칭을 사용한다. 여기서 그 의도란, 우르두어를 파키스탄의 유일한 국어로 한다는 계획에 반대하는 사람들이 많이 있었기 때문에, 그 사람들의 저항을 적게 하려는 전략이었다. 하지만 동파키스탄 국민 중에서도 종교적인 이유로 아랍문자 도입에 찬성하는 사람들이 상당수 존재했다.

파키스탄 정부가 아랍문자를 도입하려는 움직임에는 기본적으로 두 가지 이유가 있었다. 하나는 무슬림으로서의 종교적 이유이며, 또 하나는 문자로 국민을 통합하려는 정치적인 이유였다. 물론 정치적인 이유가 더 컸다. 정부에서 아랍문자도입 논의의 기선을 잡은 것은 중앙정부의 파즐루르 라만 교육부 장관이었다. 그는 동벵골 출신의 벵골인이었지만, 파키스탄이 독립한 1947년부터 아랍문자 도입에 노력을 기울여 시인 사이에드 알리 아흐산과 언어학자 무함마드 샤히둘라에게 협력을 요청했다. 1948년 4월 8일, 동벵골 주 입법의회에서 하비불라흐 바하르 장관이 벵골어에 아랍문자를 도입할 것을 제안했다. 같은 해 12월 27일 행해진 전 파키스탄 교육회의에서 파즐루르 라만 교육부장관은 파키스탄 국민의 연대를 위해 필요하다는 점을 들어 벵골어를 아랍문자로 표기할 것을 제안했다. 교육청은 1950년 2월 18일부터 행한 성인의 식자교육에서 아랍문자로 벵골어를 가르쳤다. 하지만 무함마드 샤히둘라는 이 방식에 반대했다. 동벵골 주 정부는 이것과는 다른 전략으로 아랍문자의 도입을 시도했다. 1951년 9월 19일, 동벵골 주 정부는 '아이들이 처음으로 받는 초등교육에서 아랍문자를 사용한다'는 보고서를 발표했다.

1949년 3월 9일, 동벵골 주 정부에 의해 만들어진 주 언어위원회는 1950년 5월 2일 로마자 도입에 대한 검토를 금지했다. 같은 해 8월 19일, 위원회 내에 우르두문자에 관한 소위원회를 설치해, 아랍문자라는 명칭 대신 우르두문자라는 명칭을 사용하기로 정했다. 이 소위원회는 우르두문자의 채용을 강하게 권장하고 벵골어표기에 관한 상세한 방법을 제안했다. 하지만 언어위원회는 소위원회의 제안을 다음과 같은 이유를 들어 채용하지 않았다.

- 현재의 벵골어를 개량하면 읽기, 쓰기, 인쇄 모든 면에서 벵골어문 자가 더 편리해진다.
- 우르두문자는 벵골어 특정음을 표기하기에 불충분하다.
- 우르두문자를 채용함으로써 다음 세대가 과거 500년 동안 벵골문 자로 쓰여진 문헌을 읽을 수 없게 된다.
- 현시점에서 우르두문자를 도입하면 교육의 발전이 늦어진다.

하지만 동시에 언어위원회는 향후 우르두문자의 재검토에 대해서도 고려하고 있었다.

정부와 민간에 의한 아랍문자 도입의 움직임에 대해 강한 반응과 저항도 있었다. 1949년 다카대학 벵골어학과의 학생들은 회의를 열어 벵골어에 아랍문자를 도입하려는 움직임에 반대 성명을 내고 파즐루르 라만 교육부장관에게 제출했다. 아랍문자의 도입에 가장 강하게 반대한 학자는 앞서 언급한 무함마드 샤히둘라였다.

문자뿐 아니라 아랍어 자체를 파키스탄의 유일한 국어로 하기 위한 운동도 적잖이 일어났다. 벵골어의 아랍문자표기를 강하게 반대했던 무함마드 샤히둘라조차 파키스탄의 국어로 아랍어를 채용하는 일에는 찬성했다. 그것은 우르두어를 유일한 국어로 하려는 움직임에 반대하기 위해 전략적으로 주장한 것이었다. 1951년 2월 9일에 카라치에서 열린 세계무슬림회의에서 이스마일파 커뮤니티의 지도자인 아그하 칸은 아랍어를 파키스탄의 유일한 국어로 정할 것을 요청했다. 아랍어를 국어로 채용하게 되면, 파키스탄 1억 명의 국민들이 1억 5000만 명의 아랍어 화자들과 아랍어로 의사소통이 가능하다는 점에 대해서도 언급했다. 그리고 초등학교 5학년부터의 필수과목이었던 우르두어교육을 폐지하고 1952년부터 무슬림 학생들에게 아랍어를 필수과목으로 도입할 것을 제안했다. 아랍어를 우르두어교육에 반대하기 위해 도입한다는 동기 자체가 매우 불순하며, 코란을 다소 읽을 수 있을 정도의 수준으로 그 난해한 외국어인 아랍어를 파키스탄 전 국민의 국어로 하는 것은 모리 아리노리森有礼의 '영어 국어화론'이나 이시가 나오야志賀直哉의 '프랑스어 국어화론'과 마찬가지로 비현실적인 것이다. 또는 인도의(외국어는 아니지만) 고전 산스크리트어를 국어로 해야 한다는 일부 사람들의 주장과 마찬가지로 비현실적인 것이라고 할 수 있다.

벵골어를 애호하는 사람들은 아랍어 도입에 거의 관심을 보이지 않았으며, 1952년 언어운동 이후 완전히 그 뜻이 사라져버린 것은 당연한 일이었다.

4-2. 벵골어 맞춤법 개량의 시도

오랜 역사를 거슬러 올라가면 Nathaniel Brassey Halhed(1751-1830)라는 영국인이 쓴 벵골어 최초의 문법서인 *A Grammar of the Bangali Language*에서는 벵골어의 문자와 발음의 모순에 대해 지적하고 있다.

그는 /n/을 나타내는 2개의 문자 ন와 ণ, /j/를 나타내는 2개의 문자 জ와 য, /s/를 나타내는 3개의 문자 স 와 শ와 ষ의 존재에 주목했다. 세람포르미션Serampore Mission의 열정적인 선교사였던 Willam Carey(1761-1833)도 자신의 저서에서 이러한 문자의 일부를 개량했다.

브라마 사마지의 창시자로 알려진, 사회개혁가이기도 한 라자 람 모한 로이도 자신의 저서 *Gouriyo Byakarama*에서 불필요한 벵골문자에 대해 서술하고 있다. 영어잡지인 *Bengal Herald*의 1938년 4월 22일호에서

는 벵골어 14문자를 폐지해 철자법의 복잡함을 개선해야 한다는 기사
가 실렸다. 산스크리트어 교수였던 잇쇼르촌드 빗다샤고르(1820-1890)
는『보루노포리초에(문자의 소개)』에서 12개의 모음문자와 40개의 자음문
자를 사용한 맞춤법을 제시했다. 어말의 자음자가 자음으로 발음되거나,
모음 [o]를 동반해서 발음되기도 하는데, 이 책에서는 후자의 단어에는
※를 붙여 발음 상의 구별은 하고있지만 철자로서는 구별하지 않고 있
다. 1789년에 출판된 벵골어 잡지『봉고도르션』에서는 몇 개의 문자를
폐지하고 일부 문자의 표기법을 수정하도록 주장한 논문이 게재되었다.
무함마드 샤히둘라를 포함해 20세기의 많은 학자들이 이 논문에 영향을
받았다.
　　콜카타대학도 1932년 벵골어의 맞춤법을 엄격한 산스크리트어의 맞
춤법에 근거하여 개정했다. 이 원칙은『현대 벵골어사전』권말에 게재되
어 있다. 이 맞춤법은 타고르를 포함한 많은 문인들과 학자들의 지지에
힘입어 오늘날에도 거의 이상적인 것으로 여겨진다.

4-3. 벵골어 개량의 시도

　　철자뿐 아니라 더욱 광범위한 분야의 벵골어의 개량에 대해서 제안한
것은 아불 하스낫이다. 그는 벵골어가 난해한 것은 철자, 문법이 산스크
리트어를 바탕으로 작성된 것이기 때문이며, 더 자유롭게(산스크리트어에
서 떨어져서) 문법서를 집필해야 한다고 주장했다.
　　1947년 파키스탄이 독립하자 벵골어 개량의 움직임이 새롭게 대두되
었다. 이 움직임이 발생한 배경으로는 정부가 벵골어를 무시하고 우르두
어의 국어화를 추진하려한 것에 대한 동벵골 주 주민의 반발을 들 수 있
다. 정부에 반대하는 동벵골 주의 국민도 벵골어의 개량에 이의를 제기

하는 사람은 많지 않았다. 정부는 벵골어가 개량되지 않았기 때문에 교육이 보급되지 않고 있으며, 문자와 철자의 복잡해서 인쇄도 어렵다고 주장했다.

먼저 동벵골 주 정부는 1949년 3월 9일 벵골어 개량을 목적으로 '벵골어위원회Bengali Language Committe'(위원장은 무함마드 아크람 칸)을 만들어 다음의 항목에 대해 조사에 착수했다.

- 동벵골 주 주민의 모어 간이화, 개량 및 표준화를 조사하여 제언할 것.
- 외래어의 적절한 벵골어 번역을 제안할 것.
- 벵골어를 동벵골인의 언어에 어울리는 것으로 개량하고, 파키스탄의 문화와 맞도록 개량하는 제안을 할 것.

이것은 표준으로 여겨져 온 인도의 벵골어에서 탈피해 파키스탄의 독자적인 벵골어의 아이덴티티 확립을 의도한 것이었다. 16명으로 구성된 이 위원회는 음역 위원회Transliteration Committee와 표준화 위원회 Standardization Committee의 두 소위원회를 설치해 각각의 테마에 대해 검토해 나갔다. 위원회는 언어의 개량에 관해 국회의원, 대학교수, 공무원 등을 대상으로 앙케이트 조사를 실시하고 그 답을 참고로 하여 1950년 12월 7일 정부에 다음과 같이 제언했다.

'앞으로 개량하는 벵골어를 간이벵골어Easy Bengali라고 부르기로 한다. Easy Bengali는 혁명적인 방법이 아니라 자연스러운 방법으로 개량되어야 한다. 동벵골 주 및 파키스탄의 이념에 반하는 요소는 벵골어에서 제외시켜야 한다. 현대 벵골어에서는 샤두바샤Shadhubhasha(표준문장어체)와 촐티바샤Choltibhasha(표준구어체)를 모두 인정해야 한다. 산스크리트어의 요소를 벵골어에서 제외시켜야 한다. 동벵골 주 정부는 벵골어를 간이화해야 한다. 정부와의 통신은 모두 벵골어로 행해야 한다. 우선 초등학교

수업을 Easy Bengali로 시행하고 그 다음해부터는 중학교에서, 차후에는 대학에서도 점차 Easy Bengali를 채용하여 도서 역시 Easy Bengali로 다시 작성하도록 해야 한다. Easy Bengali에서는 모음을 7개로 한다.'

하지만 이 제언은 사람들에게 그다지 받아들여지지 않았다. 위원회를 설치한 정부의 진짜 의도는 벵골어에 아랍문자를 도입하는 것이었지만, 위원회가 이에 대해서는 제언을 하지 않았기 때문에 정부는 다른 추천항목에는 관심을 갖지 않은 채, 이 제언서를 1958년 아유브 칸 정권까지 공개하지 않았다. 심지어 이 제언서를 공개했을 때도 제언대로 실행은 되지 않았다.

벵골어 및 문학의 발전을 도모하기 위한 국립연구기관인 방글라아카데미는 이 제언서가 공개되자 내용을 검토하여 1959년 6월 10일의 회의에서 일부를 수정해 이에 합의했다. 단, 이 Easy Bengali를 Pak Bengali로 수정했다. Pak은 말할 것도 없이 파키스탄을 가리키며, 이러한 명명이 지극히 정치적인 의도였음을 나타내고 있다.

다카대학도 1967년 3월 28일 벵골어의 개량과 간이화를 위한 위원회를 만들었다. 위원회에서의 검토 사항은 다음과 같은 것들이었다.

· 벵골어의 철자법을 개량하여 보다 쉽게 만들 것.
· 벵골어의 문법을 개량하여 보다 쉽게 만들 것.
· 벵골문자를 개량하여 보다 쉽게 만들 것.

11개월 후 이 위원회는 상기의 제언을 주 정부의 교육위원회에 제출했지만, 11인의 위원 중 3인의 언어학자 위원인 무함마드 에나무르 호크, 무함마드 압둘 하이, 무니르 초두리는 이 제언에 반대했다. 그 이유는 철자와 문자의 개량을 급격하게 추진하면 새로운 문제가 발생하며 제언의 내용이 부자연스럽다는 이유였다. 1967-1968년 경에는 개량과 사람들도 실제로는 개량이 필요 없다는 것을 이해하기 시작했다. 결국 벵골어의 개량을 주장하던 사람들은 벵골어에 반대하는 사람들이라는 것을 깨닫게 된 것이다.

5. 영어의 상황

영어는 방글라데시 독립 후에는 공용어가 아니게 되었지만, 여전히 고등교육에서는 중요시되고 있다. 영국령 시대부터 영어로 교육을 받아온 엘리트 층의 영어숭배 전통은 그렇게 간단히는 없어지지 않았으며 파키스탄 시대에도 여전히 영어는 공용어였으며 그 지위 역시 높았다. 방글라데시가 된 후 벵골어는 유일한 국어로 인정되어 교육과 행정, 사법 분야에서 널리 사용되었다(재외공관과 군대만은 지금도 영어가 공용어이다). 방글라데시 헌법은 교육시스템을 일원화시키고 벵골어를 교육언어로 하는 것을 규정하고 있다. 하지만 겉으로는 그럴지 몰라도 실제로는 벵골어로 교육을 실시하는 공립학교, 캠브리지대학 방식에 의해 영어로 교육을 행하는 사립학교, 벵골어와 아랍어로 종교교육을 실시하는 전통적인 마드라사Madrasah(이슬람의 종교 학교)라는 3종류의 교육시스템이 병존하고 있었다.

방글라데시는 1974년에 교육위원회를 설치하여 교육언어를 포함한 다양한 교육제도에 관한 문제들을 자문했다. 1974년에 간행된 「쿠드라트에 쿠다 교육 레포트」라고 알려진 첫 번째 위원회 보고서에서는 국어의 의의가 강조되어 '국어는 국민의 소망과 문화를 구체화한 것이다. 국어를 통한 교육이 이해가 더 쉬우며, 지성, 독자적인 사고와 사람들의 상상력을 발전시키는데도 도움이 된다. 국어로 쓰여진 서적이 일반 대중이 지식을 넓히는데 더 도움이 된다. 따라서 교육언어는 벵골어로 해야 한다. (중략) 영어(교육)는 사람들의 창조적 능력에 역효과밖에 가져 오지 않는다.' 라고 하여 제2언어로서 영어는 간신히 6학년부터 가르치게 되었다.

2000년에 간행된 4회차 위원회 보고서에서는 O레벨(영국의 의무교육 수료 시-16세)과 A레벨(식스폼Sixth Form수료 시-18세)의 교육과정을 가진 사립 초등·중학교는 정부의 허가를 받아 영어로 교육을 시행하는 일이 가능하다고 전했다. 또한 2003년까지 초등학교 과정을 6학년까지로 연장하고 2010년까지는 8학년까지 연장하는 것이 정해졌다. 그리고 영어는 3학년부터 필수가 되었다. 이것은 확실하게 영어의 중요성을 재인식한 결과이다. 또한 중등교육은 9학년부터 12학년까지로 연장되었다.

고등교육에서는 4년의 학사과정 중 영어가 1단위(100점 만점)의 필수 과목이었지만, 불합격점인 학생이 늘어 선택과목으로 전환했다. 하지만 이로 인해 학생들의 영어레벨이 낮아졌다고 평가되고 있다. 대학교육도 원칙은 벵골어로 시행하기로 되어 있지만 학문 분야(특히, 과학)에 따라서는 벵골어만으로는 교과서나 자료가 부족하므로 영어로 시행하는 경우도 있다.

정계, 관계, 재계의 엘리트들은 여전히 영어를 자유롭게 구사하는 사람이 많다. 정부의 벵골어 중시의 명분과는 반대로 유복한 계층에서는 자제를 영어로 교육하는 사립학교에 입학시키려고 한다. 따라서 영어교육은 방글라데시에 새로운 계층격차를 만들어 냈다고 평가되고 있다.

주석

01   벵골어 이외의 모든 것이 소위 소수민족의 언어이다. 방글라데시에서 사용하는 언어명,
     화자 수, 사용지역은 레이몬드 골든의 『세계의 언어』에서 알 수 있다. 치타공어, 실레트어
     는 벵골어의 치타공 방언, 실레트 방언을 칭한다. 지리적으로 실레트 방언은 아삼어와 비
     슷하다. 이 중 어떤 언어도 학교에서 정식으로 교육되지는 않는다. 이 중에서 치타공 구릉
     지대에서 불교도인 차크마(Chakma)족이 사용하는 차크마어가 비교적 잘 알려져 있다.
02   파키스탄 독립 시의 지도자로, 초대총독 '건국의 아버지'로 불리며 Quaid e Azam(가장 위
     대한 지도자)의 호칭을 붙여 부르는 경우가 많다.

참고문헌

我妻和男 2006. 『タゴール詩・思想・生涯』 千葉 : 麗澤大学出版会
臼田雅之・佐藤宏・谷口晋吉(編)1993. 『もっと知りたいバングラデシュ』 東京 : 弘文
     堂
大橋正明・村山真弓(編)2009. 『バングラデシュを知るための60章』 第2版   東京 :
     明石書店
加賀谷寛・浜口恒夫 1977. 『南アジア現代史 II パキスタン・バングラデシュ』 東京 :
     山川出版社
亀井孝・河野六郎・千野栄一(編)1992. 『言語学大辞典第3巻世界言語編(下―1)』 東京 :
     三省堂
亀井孝・河野六郎・千野栄一(編)2001. 『言語学大辞典別巻世界文字辞典』 東京 : 三省
     堂
北村甫(編)1981. 『世界の言語』 講座言語・第6巻   東京 : 大修館書店
近藤治 1998. 『現代南アジア史研究』 東京 : 世界思想社
スミット・サルカール(著)長崎暢子・臼田雅之・中里成章・栗屋利江(訳)1993. 『新し
     いインド近代史 II 下からの歴史の試み』 東京 : 研文出版
中村平治(編)1972. 『インド現代史の展望』 東京 : 青木書店
西田龍雄(編)1981. 『世界の文字』 講座言語・第5巻   東京 : 大修館書店
堀口松城 2009. 『バングラデシュの歴史』 東京 : 明石書店
溝上富夫・S. P. Ray(編)1989. 『文化紹介ベンガル語中級会話集』 東京 : 大学書林
歴史教育者協議会(編)1997. 『知っておきたいインド・南アジア』 東京 : 青木書店
Atiur Rahman. 2000. *Bhasha-Andoloner Artha-Samajic Patabhumi.* (in one volume)
     Dhaka: The University Press Limited.
Badruddin Umar. 2004. *The Emergence of Bangladesh: Class Struggles in East Pakistan
     (1947-1958).* Oxford University Press, USA.
Bashir Al Helal. 2003. *Bhasha-Andoloner Itihas.* Dhaka: Agami Prakashani.
Gordon, Raymond G., Jr.(ed.). 2005. *Ethnologue: Languages of the World, Fifteenth
     edition.* Dallas, Tex.: SIL International. Online version: http://www.ethnologue.
     com/
Government of the People's Republic of Bangladesh, Ministry of Education. 1974.

Kudrat-e-Khuda Commision Report (National Education Commission Report). Dhaka: NIEAR.

HOSSAIN, Tania. 2008. "The historical-structural approach to language policy: Its application in the context of Bangladesh," *Educational Studies*, 50, pp.235-250. Tokyo: International Christian University.

Rajshekhar Basu(comp.). 1380(ベ ン ガ ル 暦). *Chalantika Adhunik Bangabhashar Abhidhan*. Kolkata: M. C. Sarkar & Pvt. Ltd.

Sufia M. Uddin. 2006. *Constructing Bangladesh: Religion, Ethnicity and Language in an Islamic Nation*. The University of North Carolina Press.

제 8 장

파키스탄의 언어정책
-'외국어'에 의한 국가의 통치-

에노키조노 데쓰야榎木園 鉄也

1. 오래되고 새로운 불안정한 나라 파키스탄

파키스탄의 역사는 오래전인 기원전 3000-1500년경에 걸쳐 번영한 인더스강 유역의 도시문명으로까지 거슬러 올라간다. 한편 근대 국가 파키스탄은 신생 국가로, 1947년 8월 14일 인도에서 독립 후 60여년의 역사를 가질 뿐이다. 하지만 이 60여년은 분리독립 시의 대혼란으로 시작해 인도와 3번에 걸친 전쟁과 수 많은 군사적 충돌, 국내 민족·언어분쟁, 방글라데시의 분리독립, 반복되는 군정, 이슬람화 정책, 핵보유국화, 파키스탄 정부에 의한 탈레반의 지지와 그 후의 결별, 끝없이 이어지는 테러 등 극심한 혼란의 역사를 가지고 있다.

이 혼란의 한 원인은 지정학적인 것에 있다. 인도아대륙 서북부에 위치한 파키스탄은 동쪽으로는 인도, 북쪽으로는 중국, 서쪽으로는 이란과 아프가니스탄에 둘러싸여 있다. 북부에는 K2 등의 8000m 봉우리, 인도와의 국경에는 타르사막, 국토를 종단하는 인더스 강 및 그 주변의 비옥한 평야라는 변화무쌍한 면적 79만㎢ 남짓의 국가로, 인구는 약 1억 7000만에 이르는 다언어, 다민족국가이다.

파키스탄의 주요 언어는 펀자브어, 신디어, 발루치어, 파슈토어 4언어이며, 각각 펀자브 주, 신드 주, 발루치스탄 주, 북서변경주에서 주로 사용되지만, 그림 1에서 보듯이 모두 근린국에 걸쳐 화자를 가지고 있다.

한편 파키스탄에서 공적인 지위를 보장받고 있는 언어는 영어와 우르두어이다. 영어는 말할 것도 없이 실은 국어인 우르두어도 인접국가 인도가 연고지인 '외국어'이다. 본장에서는 왜 지역어Provincial language가 파키스탄 역대 정부에 의해 계속 탄압을 받았으며, 본래 '외국어'인 영어와 우르두어의 하위에 위치하게 되었는가 하는 문제에 대해 남아시아의 이슬람으로 통일된 다민족국가 형성이라는 고뇌의 역사를 주로 언어정책의 관점에서 고찰하고자 한다.

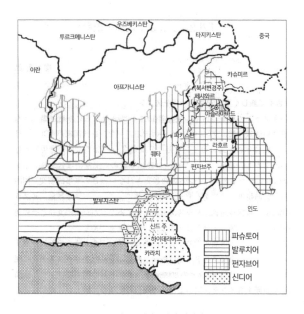

그림 1 : 파키스탄의 언어지도

2. 다언어국가 파키스탄의 2민족론의 한계

파키스탄은 무슬림을 힌두와 별개의 '하나의 민족'으로 하는 2민족론(영어 : two-nation theory, 우르두어 : do qaumi nazariya)을 바탕으로 남아시아의 무슬림 국가로서 인도와 분리독립했다. 하지만 벵골 내셔널리즘 Bengali Nationalism으로 인해 1971년 동파키스탄이 방글라데시로 독립함으로써 파키스탄의 무슬림이 '하나의 민족'이 아니라는 것이 드러났다. 실제로 신디민족이나 파슈토민족에 의해 민족주의와 지역주의provincialism가 대두된 사실로 봐도 파키스탄이 무슬림이라는 '하나의 민족'으로 구성된 국가가 아닌 것은 명백하다.

Ethnologue는 파키스탄의 언어 수에 대해 소수언어를 포함해 72개의 언어가 사용되고 있다고 보고하고 있다. 하지만 인구조사와 각종 통계조사를 실시하고 있는 파키스탄 정부는 당연히 국내의 언어 수와 각 언어 화자 수를 어느 정도 파악하고 있을 것임에도 불구하고 정확한 수치를 밝히지 않고 있다. 예를 들어 2001년 인구조사에서 주요 언어별 인구비율은 표1과 같지만, 주요언어의 인구비율을 나타낼 뿐 구체적인 화자 수는 명시하지 않고 있다.

표 1 : 주요 언어화자의 인구비율 (Census 2001)

편자브어	(Punjabi)	44.15%
파슈토어	(Pashto)	15.42%
신디어	(Sindhi)	14.10%
시라이키어	(Siraiki)	10.53%
우르두어	(Urdu)	7.57%
발루치어	(Baluchi)	3.57%
기타	(Others)	4.66%

3. 파키스탄의 주요언어

3-1. 우르두어

우르두어의 기능과 지위에 대해서는 제5절에서 논하므로 여기서는
우르두어의 성립에 대해 개략적인 설명만 하고자 한다. 먼저 아사다(麻
田 1987)가 우르두어의 성립에 대해 간결하게 서술하고 있으므로 이하에
요점을 인용하도록 하겠다.

> 우르두어는 항상 남아시아의 무슬림과 직접적인 관계를 맺어왔다. 그
> 기원은 북인도 초기의 무슬림 지배기(11세기~12세기)로 거슬러 올라간다.
> 즉, 우르두어는 델리 왕조 지배자의 언어였던 터키어, 페르시아어와 북
> 인도의 델리를 중심으로 하는 지역에서 사용되던 고古힌디어의 카리볼리
> Kharī Bolī방언이 섞인 결과로 성립된 언어인 것이다.

또한 나중에 서술하는 바와 같이 우르두어는 문학, 특히 작시과 시 낭
송을 통해서 문화어와 문장어로서 발달해왔다. 이것에 관해 아사다(麻田
1987)는 다음과 같이 서술하고 있다.

> 문학의 용어로 사용되게 된 것은 비교적 오래되지 않은 18세기 중반부
> 터 후반에 걸친 시기로, 페르시아어 문학의 영향을 많이 받아 구어에서 유
> 리된 문어로 작시가 성행하게 되었다.

또한 우르두 산문문학의 효시는 미르 암만Mir Amman이 페르시아어의
『4인의 탁발승 이야기』[01]를 번역한 『봄과 동산Bagh o Bahar』이라 전해지며,

이것은 포트 윌리엄 컬리지Fort William College의 길크리스트John Borthwick Gilchrist라는 영국인교사의 주도로 19세기 초반(1804년)에 출판되었다(麻田 1984). 우르두어라는 언어명이 정착하기 시작한 것도 19세기에 들어서이며, 그전까지는 "힌다위(북인도의 말)" 혹은 "데흐라비(델리의 말)"라 불렸다. 18세기부터 19세기 초반에 걸쳐서는 공용어인 페르시아어와의 구별을 위해 "레프타(혼성어)"라는 명칭이 사용되었다고 한다(麻田 1987). 덧붙여 말하면, 우르두어라는 명칭의 직접적인 어원은 '자바네 우르두 에 무알라 에 샤자하나바드Zaban-e-Urdu-e-Mualla-e-Shajahanabad'(샤자한의 고향(델리를 가리킴)의 고귀한 진영의 말)이 축약된 것으로 '우르두'라는 말의 유래는 고古터키어의 ordu이다(麻田 1987).

우르두어와 힌디어는 언어학적으로는 동일하지만, 문자와 고급어휘에 그 차이가 있다. 19세기 이전에는 우르두어와 힌디어가 다른 언어로 인식되는 일은 거의 없었지만 '19세기 중반 이후 종교적, 정치적으로 다른 가치관에 의해 우르두어는 무슬림의 언어로, 반대로 힌디어는 힌두교도의 언어로서 각각 다른 길을 걷게 되었다'(麻田 1987). 또한 우르두어와 힌디어의 대립과 괴리의 큰 원인 중 하나는 영국에 의한 무슬림과 힌두교도의 분할통치로 알려져 있다(Fatehpuri 1987, King 1994). 또한 영국이 앞서 서술한 포트 윌리엄 컬리지에서 우르두어와 힌디어를 다른 언어로 진흥시킨 것도 우르두어와 힌디어의 괴리로 이어졌다(Fatehpuri 1987). 참고로, 특히 대도시의 공통어로 사용되는 경우 우르두어와 힌디어의 차이는 거의 없다. 예를 들어 파키스탄인은 인도의 힌디어 영화를 듣고 '우르두어'라고 말하며, 인도 영화에서 무슬림이 주인공인 영화는 많은 대사가 아랍페르시아어의 요소가 강한 우르두어임에도 '힌디어' 영화로 취급되는 경우가 많다. 예를 들어 무자파르 알리 감독의 인도영화인 명작 "움라오 잔"의 삽입곡과 대사는 거의 대부분이 우르두어지만, 이 영화의 DVD패키지에는 '힌디어 영화'라고 명기되어있다.

3-2. 벵골어

벵골어는 방글라데시 독립 이전까지는 파키스탄의 주요 언어였지만, 현재의 파키스탄에는 화자가 거의 없다. 하지만 파키스탄의 언어정책을 이해하기 위해서는 벵골어와 동파키스탄(당시)의 언어정책에 대한 지식에 대해 알 필요가 있다.

방글라데시 분리독립 전, 서파키스탄의 지도자들은 벵골어는 아랍페르시아어적인 요소가 적어 '이슬람화'가 불충분한 '힌두의 언어'에 가까우며, 인도 국내의 콜카타(구칭 캘커타, 인도 벵골어의 중심지)의 문화적 지배를 받고 있으므로 인도아대륙의 무슬림을 상징하는 언어가 아니라고 주장했다(Ayres 2003). 이뿐 아니라 서파키스탄 지도자는 벵골어의 '이슬람화'까지 시도했다. 즉 벵골어의 아랍페르시아어 어구를 늘리고, 벵골문자를 아랍페르시아계 문자로 바꾸려고 계획한 것이다. 서파키스탄에 의한 벵골어의 '이슬람화'는 자신들의 언어와 문화에 긍지를 가지고 있는 동파키스탄 벵골인의 감정을 자극하여 벵골어 국어화운동을 오히려 격화시켰다. 그 결과 방글라데시 분리독립이라는 서파키스탄 지도자들에게는 최악의 사태를 불러오게 되었던 것이다(Ayres 2003). 또한 방글라데시에는 독립으로부터 40년 가까이 지난 오늘날에도 펀자브어 화자와 무하지르 Muhajir[02]에 대해 악감정을 가지고 있는 사람이 적지 않다.

3-3. 신디어

신디민족은 풍요로운 문학전통을 가진 신디어와 이슬람이 남아시아에 최초로 도입한 땅인 신드문화를 자랑스럽게 여긴다. 실제로 독립 전부터 민족의식이 높아 구 영국령 지배에서도 신디어는 1930년대의 신디어운동에 의해 봄베이 주에서 신드 주로 분리되었다(Ayres 2003).

독립 이전 신드 주에서는 신디어 화자의 비율이 압도적으로 높았다. 하지만 분리독립 시에 인도에서 우르두어를 사용하는 무하지르가 신드 지방으로 이주해 옴으로써, 특히 카라치와 하이데라바드 등의 대도시에 서는 무하지르의 수가 신디어 화자를 능가하게 되었다. 게다가 무하지르의 모어는 국어인 우르두어였으므로 무하지르가 행정과 교육 등 공적인 장소에서의 언어사용에서는 우위에 있었다. 또한 무하지르의 대부분이 이주해 온 땅의 언어인 신디어의 학습을 게을리했던 것도 신디민족의 불만을 증폭시켰다. 한편, 신디민족은 자신들의 조상의 언어인 신디어가 아닌 '외국'에서 이주해 온 무하지르의 언어인 우르두어를 사용하도록 강요당하는 사태가 빚어졌다. 또한 신드 최대의 도시 카라치가 파키스탄의 수도가 되고 신드 주에서 분리되어 연방직할이 된 것은 신디민족에게 신드문화의 중심지를 파키스탄 정부에게 빼앗긴 것과 다름 없는 사건이었다(Ayres 2003). 점차 '외국인'인 무하지르보다 조상 대대로 신드 땅에 살고 있는 신디민족이 사회경제적으로 불리한 상태에 놓이게 되었고, 이로 인해 1972년 독립 이후 최악의 언어폭동이 발발했다(Ayres 2003).

3-4. 펀자브어

펀자브어는 전 국민의 44.15%가 사용하며 현재 파키스탄 최대 다수 파이다(표 1 참조). 또한 펀자브어 화자는 무하지르와 함께 정부의 중추기관과 군부에서 다수파를 차지하고 있어 독립 이후 사실상 파키스탄을 좌지우지해왔다(加賀谷·浜口 1977, Rahman 2004, Rahman 2006). 펀자브어는 구어가 주체이며, 펀자브어 화자가 문장을 쓸 때는 문장어, 문화어인 우르두어를 사용하는 경향이 강하다. 파키스탄은 펀자브어 화자가 문장어와 문화어로 우르두어를 사용하는 것을 이유삼아 건국 전부터 우르두어의 사용을 적극 추진했다. 그 한편으로는 파키스탄 펀자브어 화자의 독자적인 언어문화를 인식하는 "펀자브어운동"이 활성화되고 대학의 학과와 과목설치[03]나 출판물 발행 등의 활동도 이루어졌다(麻田 1987, Rahman 1996). 덧붙여 말하면, 인도의 펀자브어는 주로 구르무키Gurmukhi문자로 표기되지만, 파키스탄의 펀자브어는 아랍페르시아문자로 수정한 샤무키문자Shahmukhi Script를 이용한다.

3-5. 사라이키어 힌드코어

사라이키어와 힌드코어는 펀자브어의 방언으로 취급되었다(麻田 1987). 사라이키어는 전 인구의 10.53%가 사용하며(표 1 참조), 현재는 인구조사 등에서 '언어'로 취급되고 있지만, 이전에는 펀자브 언어의 서부방언군 남부방언으로 취급되었다(麻田 1987). 사라이키어는 펀자브어권과 신디어권의 접경 지역에서 사용되며, 두 언어의 특징을 모두 가진다. 많은 화자가 존재하고, 독자적인 언어문화를 주장하는 사라이키어운동이 고조되어 온 것이 사라이키가 '언어'로 승격하게 된 배경이다(麻田 1987).

힌드코어는 펀자브 언어의 서부방언군 서북방언으로 여겨져 왔으며, 북서변경 주를 중심으로 전 인구의 2.4%가 사용하고 있다(麻田 1987). 이 전의 인구조사에서는 힌드코어는 '언어'로 취급되었지만, 현재의 인구조사에서는 '언어'로서 리스트업 되지 않고 있다(제2절의 표 1 참조).

3-6. 파슈토어

파슈토어는 용감하고 독립독보의 기풍을 가진 파슈툰족Pashtun, 혹은 파흐툰 Pakhtun이 사용하는 언어이다. 파슈툰족은 우르두어와 힌디어로는 파탄Pathan으로 불리며 아프가니스탄 인구의 과반수를, 파키스탄 북서변경주 인구의 약 70%를 차지하고 있다. 아사다(麻田 1987)가 '모어에 대한 애착은 상당히 강하며, "참다운 순수 파슈툰은 양친이 모두 파슈토어 화자여야만 한다"라고 자주 말하곤 한다'라는 서술에서 볼 수 있듯이, 파슈툰족은 파슈토어에 큰 애착과 자긍심을 가지고 있다. 그 예로, 북서변경주의 공용어는 우르두어이지만, 주 의회 의원의 다수가 회의에서 파슈토어를 사용하는 것과 지아 울 하크 정권이 파슈툰족의 목소리에 눌려 북서변경주의 초등학교에서 파슈토어를 교육언어로 인정한 것을 들 수 있다(Ayres 2003). 참고로 파슈툰족에게는 독특한 관습법이 존재하는데, 특히 복수, 용감함, 무협, 불굴의 정신, 재산·명예·부녀자의 방위, 손님환대, 피난소제공 등의 정신을 존중하여(麻田 1987), 파키스탄의 군부에서도 일정한 세력을 형성하고 있다.

그들에게는 인접국인 아프가니스탄의 파슈툰족과 연대하려는 움직임이나 파슈툰족의 자치, 나아가서는 독립을 요구하는 움직임이 강하기 때문에 파키스탄 정부 당국은 파슈토어의 사용을 경계하고 있다. 파슈툰족은 탈레반의 주력을 차지하고 있어, 탈레반이 발흥할수록 파슈툰족의 민족의식도 고양되는 상황이 벌어지고 있다. 또한 파슈툰족이 가리키는 자치구(자치국)은 파흐투니스탄Pakhtunistan이라 불리는데, 이는 자치요구운동의 표어이기도 하다. 1998년 북서변경주를 '파흐투니스탄'으로 개명하려는 요구를 파키스탄의회가 부결시킨 사건도 있었다(Ayres 2003).

3-7. 발루치어, 브라후이어

발루치스탄 주는 면적은 넓지만 인구는 적으며 다양한 민족과 부족들이 거주하고 많은 언어가 사용된다. 주요 언어는 발루치어, 파슈토어(이란어파), 브라후이어(드라비다어파)이며 다언어지역이기 때문에 많은 주민들은 2개 이상의 언어를 사용하며, 주 내에서 공통어로 기능하는 것은 우르두어이다(Ayres 2003). 발루치스탄은 파키스탄과 이란의 국경지대에 위치하므로 발루치어도 파키스탄과 이란에서 모두 사용된다. 또한 이란과 아프가니스탄과도 가까워 페르시아어와 다리어(아프가니스탄의 페르시아어)의 화자도 많다('발루치스탄 주 정부 웹').[04]

발루치어는 전인구의 3.57%가 사용하며(제2절의 표1참조, 부라후이어는 전인구의 1.2%가 사용한다(麻田 1987). 브라후이어는 남인도의 드라비다어족과 같은 어족에 속하지만, 주위의 이란어파와 인도어족의 영향을 많이 받아, 문자도 아랍페르시아계 문자를 사용한다.

또한 발루치스탄에도 펀자브민족 주도정치에 대한 반발로 '발루치스탄 독립운동'이 1960년대에서 70년대에 걸쳐 성행했지만, 중앙정부가 무력으로 진압해 현재는 잠행하고 있는 상태라고 한다(『브리타니카 국제대백과사전』 2006).

3-8. 영어

파키스탄의 영어에 대해서는 Baumgardner(1998)에서 자세히 설명하고 있다. 파키스탄의 영어는 음운, 문법, 어휘 면에서 인도 영어와 매우 비슷하다. 파키스탄과 인도에서는 영어는 오로지 영어를 교육언어로 하는 학교를 나온 엘리트층에 의해 사용되었다. 파키스탄에서 영어의 사회적인 역할과 기능도 인도와 유사하지만, Mansoor,S., Azam,SI., Zafar,M., Nasim,S.(2007)의 조사에 따르 면 상당한 레벨의 교육을 받고 있는 파키스탄인조차도 영어를 사용할 때 불안감을 느끼는 화자가 많은 등, 파키스탄인 영어화자는 인도인보다 영어에 자신감이 없어 보인다. 하지만 TOEFL의 모어 화자별 스코어를 참조해 보면 파키스탄인의 영어능력은 인도인과 비교해 손색이 없다는 것을 알 수 있다. 파키스탄 정부의 표면적인 정책에서는 영어의 역할을 조금씩 우르두어로 바꾸어 가도록 하고 있지만, 실제로는 영어의 사용이 점점 증가하고 있다(Ayres 2003).

　인도와 파키스탄의 영어관의 큰 차이는, 인도인은 영미 등의 모어화자의 영어가 아니라, 교육을 받은 인도인의 영어를 모델로 하여 인도인이 작성한 교과서를 사용한다. 때문에 인도정부는 인도의 영어를 '외국어'가 아닌 '인도의 언어 중 하나' 혹은 '제2언어'라고 부른다. 이에 반해 파키스탄에서는 모어 화자의 영어를 모델로 하고 있다(하지만 양쪽 모두 비슷한 영어를 사용한다). 또한 파키스탄에서는 영어를 '외국어'라고 부르는 일이 많으며, 영어를 파키스탄 언어의 하나라고는 생각하지 않는다. 또한 인도에서는 대학에서조차도 영어 모어 화자인 영어교원이 거의 없는 반면, 파키스탄에는 모어화자인 교원이 약간 존재한다(榎木蘭 2007 등 참조).

　Mansoor,S., Azam,SI., Zafar,M.,Nasim,S.(2007)는 교육받은 파키스탄인의 영어학습 목적을 조사했다. 이에 따르면, (1)정보기술을 이용하기 위해서, (2)국제적인 서적, 잡지, 신문을 이용하기 위해서, (3)좋은 직업을 갖기 위해서, (4)영어가 장래의 직업에 필요한 언어이므로, (5)해외여행을 위해서, (6)대학 수업에서 영어가 필요해서(이상, 상위 순)로, 파키스탄인은 국내 언어뿐 아니라 외국어(국제 언어)로서도 영어를 배우고 있다는 것을 알 수 있다. Parasher(1991)의 조사에서는 교육받은 인도인이 외국어보다 제2언어로서 국내에서 사용할 목적으로 영어를 배우고 있다는 결과가 제시되었는데, 이는 파키스탄의 사례와는 매우 대조적이다.

3-9. 아랍어

아유브 칸[05]은 아랍어교육에 열심히 몰두하여 그 후의 지도자들, 특히 지아 울 하크(Zia ul-Haq)[06]는 이슬람의 언어로서 아랍어교육에 매진했다. 하지만 파키스탄에서의 아랍어는 암기와 우르두어를 통한 해석에 무게를 두고 있어, 살아있는 언어로서의 아랍어의 보급은 그다지 잘 이루어지고 있지 않다(Ayres 2003).

아유브 칸과 지아 울 하크의 마드라사를 이용한 아랍어교육은 결과적으로 이슬람 과격파를 더 많이 양성시켜 후에 페르베즈 무샤라프[07]가 이에 대한 재검토를 호소했다.

4. 파키스탄의 언어정책

4-1. 국어 및 공용어

1973년의 파키스탄 헌법에서는 우르두어를 국어national language(우르두어) : quami zaban로 정하고 있다. 1973년 헌법 제251조 1항은 '헌법 발부로부터 15년 이내에 공적 혹은 그 외의 목적으로 우르두어를 사용하도록 하는 조치를 강구하도록 한다'라고 명기하고 있다. 또한 동 2항에서는 우르두어가 공용어가 될 때까지 영어를 공용어로서 잠정적으로 병용해도 좋다고 하고 있다. 하지만 1973년에서 15년은 커녕, 37년이 경과한 2010년 1월 현재도 우르두어가 완전히 공용어화 되고 영어가 공용어에서 제외되었다는 소식은 들리지 않는다. 사실 우르두어는 넓은 영역에서 사용되지만, 영어도 여전히 행정, 입법, 교육의 영역에서 사실상 공용어로서 기능하고 있다. 홍미로운 점은 이 사실에 대해 정부도 국민도 그다지 신경 쓰지 않는다는 것이다.

1973년 헌법 제251조 3항에는 '국어의 지위에 불이익을 주지 않는 한, 주 의회[08]는 국어에 더해 주의 언어Provincial language를 만들어 부흥시키고 사용하는 방책을 법으로 규정할 수 있다'라고 되어 있다. 현재 주의 공용어를 정하고 있는 주는 신디어 운동이 격렬한 신드 주뿐이지만, 교육언어로서 지역의 주요언어를 사용하고 있는 학교는 비교적 많다.

1973년 헌법

251조 국어

(1) 헌법 발부로부터 15년 이내에 공적 혹은 그 외의 목적으로 우르두어를 사용하도록 하는 조치를 강구하도록 한다.
(2) 전항에 이어 우르두어가 공용어로 바뀌기 위한 조치가 강구될 때까지 영어를 공적인 목적으로 사용하기로 한다.
(3) 국어의 지위에 불이익을 주지 않는 한, 주 의회는 국어에 더해 주의 언어 Provincial language를 만들어 부흥시키고 사용하는 방책을 법으로 규정할 수 있다.

4-2. 민족주의 억제를 위한 언어정책

파키스탄 정부는 민족의식과 독립의지가 강하고, 말이 많은 지역어인 벵골어와 신디어를 봉쇄하기 위해 매우 무모한 정책을 실시하기도 했다. 예를 들면, 1955년 서파키스탄의 주들과 인도와의 분리독립 시에 파키스탄에 귀속된 번왕국을 통합하여 단일 서파키스탄을 만들고 현재의 방글라데시의 벵골지방을 동파키스탄으로 하여 Two Units체제를 만듦으로써 말 많은 지역끼리의 연대를 봉쇄했다.[09] 이 때 정부는 서파키스탄에서는 우르두어를, 동파키스탄에서는 벵골어를 사용하도록 권고하여 동파키스탄의 벵골어 화자를 우대하는 한편, 서파키스탄의 신디어 화자에게 우르두어를 강요하는 형태로 양자의 이익 분단을 꾀했다. 결국 서파키스탄 지방의 하나가 되어버린 신드는 중앙정부와 우르두어를 모어로 하는 무하지르에 의해 신디어의 약화와 우르두어의 추진이 진행되었다. 한편 신디어 추진자에 의해 반발이 지속되어 1972년 대규모의 언어분쟁에 이르게 된다(加賀谷·浜口 1977, Ayres 2003).

4-3. 독립 후부터 현재까지의 언어정책

파키스탄에서 처음으로 헌법이 채택된 것은 독립으로부터 8년이나 지난 1956년 2월 29일의 일이다(헌법 시행일은 같은 해 3월 23일). 1956년 헌법에서는 국어와 더불어 공용어도 규정했다. 가가야 하마구치(加賀谷·浜口 1977)에 의하면 '국어는 우르두어와 벵골어로, 20년간은 공용어로서 영어의 병용을 인정했다'. 여기서 주의해야할 점은 우르두어와 벵골어가 "national language"가 아닌 "state languages"라고 표기되었다는 점이다. 서파키스탄 지도자에게 인도아대륙의 무슬림이라는 '하나의 민족a nation을 상징하는 언어National language'는 어디까지나 우르두어 뿐이며, 결코 두 개여서는 안 되는 것이었다. 파키스탄을 좌지우지한 서파카스탄 지도자는 동파키스탄의 목소리를 억누르려 벵골어도 '국어'에 넣었지만, 그들에게 벵골어는 인도아대륙의 무슬림을 상징하는 언어가 아니었다. 그 때문에 National language가 아닌, State language라는 명칭을 붙인 것이라고 사료된다. 이러한 사정으로 State language가 된 이후에도, 지폐와 정부의 표식 등에는 우르두어만이 사용되었으며, 벵골어에는 실질적인 '국어'로서의 역할과 지위는 주어지지 않은 채 우르두어에 종속되는 상황이 이어졌다(Ayres 2003). 이것이 바로 동서파키스탄의 대립과 내란의 요인이 되어 1971년 방글라데시의 독립으로 이어졌다.(제7장 참조)

5. 우르두어의 기능과 지위

앞서 기술했듯이, 파키스탄의 우르두어 모어 화자는 겨우 7.57%에 지나지 않는다(표 1 참조). 게다가 이 모어화자의 대부분이 분리독립 시에 인도에서 이주해 온 무지하르로, 우르두어는 어떤 의미에서는 '외국어'라고도 할 수 있다. 실제로 우르두어의 연고지는 델리를 중심으로 하는 북인도(麻田 1987)로, 현재의 파키스탄에서 보면 정말로 '외국'이다. 이러한 '외국어'인 우르두어가 파키스탄의 국어가 되고, 파키스탄의 공용어로 기능하게 된 이유는 다음과 같다.

우르두어 전문가인 아사다(麻田 1987)는, '19세기에 들어서 그전까지 모든 분야에서 사용되던 페르시아어를 대신해 영어가 행정, 교육의 언어로서 대두하게 되는데, 이미 북인도의 공용어로 정착한 우르두어는 영어에 이어 중요한 언어로 인정되기에 이르렀다'고 하며, '독립 당시 인도에서 우르두어를 사용하는 많은 사람들(무지하르)이 파키스탄으로 이주해 오면서 남아시아 무슬림의 공통어로 계속 사용되어 온 우르두어가 신생 국가의 국어로 선택된 것은 역사적 흐름으로부터 봐도 자연스러운 것이었다'고 서술하고 있다.

또한 후카마치(深町 1985)는 우르두어가 펀자브 지방에 뿌리를 내리고 있는 이유에 대해 역사적, 사회적 배경을 통해 다음과 같이 지적하고 있다.(Ayres 2003도, 深町 1985도 같은 지적을 하고 있다.)

그 (필자 주: 세이드 아흐마드 칸)는 무슬림에게 영어습득의 필요성에 대해 설명하고, 1875년 알리가르에 하마단 앵글로 오리엔탈 컬리지(알리가르 대학)을 창립했다. 이것은 사상 면에서 향후 파키스탄 건국운동의 선구가 되었다. 또한 동 대학의 우르두어교육이 펀자브 상류사회의 지정을 통해 펀자브어에 준 영향도 컸다.

또한, 후카마치(深町 1985)는,

우르두어는 무굴제국의 공용어였던 페르시아어와 토착 언어인 힌디어의 혼성어이며, 우아한 표현이 풍부하고 아름다운 언어이다. 이에 반해 펀자브어는 거칠고 촌스러운 언어이며, 긴 세월동안 오로지 구어로서의 지위에 만족해 왔다. 영국의 지배가 펀자브에 확대되자, 우르두어는 학교교육의 공용어가 되었고, 알리가르 대학의 영향으로 급속하게 펀자브에 보급이 가속화되었다. 시인 무함마드 이크발, 소설가 크리샨 챈더 같은 펀자브 사람들이 작품을 우르두어로 발표한 것도 중요한 계기가 되었다. 또한 펀자브어가 문법적으로 우르두어에 가까운 것도 펀자브의 우르두어의 보급과 밀접하게 관련되어있다.

라고 서술하고 있는데, 이것이 우르두어가 파키스탄의 국어가 된 배경을 가장 정확히 설명하고 있는 것이라고 생각된다. 한편 아사다(麻田 1987)는,

(펀자브어는)풍요로운 문학전통을 가지고 있지만, 대부분이 모두 구전문예이다. 가정에서의 구어, 라디오, TV영화의 매체언어와 같이 구어의 영역을 넘어서지 못한다. 이러한 사정으로 미루어, 많은 펀자브어의 화자들은 펀자브어를 '격조 높은' 언어로는 생각하지 않으며 공식적인 장소는 물

론 메모나 편지를 쓰는 경우에도 우르두어를 사용한다.

라고 서술하며, 우르두어가 펀자브 도시의 일부 교육계층에 의해 문장어
로서 정착하고 있는 상황을 지적하고 있다. 또한 1961년 인구조사에 따
르면, 조사 당시 우르두어 화자 수는 모어와 모어 외의 언어를 사용하는
화자를 합쳐 7.24%밖에 되지 않았지만, 식자율이 45%까지 상승하고 취
학율이 51%에 달한 2001년 이후에는(Harah&Shera 2007), 국민의 파빈 이
상이 우르두어를 사용하게 되었다고 추정된다.[10] 또한 Mansoor, Azam,
Zafar, Nasim(2007)의 조사에 의하면, 도시의 일부 교육 계층에게 우르
두어가 영어와 마찬가지로 널리 보급되어 있다는 사실을 알 수 있다. 참
고로 특히 교육받은 여성들에게는 영어와 우르두어의 가치가 높고 지역
어의 가치가 낮으며, 반대로 남성에게는 지역어의 가치가 비교적 높다는
결과가 있다.

또한 파키스탄정부는 국어국The National Language Authority, 우르두어 :
Muqtadira-e Qaumi Zaban의 활동을 통해 국어로서의 우르두어의 진흥, 표준
화, 맞춤법, 용어의 번역 등의 사업에 힘을 쏟고 있다.[11] 현재 인도 국내
의 연고지를 떠난 파키스탄의 우르두어는, 인도의 우르두어와는 다른 독
자적인 발달을 이루었다. 특히 국내의 다수파인 펀자브어의 영향을 받기
도 하며 아랍어의 조어를 늘리는 등의 작업을 하고 있지만 인도의 우르
두어 화자와의 커뮤니케이션에 지장은 없다.

6. 파키스탄의 언어 하이어라키 : '외국어'가 우대되는 사회

Rahman(2004, 2006)이 지적하듯이, 파키스탄의 언어 하이어라키는 구 종
주국의 언어인 영어가 가장 높고, 그 다음으로는 국내에 연고가 없는 '외국어'
인 우르두어, 그리고 지역어Provincial languages, 소수 언어의 순으로 위신이 낮
아진다. 이슬람이라는 하나의 종교 아래 무슬림이라는 개별 민족의 국가로
서 건국된 파키스탄에서는 외국어인 영어와 우르두어가 우대받고, 파키스탄
본래의 언어는 경시되어 왔다. 게다가 아이러니하게도 이슬람 국가인 파키
스탄에서 사회 경제적으로 가장 힘을 가지고 있는 것은 영어를 교육언어로
하는 사립학교를 나온 서구적인 세속주의자들이다. 이 사립학교들은 정부의
통제를 받지 않고 영국의 커리큘럼과 시험 시스템에 준거하고 있기 때문에,
국가의 이념이나 이슬람과는 어떤 의미에서는 양립할 수 없는 사람들이다.
이에 더해 인도에 연고를 가지는 본래 '외국어'인 우르두어를 국가통치의 상
징으로 지나치게 우대한 나머지, 파키스탄 본래의 언어를 경시해온 언어정
책은 밸런스 감각을 잃어가고 있는 것으로 보인다.

만약 파키스탄 정부가 인도정부의 3언어정책Three-Language Formaula과
같이 지역어와 모어를 어느 정도 존중하는 정책을 택했다면, 방글라데
시의 독립과 신드 주의 언어분쟁도 피할 수 있었을지 모른다. 동파키스
탄에서의 벵골어와 신드 주의 신드어의 지위를 우르두어 밑에 둠으로써,
이러한 문제가 심각해진 것이다. 파키스탄은 인도만큼 인종적, 민족적,
언어적으로 다양하지 않다. 게다가 국민의 97%가 무슬림으로, 종교적으
로는 거의 단일국가에 가까우므로, 종교적으로 보다 복잡한 인도보다도
국가의 통치가 쉬울 것이다. 그럼에도 불구하고 파키스탄이 언어분쟁과
민족분쟁에 고심해온 것은 오로지 지도자가 이슬람이라는 종교를 과신
하여 종교와 민족과 언어의 관계를 제대로 이해하지 못했기 때문, 혹은
이해하려고 하지 않았기 때문은 아닐까.

7. 나가며 : 파키스탄 언어정책의 전망

현재 파키스탄의 정세는 매일 보도되는 바와 같이 이슬람 원리주의의 영향이 강해져 테러와 폭력이 만연하고 있다. 2007년 10월 29일 자 Newsweek의 표지에는 '세계에서 가장 위험한 나라는 이라크가 아니다. 그것은 파키스탄이다The Most Dangerous Nation In the World isn't Iraq. It's Pakistan' 라는 충격적인 표제어가 실렸다. 또 그 커버스토리의 표제어에는 '가장 위험한 나라' 및 '성전聖戰(신앙이나 원리를 위하여 투쟁을 벌이는 것)이 지금도 살아있는 나라', 그리고 부제에는 '이슬람 전사는 그들 부족의 근거지를 넘어 활동하며 불안정한 핵무장을 한 나라 파키스탄에 자유롭게 출입하고 있다'고 하며 심상치 않은 현재의 파키스탄 정세를 표현하고 있다.

Rahman(2004, 2006)과 Christine Fair(2008)는 학교의 종류와 호전성 militancy의 관계에 대해 지적하고 있다. 모스크부속 종교학교인 마드라사madrassah는 수업료와 기숙사비가 무료거나 매우 저렴해 여기에 다니는 아이들은 빈곤한 가정 출신자가 대부분이다. 마드라사에서는 이슬람에 의한 교육이 행해지는데, 일반적으로 반서구, 반선진국에 편향된 이슬람 원리주의적인 교육 내용인 경우가 많다. 그 결과 인도와 서구에 대한 적대적인 감정을 가진 사람들이 대량으로 배출된다. 특히, 북서변경주와 발루치스탄의 퀘타Quetta에 있는 아프가니스탄 피난민캠프 부근의 마드라사가 탈레반과 테러리스트의 온상이 되고 있다는 사실은 많이 알려져 있다. 이와는 대조적으로 영어를 교육언어로 하는 엘리트 학교는 수업료가 비싸기 때문에 중간 계층 이상의 가정이 아니면 자제를 보내기 힘들다. 여기서는 외국에서 편찬한 영어 교과서를 사용해 영어를 교육언어로 서구적이고 세속적인 교육을 시행한다. 그 결과 사상적으로는 리버럴하고 클럽에서 술을 마시는 등 세속적인 생활을 하는 한편, 가난한 동포에게는 동정심을 갖지 않는 '국내 외국인'과 같은 사람들이 배출되고 있다

(Rahman 2004, 2006).

파키스탄은 무슬림이 하나의 민족이라는 2민족론에 근거하여 인도에서 분리독립했지만, 파키스탄은 건국 이래 다민족성·다언어성에서 기인한 여러 문제들에 직면하고 있다. 국민 통합을 위해 이슬람화 정책을 추진하고 남아시아 무슬림을 상징하는 우르두어를 국어로 택하는 한편, 국가의 유지와 발전을 위해 '영어 엘리트'를 온존하는 파키스탄 정부의 언어정책은, 어떠한 의미에서 교묘하다고도 할 수 있다. 하지만 이슬람이라는 이름 아래 다양성의 상징인 각 민족의 독자적인 언어와 문화를 경시함으로써 오히려 국민통합을 저해하는 결과를 가져왔다.

현재 교육의 보급과 더불어, 독립 당초와 비교하면 우르두어는 훨씬 더 국민들에게 침투했다. 그러한 의미에서 파키스탄 정부의 노력은 조금씩 결실을 맺고 있다고도 할 수 있다. 하지만 국가 통합을 위해 과도하게 추진된 이슬람화 정책이, 이슬람을 둘러싼 세계정세와도 겹쳐져 뜻밖에도 파키스탄을 테러리스트나 탈레반의 온상으로 만들어 버린 감이 있다. 파키스탄 건국의 아버지 진나 자신은 매우 세속적이었다. 인도아대륙의 무슬림의 이익을 위해서 파키스탄을 건국한 진나가 만약 생전에 현재 파키스탄의 정세를 예상할 수 있었다면 인도와의 분리독립은 꿈도 꾸지 않았을지 모른다.

주석

01 東洋文庫(平凡社)에 우르두어의 일본어 번역이 있다.(蒲生礼一翻訳初刊1942、複刊1990
    『四人の托鉢僧(ダウヴェーシュ)の物語』)

02 인도와 파키스탄의 분리독립 시에 주로 북인도에서 파키스탄의 신드 주의 대도시 (특히
    카라치와 하이데라바드)로 이주해온 우르두어를 모어로 하는 사람들.

03 "Punjab Languages"Culture of Pakistan, Ministry of Culture, Government of Pakistan
    http://202.83.164.26/wps/ portal/Mocul/!ut/p/c1/

04 http://www.balochistan.gov.pk/index.php?option=com_content&task=view&id=39&Ite
    mid=69

05 1958년 무혈쿠데타로 계엄사령관이 되어 당시의 미르자대통령을 추방하고 스스로 대통
    령(1958-1969)이 되었다. 그 외에도 아유브 칸은 영어의 추진, 우르두어 등 파키스탄언
    어의 로마자화, 마드라사의 대폭적인 영어교육의 도입 등도 시도했지만 순조롭게 진행되
    지 않았다(Ayres2003).

06 육군참모총장이었던 1977년에 무혈의 쿠데타로 줄피카르 알리 부토(Zulfikar Bhutto)수
    상을 구속하고 전국에 계엄령을 선포하여 스스로 계엄사령관, 후에 대통령에 취임(1978-
    1988). 이슬람법의 실시, 정당 활동의 금지, 부토의 처형 등 강권적인 정치를 했는데,
    1988년 파괴활동이라 생각되는 비행기사고로 사망했다. 또한 지아 울하크는 TV에 아랍
    어뉴스를 도입하여 아랍어뉴스는 오늘날까지 방송되고 있다. 또한 그는 아랍어교사의 부
    족을 보충하기 위해 마드라사의 울라마를 동원하는 등의 활동을 했다(Ayres 2003).

07 육군참모총장 겸 통합참모본부의장이었던 1999년에 무혈쿠데타로 정권 장악, 2001년 6
    월부터 2008년 8월까지 대통령.

08 파키스탄에서는 주를 State가 아니라 Province라고 한다(일본의 학회에서도 province
    를 관례적으로 '주'라고 번역하고 있다). 참고로 현재 파키스탄의 행정구분은 ①펀자
    브 주(Punjab Province), ②신드 주(Sindh Province), ③발루치스탄 주(Baluchistan
    Province), ④북서변경 주(North-West Frontier Province(NWFP)), ⑤이슬라마바드수
    도권(Islamabad Capital Territory), ⑥연방직할부족지역(Federally Administered Tribal
    Areas(FATA), ⑦북방지역(Federally Administered Northern Areas)인(아자드 카시미르
    (Azad Jammu and Kashmir(AJK))는 제외한다. 한편, 분리독립 시의 파키스탄의 행정 구
    분은, ①동벵골 주(East Bengal. 아삼 주 실헤트(Sylhet)를 포함한다. 1956년 이후 동파
    키스탄주. 1971년 방글라데시로 분리독립), ②서펀자브 주(West Punjab Province. 후에
    Punjab로 개칭), ③신드 주(Sindh Province), ④ 발루치스탄 주(Baluchistan Province), ⑤
    북서변경 주(North-West Frontier Province), ⑥연방수도지역(Federal Capital Territory.
    카라치)그리고 그 외의 번왕국(princely states)로 구성되어있었다.

09 1955년에 서파키스탄의 각 주들이 통합되어 단일 '서파키스탄'이 탄생하여 동파키스탄과
    2주체제가 되었다. 이때 인도와의 분리독립 시에 파키스탄(서파키스탄 쪽)이 귀속된 번왕
    국은 행정상 정식으로 파키스탄에 통합되었다. 또한 1970년 야히아 칸 대통령의 군사정

권 하에 서파키스탄은 해체되어 원래대로의 4개의 주로 되돌아갔다(加賀屋·浜口1977).

10 파키스탄정부의 최신통계에 따르면, 2008년의 식자율(識字率)은 56.2%에 달하며, 우르
두어를 사용하는 인구비율은 더욱 상승하고 있다.

11 http://www.nla.gov.pk/beta/

저자주: 다른 장 및 본문 중의 다른 곳과의 용어를 통일하기 위해, 본문 중 인용부분의 고유명사
에는 인용의 원전(원문)과 표기가 다른 것이 있다.

참고문헌

麻田豊(訳注). 1984. 『ウルドゥー文学名作選』東京 : 大学書林

麻田豊 1987. 「民族と言語文化」小西正捷(編)『もっと知りたいパキスタン』東京 : 弘
文堂

ブリタニカジャパン. 2006. 『ブリタニカ国際大百科事典』(電子辞書版)ブリタニカジャ
パン

榎木薗鉄也 2008. 「インドの言語政策と言語状況 : 言語ナショナリズムと英語の拡大」
山本忠行·河原俊昭(編)『世界の言語政策第2集』東京 : くろしお出版

深町宏樹 1985. 「1. 西北部 : 民族の分断と相克」辛島他(編)『民族の世界史7 : インド世
界の歴史像』東京 : 山川出版社

本田毅彦 2001. 『インド植民地官僚 : 大英帝国のエリートたち』東京 : 講談社

井筒俊彦 1952. 「ヒンドゥスターニー語」市河三喜·高津春繁(編)『世界言語概説(上巻)』
東京 : 研究社

井狩弥介 2002. 「南アジア : 住民，文化」辛島他(監修)『南アジアを知る事典』東京 :
平凡社

加賀谷寛·浜口恒夫. 1977. 『南アジア現代史Ⅱ』東京 : 山川出版社

辛島昇(編) 1985. 『民族の世界史7 : インド世界の歴史像』東京 : 山川出版社

辛島他(監修) 2002. 『南アジアを知る事典』東京 : 平凡社

中村平治 1977. 『南アジア現代史Ⅰ』東京 : 山川出版社

清水学 2002. 「パキスタン」辛島他(監修)『南アジアを知る事典』東京 : 平凡社

"Ethnologue report for Pakistan"(http://www.ethnologue.com/show_country.
asp?name=pk)

Ayres, A. 2003. "The politics of language policy in Pakistan" in Brown E. M. and
Gunguly S.(eds.), *Fighting Words: Language Policy and Ethnic Relations in Asia*.
Massachusetts: The MIT Press(本書はパキスタンの言語政策や言語問題を簡潔に
まとめていて重宝であるが，一次資料を余り用いていない。なお，本書の情報や
資料は Tariq Rahman 氏のものに大きく依拠している)

Baumgardner, Robert J. 1993. *The English Language in Pakistan*. Karachi: Oxford
University Press.

Chatterji, S. K. 1983. *Hind Aryai Aur Hindi*, translated into Urdu by Atique Ahmad Siddiqui. New Delhi: Taraqqi Urdu Bureau.

Choudhry, Munir Ahmed. 2005. "Background paper prepared for the education for all global monitoring report 2006---literacy for life---Pakistan: where and who are the world's illiterates? April 2005," UNESCO (http://unesdoc.unesco.org/images/0014/001459/145959e.pdf)

Christine Fair, C. 2008. *The Madrassah Challenge: Militancy and Religious Education in Pakistan*. Washington DC: United States Institute of Peace Press.

Fatehpuri, F. 1987. *Pakistan Movement and Hindi-Urdu Conflict*. Lahore: Sang-e-Meel Publications.

Farah, Iffat & Shera, Sehr. 2007. "Female education in Pakistan: A review," in R. Qureshi, and J. F. A. Rarieya(eds.), *Gender and Education in Pakistan*, pp.3 - 40. Karachi: Oxford University Press.

Kachru, B. B. 1983. *The Indianization of English*. Delhi: Oxford University Press.

King, R. K. 1994. *One Language, Two Scripts: The Hindi Movement in Nineteenth Century North India*, Delhi: Oxford University Press.

Mansoor, S., Azam, S. I., Zafar, M., Nasim, S. 2007. "Gender and language in higher education," in R. Qureshi, and J. F. A. Rarieya(eds.), *Gender and Education in Pakistan*, pp.147 - 169. Karachi: Oxford University Press.

Parasher, S. V. 1991. *Indian English: Function and Forms*. Delhi: Bahri Publications.

Rahman T. 1996. *Language and Politics in Pakistan*, Karachi: Oxford University Press.

Rahman, T. 2004. *Denizens of Alien Worlds: A Study of Education, Inequality and Polarization in Pakistan*. Karachi: Oxford University Press.

Rahman, T. 2006. "The role of English in Pakistan with special reference to tolerance and militancy," in Amy B. M. Tsui, James W. Tollefson(eds.), *Language Policy, Culture, and Identity in Asian Contexts*, pp.219 - 239. Routledge.

Rahman, T. dateless - 2005. "Dr.Tariq Rahman official web page" http://www.tariqrahman.net/newmain.htm (このウェブは, パキスタン内外で著名な言語学者 Tariq Rahman 氏自身のウェブであり, 氏が発表してきた論文や著書の抜粋が大量に掲載されているが, 発表年や出所が明記されていない論文がほとんどである。それでも, このウェブにあるコンテンツは, パキスタンの言語政策や言語状況についての英語での情報が少ない分, 研究資料として非常に有益かつ貴重だといえよう)

참고 URL

Census2001. http://www.statpak.gov.pk/depts/pco/statistics/other_tables/pop_by_mother_tongue.pdf

Constitution. http://www.pakistani.org/pakistan/constitution/part12.ch4html.

Ehtnologue. http://www.ethnologue.com/show_country.sap?name=pk

제 9 장

가나 : 국어가 없는 나라의 딜레마
-영어의 보급과 현지어 사용의 확대-

야마모토 다다유키山本 忠行

1. 들어가며

가나라고 하면 많은 일본인이 머릿속에 떠올리는 것은 초콜릿과 노구치 히데요野口英世(역주 : 일본의 세균학자. 1928년 가나에서 사망) 정도일 것이다. 거리도 먼데다가 동아프리카에 비해 관광 매력이 부족한 탓인지 가나의 언어사정에 대해서는 거의 알려진 것이 없다. 일찍이 영국 식민지였던 가나 공화국은 1957년에 아프리카에서 처음 독립한 나라이다. 면적 약 24만㎢로 일본의 64%(역주: 남한 면적과 비교하면 약 두 배), 인구 약 2382만 명(CIA 추계 2009)이다. 내전과 쿠데타로 뒤흔들린 아프리카 나라들이 많은 가운데, 가나는 공정한 선거로 2000년 말과 2008년 말 총선거에서 두 번에 걸친 평화적 정권교체가 이루어지는 등 민주정치가 정착하고 정치적으로도 안정된 드문 나라이다. 가나의 수출품은 카카오 콩 뿐 아니다. 일찍이 황금해안Gold Coast이라 불렸듯이, 세계 3위로 알려진 금 매장량을 자랑하며, 망간, 보크사이트, 목재 등 수출 자원이 풍부한 나라이다. 최근에는 해저유전 발견으로 주목받고 있다.

불어 공용국이 많은 서아프리카에서 가나는 5개 밖에 없는 영어 공용국의 하나인데, 사실은 국어가 없는 나라이다. 사하라 이남 아프리카 나라들의 대부분이 옛 종주국의 언어를 지금도 공용어로 하고 있는데 이와는 별도로 현지어를 국어national language로 정한 나라가 있다. 즉 국가 레벨의 사법이나 행정 혹은 고등교육은 영어로 하더라도 국민의 공통어로 써야할 언어를 현지어 중에서 정하는 것이다. 이는 일본 등에서 말하는 '국어'와 그 성격이 상당히 다르다. 일본에서 말하는 '국어'는 국내에서 이루어지는 모든 언어활동의 기반이 되는 소위 '국가어'이다. 이에 비해 아프리카의 개념은 '국민어'라 부를 수 있는데, 국민통합의 정신적, 문화적 상징, 지리적, 역사적 소산인 언어라고 정의할 수 있다. 국어는 교육은 물론 행정서비스나 사법에도 쓰이며 신문이나 잡지도 발행된다. 그런데 가나를 비롯한 서아프리카 나라들 중에는 이같은 national language를 정하지 않은 나라가 많다.

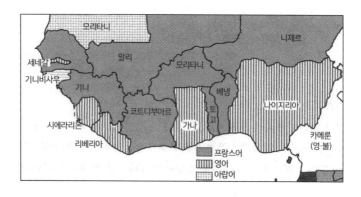

그림 1 : 서아프리카의 공용어

말할 것도 없이 서민의 일상생활의 대부분은 현지어로 이루어지며 구어로서 현지어의 영향력, 중요성은 무시할 수 없다. 그 결과 가나에서는 공용어로 영어 보급을 꾀하지만 현지어를 배려하지 않을 수는 없으므로 언어교육 정책은 시소같이 왔다 갔다 한다. 2007년 실행된 현행 정책은 후술하듯이 독립 후 6번째이다. 본고에서는 가나의 언어교육정책의 변천을 중심으로 왜 국어를 정할 수 없었는지, 공용어인 영어와 현지어의 관계는 어떤지를 검증하고 현지어의 장래에 대해 살펴 보겠다.

2. 가나의 언어사정 개관

가나의 국경은 서구열강의 식민지 분할로 그어진 것이므로, 사하라 이남의 많은 아프리카 나라들과 마찬가지로 다언어 국가이다. Ethnologue 조사에 따르면 영어를 포함해 79개 언어가 사용된다(2010년). 이 언어 수는 각 언어를 독립된 언어로 볼지 방언으로 볼지에 따라 달라지므로 학자별로 다르고 단정할 수도 없지만, 적어도 50개 가까운 현지어가 있다 생각해도 무방하다.[01]

2-1. 현지어의 상황

현지어 중 학교에서 정식 교과로 인정되는 언어는 11개이다.[02] 우선 Akan어 그룹의 Asante Twi어, Akuapem Twi어, Fante어이다. Fante어는 일찍이 식민지배 중심이었던 케이프 코스트를 포함하는 센트럴 주, Asante Twi어는 주도 쿠마시를 중심으로 하는 아샨티 주, Akuapem Twi 어는 이스턴 주에서 쓰인다 이 3언어는 서로 의사소통이 가능하지만 역사적 경위에서 독자성을 주장한다. 그 때문에 총칭으로는 Akan어가 사용된다. 화자 수 추계는 830만 명(Ethnologue), 인구의 42%(Dakubu 2006)

로 추정된다. Akan어는 시장 등에서 공통어로 널리 사용되며 라디오 방송도 많으므로 제2언어 화자도 다수 존재한다. 수도 아크라의 Ga어, 그 동측의 Dangme어, 나아가 볼타 호 동쪽의 Ewe어, 남서부의 Nzema어는 Kwa어 계열로 취급된다. Kwa어 계열 중 가장 북쪽에서 사용되는 것이 Gonja어이다. 면적으로 국토의 약 3분의 2를 Kwa가 점유한다. 북부에서는 Gur어가 중심이지만, 가장 영향력 있는 것은 타말레를 중심으로 사용되는 Dagbani어이다. 부르키나파소 국경에서 가까운 곳에서는 Kasem어, 북서부에서는 Dagaare어가 사용된다. 이상 11개 언어를 현재 학교에서 공식과목으로 가르친다. Mande어로 분류되는 언어는 북부와 중서부의 한정된 지역에서 쓰인다. 현지어 교원양성의 거점인 위네바 교육대학에서 들은 바에 따르면, 업퍼 이스트 주의 볼가탕가 주변에서 쓰이는 Gurene어[03] 교원양성이 1990년에 시작되어 이미 학교에서 가르치고 있으므로 12번째 언어로 가까운 시일 내에 인증될 것이라고 한다. 기초교육인정시험BECE : Basic Education Certificate Examination[04] 과목으로 넣어달라는 요구도 강하지만 2009년 교육부의 교과서출판 입찰 리스트에는 들어있지 않았다.

위의 설명을 간략화 한 것이 그림 4이다. 세로축은 아래가 일상생활, 위가 고등교육이나 입법, 사법 등 고도 수준의 언어사용을 나타내며, 가로축은 화자수를 나타낸다. 영어는 공용어라고는 해도 일상생활에서 영어를 늘 쓰는 것은 소수의 지식계층에 한정되며 고도의 영어를 구사하는 인구도 한정적인 것을 알 수 있다.

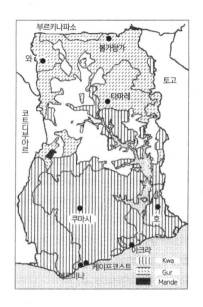

그림 2 : 가나의 언어지도
(영어는 주요언어명) | Ethnologue의 언어지도 참고

그림 3 : 가나의 행정구분

가나 고유의 언어 이외에 나이제리아의 주요언어인 하우사어는 상거
래를 위해 사용될 뿐 아니라
이슬람교도 간에 공통어로 사
용되며, 나아가 군대나 경찰
에서도 중요시된다. 이 외에
도 후루후루데어, 완가라어
및 아랍어 등을 쓰는 사람도
있다. 표 1(2000년도 인구조사에
기초함)에서 언어별 비율을 보

그림 4 : 가나의 언어사용

면 Asante어, Fante어, Ewe어, Ga어를 넣어도 적은 것 같지만 그 외 언어
에 Kwa어 계열도 일부 포함되므로 Kwa어계 언어 화자가 대부분을 차지

한다.[05] 또한 제2언어로 Akan나 Ga어를 하는 사람이 남부에는 상당히 많고 일상생활은 영어를 포함해 3언어를 나눠 쓰는 사람이 대다수이다. 주로 대도시에서 보이는 현상인데 영어를 가정어로 쓰는 케이스도 점점 증가하는 경향을 보인다.

표 1 : 언어별인구비율

언어명	%	
Asante	14.8	
Fante	9.9	
Akyem	3.4	
Akuapem	2.9	kwa어
Ewe	12.7	
Ga	3.4	
Dangme	4.3	
Abron	4.6	
Dagbani	4.3	
Dagaare	3.7	
그 외(영어 포함)	36.1	

표 2 : 민족 비율

민족명	%
Akan	45.3
Mole-Dagbon	15.2
Ewe	11.7
Ga-Dangme	7.3
Guan	4.0
Gurma	3.6
Grusi	2.6
Mande-Busanga	1.0
다른민족	1.4
그 외	7.8

2-2. 식자율識字率

가나의 정확한 식자율은 파악하기는 어려우며 자료에 따라 다른 숫자가 표시된다. 교육부 관계자조차 명확하게 대답을 못하는 실정이다. 2000년 인구조사에서는 15세 이상 가나인 중 16.4%가 영어만을, 38.1%가 영어와 현지어의 문자를 읽을 수 있으므로 영어를 읽을 수 있는 사람은 5-60%정도이다. UNDP의 추계(2006)에서는 64.2%, 세계 120위지만, 74.8%라는 숫자가 나와 있는 자료도 있다.[06] 이렇게 여러 숫자가 나오게 되는 것은 식자의 판정기준이 낮다는 이유와 더불어 농촌과 벽지 혹은 도시의 빈곤지역에서 조사가 힘들기 때문이다. 또 현지어의 식자율이 극히 낮은 것에서 알 수 있는 사실은 현지어 사용영역이 일상생활의 구어 커뮤니케이션에 한정되어 문어로서 기능이 거의 없다는 것이다.

어쨌든 식자율을 지탱하는 것은 취학률이다. 교육부가 공표한 초등학교 취학률은 2005/6년도 69.0%였지만, 2006/7년도는 78.6%로, 수료율 역시 마찬가지로 75.0%에서 80.4%로 대폭 향상되었다. 이는 아이들의 60%정도가 초등교육을 수료한다는 것을 의미하며, 성인 식자율도 곧 7-80%에 이르게 되리라 전망할 수 있다. 그러나 이 숫자를 그대로 받아들일 수는 없다. 도시 학교에서조차 교과서가 전원에게 배포되지 않는다. 가나 대학에는 대학 내 부속 초등학교와 주로 교직원 자녀가 다니는 정문 앞에 Staff Village School이라는 공립 초등학교가 있다. 부속초등학교는 설비도 갖춰지고 전원이 교과서를 갖고 있지만, 공립초등학교에서는 과목에 따라 3-5명에 한 권 정도밖에 교과서가 없고 수업 때마다 배포, 회수한다. 벽지의 학교로 가면 교과서는커녕 책상이나 의자도 없이 바닥에 앉아서 수업을 듣는 등 학교나 교사도 제대로 갖추지 못한 곳이 있다. 이런 지역의 아이들 대부분은 매일 아침 몇 킬로나 걸어서 물을 길러 가고 지각이 일상다반사다. TV 교육방송에 나온 학교에서 물 길러 가지 않는 학생을 손 들어보라 했더니 그 반에 한 명 밖에 없었다.[07] 이런 상황도 고려하면 이 숫자가 보여주는 식자율은 어디까지나 한정된 대상을 조사한 숫자라 생각된다.[08]

2-3. 언어에 관한 법률상의 규정

가나에서는 1957년 독립 이래 오늘날까지 60년, 69년, 79년, 92년 3번에 걸쳐 헌법 개정이 이루어졌는데, 공용어나 국어에 관한 규정이 정해진 적은 없다. 단 몇 가지 언어에 관한 조항이 있다. 독립 당시 1957년 헌법에서는 영어능력이 국회의원이 되기 위한 조건이었다. 이것이 현행 92년 헌법에서는 통역을 붙이는 조건으로 현지어 발언이 인정 되었다. 그러나 국회 TV 중계에서는 더듬거리더라도 국회의원은 모두 영어로 이야기하려고 한다. 영어를 못하면 교양이 없다고 여겨지므로 무리를 해서 영어를 사용하는 것이다.[09] 현지어의 속담이나 비유를 연설에 넣어도 되지만 의회규정에서 소신표명 외에는 원고를 읽는 것이 금지되므로 본인이 그 자리에서 통역을 해야 한다. 또, 지방의회의 경우 학력보다도 지역에 대한 영향력으로 뽑히므로 영어로 작성된 의안 등의 서류를 정확히 이해 못하는 의원이나 영어로 질문을 제대로 못하는 의원도 있다. 아샨티 주 의원은 60% 이상이 Twi와 영어 양쪽을 의회에서 사용한다고 한다 (Yankah 2006). 단, 국회와는 달리 Twi는 주요 현지어이므로 통역은 안 붙는다. 아샨티 주의 지역의회 의원의 학력을 보면 대졸은 10%에 지나지 않고 56%를 중졸자가 과반수를 차지한다(상게서). 영어 토론을 이해 못하는 의원이 많은 것도 당연하다.

덧붙여 1992년 규정의 현행 헌법 제39조에서는 '국가는 가나 언어의 발달을 촉진하고 가나문자에 대한 긍지를 함양해야 한다'며 현지어에 대한 정부의 책임을 명확히 하고 제26조에서는 누구라도 언어, 문화, 전통 등을 유지발전 시킬 수 있다는 국민의 권리가 명문화되었다. 69년 헌법에서부터는 혼인 이외의 이유로 시민권을 얻으려면 '현지어를 하고 이해할 수 있을 것'을 요구하게 되어, 현지어에 대한 의식이 점점 높아지고 있는 것이 엿보인다.

3. 서구의 아프리카 진출

3-1. 가나의 식민지화

처음 가나에 진출한 유럽인은 포르투갈인으로 1471년의 일이다. 그 후 네덜란드인, 덴마크인, 영국인 등이 뒤를 이었다. 포르투갈인이 세운 거점은 금 매매가 이루어져 Da Costa de el Mina de Ouro황금해안이라 불렸으며, 현재 엘미나Elmina라는 지명은 여기에서 유래한다. 1482년에 지어진 성벽은 산 자고성St. Jago이라 명명되었지만 통칭 엘미나 성으로 알려져 있다. 그 뒤 엘미나 성은 1637년에 네덜란드의 손에 넘어갔고, 영국은 1664년에 덴마크로부터 케이프 코스트성을 빼앗았다. 이런 성은 금 매매에 이용될 뿐 아니라 노예무역의 거점이 되어 1000-1500만 명이나 되는 흑인 노예가 신대륙에 팔려갔다.

당시 해안지대를 지배하던 것은 판테 국왕인데 가나에서 가장 큰 세력을 가진 건 내륙의 아샨티 왕국이며 현재 가나 북부를 제외한 대부분의 지역을 세력 아래 둔 적도 있다. 판테는 영국과 손을 잡고 아샨티에 저항하려 했으나 1806년에 침공당해 아샨티의 속국이 되었다. 1830년 무역상 평의회총재[11]로 취임한 맥클린G. Maclean은 외교수완을 발휘해 3국조약을 맺고 아샨티가 남부에서 자유로이 통행할 권리를 인정하는 대신 남부 지배권 포기와 동시에 19kg의 금 및 2명의 왕자를 요구했다. 영국에 끌려간 왕자들은 영국식 교육을 받고 1841년에 메소지스트파의 선교사 프리만T. B. Freeman과 함께 귀국했다. 이 일은 가나의 그리스도교 포교와 영어 보급을 활성화시켰다.

상세한 역사는 생략하겠지만 그 뒤 영국은 1874년에 아샨티 공격을 개시하고 1876년 쿠마시를 함락시켜 왕을 세셸 섬에 추방하고 가나 지배의 기반을 다졌다. 1884년에는 베를린 회의가 개최되어 서구열강에 의한 아프리카 대륙 분할과 식민지 지배가 확립되는데, 이로 인해 국경 주변에서는 많은 민족이 분단되었다. 나아가 제1차 세계대전의 독일 패배로 독일 보호령 토고랜드는 프랑스령과 영국령으로 분할되고, 토고의 서부는 영국지배가 되어 1957년에 현재의 가나에 편입되었다. 이 일로 Ewe인은 영어를 하는 사람과 불어를 하는 사람으로 나뉘게 되었다.

3-2. 가나에서의 영어

서구인이 우선 아프리카에서 한 일은 통역 양성이었다. 포르투갈인은 약 100년 늦은 16세기 중반에 온 영국인과 마찬가지로 1554년 5명의 흑인을 황금해안(오늘날 가나)에서 영국으로 데려가 영어를 익히게 하고 통역으로 사용했다는 기록이 있다. 영국은 1750년부터 1821년까지 식민지 경영을 무역상인에게 맡겼는데 그 후 직접 관여하게 되어 해안지대에서 내륙부로 영향력을 확대시켰다. 그 때 중요한 역할을 한 것이 캐슬 스쿨이라 불리던 성에 병설된 학교이다. 거기에서 읽고 쓰기를 배운 청년들이 행정관이나 사무관으로 일한 것이다. 1822년에 총독으로 임명된 매카씨C. MaCarthy는 공립학교에서 영어 학습과 영국 생활태도를 익히게 하는 것을 중시해 교과서나 복장까지 세밀하게 지시를 내렸다. 나아가 같은 해 발표된 교육조례에서는 미션 스쿨이나 시립학교에 보조금을 주기로 하는데, 현지어를 교육언어로 쓰는 학교는 제외했다. 전도단체 중에서도 적극적으로 이 정책에 협력한 것은 웨슬리안파[12]로, 1880년 무렵에는 아프리카인 목사까지 영어로 설교를 하게 되어 집회에서는 통역이 쓰였다고 한다.

3-3. 영독불 언어정책의 차이

영국과 프랑스는 식민지 경영방침에 큰 차이가 있다고 알려져 있다. 일반적으로 간접통치와 직접통치라는 표현으로 설명되는데, 어떠한 형태로 식민지 경영에 구체화되었는지에 대해서는 그다지 알려지지 않았다.

케냐 출신 정치학자 마리 마즈루이는 서구인이 식민지에서 거만한 태도를 취하는 근거가 된 것을 인종적 우월성과 문화적 우월성이라는 두 종류로 나누는데, 게르만계(영, 독, 프랑드르인, 아프리카나[13])는 전자로 인종의 분리에 힘을 쏟은 반면, 라틴계(프랑스, 포르투갈, 이탈리아, 스페인)는 원주민 문화를 버리게 하는데 열심이었다고 분석한다. 예를 들면 세네갈을 비롯한 구 프랑스령 아프리카 나라들에서는 현지 언어나 문화는 존중되지 못하고 오늘날에도 초등교육에서부터 모두 프랑스어로 교육이 이루어진다. 한편 옛 영국령이던 탄자니아에서는 고등교육과 중앙행정, 최고재판소 등에 영어가 사용되지만, 초등교육, 지방행정과 하급재판소에서 사용되는 국민어 스와힐리어가 탄생해 현지어의 역할이 프랑스령과는 크게 달라지는 결과를 낳았다(상세는 본 시리즈 2권 참조).

단, 영국과 독일도 언어정책에는 상당한 차이가 있고 그것이 가나 언어사정에도 반영되어 있다. 적극적으로 현지어를 연구해 이용한 것은 독일이다. 가나의 볼타호 주변에 들어온 독일인은 주로 북독일 미션계로, 바젤이나 브레멘의 전도단체가 가나 현지어 표기법 규정과 보급에 큰 족적을 남겼다. Akan어 중에서 다수파가 아닌데도 Akuapem Twi어가 문어의 실질상 스탠다드로 통용되는 것은 바젤 전교단체의 공적이다. 포교를 개시한 것은 1985년이지만 1842년에 Twi어의 문어를 만들어 1843년에는 가나 최초의 교원양성소를 설립했다. 나아가 1853년에는 첫 문법서를 편찬하고 1881년에는 사전도 발행했다. 이런 Twi어 문어체의 발전과 보급에 공헌한 것이 크리스탈러J.G. Christaller이다. 한편 영국의 영향이 강한 중부의 Fante어나 Asante Twi어 지역에서는 각각 차이가 강조되어 공통화가 진행되지 못했다. 그래도 통일 아칸어 구상은 1930년경부터 몇 번이나 표면에 떠올랐다. 1978년에는 '통일 아칸어 맞춤법Unified Akan Orthography'이 규정되었다고 하는데, 대항의식도 뿌리 깊어서 정리를 못한 채 Akuapem Twi어가 문어의 세계에서 힘을 넓혔다. Ga어에 대해서도 1850년에 온 바젤 전도단체의 침머만J. Zimmermann이 문법서를 쓰고 성서를 완역하는 등 문어의 발달에 힘을 썼다.

앞서 말했듯이 가나 동부는 일찍이 독일 보호령 토고랜드였던 지역이다. 독일이 지배한 것은 약 30년 정도지만 그 사이에 현지어에 미친 영향은 주목할만 하다. 특히 방언을 그대로 기록한 것이 아니라 각지의 방언을 조사한 뒤 통일된 표준맞춤법을 정한 것이다. 독일인이 Ewe어 문어 표준화를 꾀하고 그 기준에 따라 성서를 발행한 영향은 커서, 구어 레벨에서 차이가 있어도 글로 쓰인 것을 보면, 현재 토고에 사는 Ewe인의 말과 공통적인 부분이 많다고 한다. 이렇게 표준화는 넓은 지역의 소통을 돕고, 출판활동을 넓히는 결과를 낳았다. Twi어를 하는 인구가 더 많다 해도 이는 통상용어에 지나지 않고, 문화적 면에서 Ewe어가 발달했다고 자랑하는데 Ewe인이 많은데, 그 배경에는 이러한 역사적 사정이 있다.

표 3 : Ewe어 표기의 변천(Dorvlo 2005)

| 발음 | 고안자 | | Ewe어 예 | 의미 |
	슈레겔 (1857)	베스터만 (1907, 1930)		
유성 연구개 접근음	g	ɣ	ɣe	태양
무성 양순 마찰음	w	f/f	afe	집
연구개 비음	n	ŋ	ŋutsu	남자
무성 연구개 마찰음	y	h	amedahe	가난한 사람
반광 후설 모음	o	ɔ	mɔ	길
반광 전설 모음	e	ε	lε	애벌레
무성 치조 설음	d	ɖ	ɖu	화약

4. 가나의 언어교육정책의 변천

4-1. 초등교육에서의 현지어

서구인이 가나에서 교육을 시작했을 때 교육언어를 서구어로 할 것인가 현지어로 할 것인가는 운영자 측의 생각에 따라 결정됐다. 성벽에 병설된 기관(캐슬 스쿨)에서는 서구인이 자신들의 언어를 가나인에게 배우게 해 노동력을 얻는 것이 첫째 목적이었으므로 현지어를 사용할 필요성은 전혀 없었다. 한편, 전도단체가 설립한 학교는 각 단체에 따라 달랐지만, 포교가 목적이므로 현지어를 중시하는 곳이 많았다. 이는 현지어 읽고 쓰기를 가르쳐 성서를 번역해 읽을 수 있게 되면 교리를 퍼뜨리는데 유리하다고 생각했기 때문이다.

그러나 영국 식민지 체제가 정비됨에 따라 식민지 정부와 기업 아래에서 저임금으로 일할 사무직원이 필요해졌고 영어교육을 우선시할 것이 요구되었다. 그 때 큰 영향을 준 것이 앞서 말한 보조금 제도이다. 현지어를 계속 사용하면 보조금을 받지 못하게 되므로 첫 3년간은 현지어로 교육하고 4년째 이후는 영어로 바꾸는 방식으로 타협을 꾀하는 학교가 늘어난 것이다. 가나 초등교육은 정책 변화가 있기는 하지만 현지어로 수년 가르치다가 영어로 바꾸는 기본적 틀은 그 후에도 답습되었다.

표 4 : 초등교육에 있어 현지어 사용

기간		학년			
		1	2	3	4
1529-1925	캐슬 스쿨	×	×	×	×
	미션 스쿨	○	○	○	×
1925-1951		○	○	○	×
1951-1955		○	×	×	×
1956-1966		×	×	×	×
1967-1969		○	×	×	×
1970-1973		○	○	○	△
1974-2002		○	○	○	×
2002-2007		×	×	×	×
2007 이후		○	○	○	×

※Owu-Ewie(2006) 일부 수정

　이러한 가나의 언어정책에 가장 큰 영향을 미친 인물이 1919년부터 1927년에 걸쳐 총독을 지낸 구기스버그G. Guggisiberg이다. 그는 읽고 쓰기를 못하는 아프리카인 대중으로부터 공감을 얻을 수 있는 리더를 키우기 위해서는 아이덴티티를 남기는 교육이 중요하며 그를 위해서도 언어는 중요한 요소라고 생각했던 것 같다. 그 생각이 1920년에 나온 '영어는 가능한 한 빨리 교재로 배워야 하지만 언어교육은 현지어[14]를 사용해야한다'고 한 교육심의회의 답신에도 반영되어 있다.

　이 방침은 1925년 법제화되어 식민지 시대 내내 유지되었으나 표4에서 알 수 있듯이 독립전후에 방침은 크게 흔들렸다. 우선 이 시기에 학생 수의 증가가 있었다. 그런데 현지어 출판물은 교과서와 부교재 등 종류가 한정되는 데다, 질과 양 모두가 빈약해 급속한 교육 보급에 응할 수 없다는 현실적 문제가 있었다. 1951년 총선거에서 승리한 회의인민당CPP의 당수 크와메 응크루마는 개발가속계획Accelerated Development Plan 속에서 초등교육의 의무화와 무상화를 주장하고 교육의 보급에 따라 새로운 나라를 만들어가려 했다. 한편 같은 해에 식민지정부의 제프리G. B. Jeffrey가 이끄는 위원회는 초등교육을 마칠 때에 영어 읽기 쓰기가 제대로 되려면 현지어 사용을 1년으로 제한하고 2학년부터 영어로 가르쳐야한다고 제언했다.

독립직전의 1955년에는 버나드 위원회가 영어로 모든 교육을 하는 것이 가능한지 조사를 하고 현지어를 3년간 사용하는 방식으로 돌아가야 한다고 제안했으나 위원 중 한 명인 얀카J.T.N.Yankah가 현지어는 가치가 없으므로 영어가 제2의 모어가 되도록 힘써야 한다고 주장하며 물러서지 않아 재검토는 이루어지지 않았다.

나아가 1957년 독립으로 현지어가 교육에서 우대되기는커녕 영어 전용 방향으로 진행되었다. 제일 큰 이유로 꼽힌 것이 국가 통일과 교육의 질이다. 범아프리카 주의를 내세우며 아프리카 합중국건설로 나아가고자 한 응크루마는 현지어의 가치를 부정하지는 않았지만 가나 국민의 한 사람이 아닌 세계시민을 키우고자 했다. 또 국가 통일을 위해서는 민족 대립의 불씨가 되기 십상인 현지어, 국어문제를 손대기보다 영어를 기반으로 나라를 만드는 것이 이상적이라 생각했을지 모른다.

당시 끓어오르는 내셔널리즘 안에서 나온 의견은 식민지정부가 현지어를 장려하는 것으로 열악한 교육을 압박했다[15]는 것이었다. 거기에는 구기스버그가 종래의 미션 스쿨의 교양교육과는 달리 직업교육을 중시한[16] 영향도 있을 것이다. 식민지 시대에 다소간 교육을 받은 사람에게 배워야 할 '언어'라 할 수 있는 것은 영어나 프랑스어이며 현지어는 원시적 혹은 더러운 것이라고까지 생각되었는데 한번 뿌리박힌 현지어에 대한 이미지는 지금도 현지어의 학습, 이용 확대를 저해하는 요소가 되고 있다.

독립의 열기도 점점 식어가자 교육현장의 상황을 무시할 수 없게 되었다. 왜냐하면 학생에게 가르치기 위해 충분한 영어 실력을 갖춘 교원과 적절한 교재도 부족하고, 가르침 받는 학생도 내용을 잘 이해할 수 없었기 때문이다. 그 즈음 실제로 영어로 모든 것을 가르치는 학교는 30%에도 미치지 못했다고 한다.[17] 학교 실정을 고려하여 1961년과 1963년에 교육심의회는 현지어 사용을 요구했으나 개선조치는 취하지 않았다. 결국 이상주의로 치달아 경제적으로도 막다른 골목에 달한 응크루마는 군사 쿠데타로 1966년 외유 중에 추방당했다. 군사정권 아래 1967년에도 다시 제언이 나와 겨우 1년간만 사용이 인정되고 2학년부터 점점 영어로 바꿔나가게 되었다. 그 후 민정 이관으로 1969년에 발족한 부시아 정권은 3년간 현지어사용 및 영어 이행단계로 4학년을 사용하는 것을 인정했다. 같은 해 10월 교육심의회보고서는 '아이들의 가까운 체험, 느낀 것, 생각한 것, 이해한 것은 현지어로 표현된다. 현지어를 익히고 사용하면서 성장과 더불어 능력을 키워나간다. 따라서 현지어는 특히 초기 학교교육에 있어 교육, 학습의 유효한 도구가 된다'고 서술하고 있다. 이렇게 평가되기도 했지만 현지어는 1972년 군사 쿠데타 후 1974년에는 다시 사용기간이 3년으로 국한되고 이는 2002년까지 유지되었다.

4-2. 현지어 추진 착수

1980년대 경부터 언어권 의식이 높아지면서 현지어의 중요성을 재평가하는 움직임이 세계적으로 퍼졌다. 가나에서는 1987년에 현지어 교육에 관한 큰 진전이 있었다. 그때까지 초등교육에 한정되던 현지어가 고등교육까지 계속 배우는 필수과목으로 지정된 것이다. 1988년에 공시된 초등교육용 가나언어 실라버스에서는 '언어는 그 나라의 문화의 일부이며 그 토지의 상황을 반영하지 않는 교육은 태어난 땅과 문화적 토양에서 사람을 분리시켜 버린다'고하며 현지어 교육의 중요성을 논하고 있다. 나아가 영어를 지나치게 사용하여 현지어가 힘을 잃고 유창한 언어능력을 갖추지 못한 성인이 나올 뿐 아니라 현지어를 말하려 하지 않는 사람까지 있다며 한탄하고 있다. 이런 정부 방침을 받아들여 교원양성을 위해 Akan어와 Ewe어 등 주요 현지어는 언어학과나 교육학과 등에서 전공할 수 있게 되었다. 현지어로 석사논문을 쓰는 것도 인정되어 1999년에는 Ewe어로 쓰인 논문에 처음으로 가나 대학의 석사학위가 수여됐다.

UNESCO는 1990년대 현지어 사용에 관한 국제회의를 연이어 개최했다. 1996년에는 '아프리카 민족어를 교육에 사용하는 것의 문제점과 전망에 관한 범아프리카 회의'(아크라), 나아가 다음해의 '제5회 성인교육에 관한 국제회의'(함부르크)에서도 다언어상황의 문해율 문제가 의제가 되어 모어의 읽고 쓰는 능력 부족이 제2언어습득의 장애로 이어지고 학습부진이나 낙제의 이유가 된다는 사실을 확인했다.

사진 1 : 산수교과서 표지

사진 2 : 산수교과서 내용

사진 3 : 교사용 지도서

이어 1998년 3월에는 하라레에서 아프리카 51개국 대표가 '아프리카 언어정책에 관한 정부 간 회의'를 개최하고 현지어 사용확대를 제창한 결의가 채택되었다. 거기에서는 '언어력을 갖춘 시민a linguistically empowered citizen'을 키우는 것을 목표로 현지어 교재 작성과 교원양성 협력을 진행하는 것 등이 결정되었다.[18]

이러한 흐름을 이어받아, 독일 기술협력공사GTZ가 1995년부터 6년간 약 600만유로를 투자해 현지어 초등학교 저학년용 교과서를 총 90종 만들었다. 교과서는 남부의 3언어(Twi, Ewe, Ga)와 북부의 2언어(Gonja, Dagbani)로 3교과(읽고 쓰기, 산수, 이과)의 교과서(1-3학년용) 및 교사용 지도서였다. 이는 2002년부터 사용 예정이었지만 다음 절에서 서술할 정부 정책의 급작스런 변화로 한 번도 사용되지 못한 채 창고에 들어가고 만다.

4-3. 2002년 교육방침 전환

초등교육 전반의 3년간을 현지어로 가르치는 것이 30년 가까이에 걸쳐 정착되었음에도 불구하고 2001년 탄생한 쿠프오르 정권은 다음해인 2002년에 유치원을 포함하는 전 교육과정에서 영어를 교육언어로 한다는 방침을 발표했다. 왜 이같은 방침이 정해졌나 답을 알기위한 하나의 단서는 1996년 교육심의회 보고서이다. 거기에는 현지어로도 영어로도 일관성을 갖춘 지적 표현을 할 수 없다, 내용을 이해할 만한 독해력이 없다, 시험 답안을 쓸 수 없다 등 문제점이 열거되어 있다. 즉 이 때 문제시된 것은 영어든 현지어든 능력이 불충분한 아이들이 많다는 사실이다. 나아가 큰 영향을 줬다고 생각되는 것이 같은 해에 세계은행이 편찬한 '초등교육개선계획 평가보고서'이다. 여기에서 저학력의 원인으로 교육언어문제를 다루며 지방의 가난한 가정에서는 일상생활에서 영어를 구어로도 문어로도 접할 기회가 거의 없다는 사실과 저학년에서는 모어로 가르친다고 해도 교재가 빈약한데다 교사가 학생의 모어를 충분히 구사하지 못하는 경우가 있다는 사실을 지적하고 코어과목의 학습에 파멸적인 악영향devastating effect을 끼친다고까지 혹평하고 있다.

또 한 가지 잊어서는 안되는 문제로서 사립학교와 공립학교의 격차문제가 있다. 많은 사립학교에서는 처음부터 영어가 교육언어이며, 교육수준도 높다. 게다가 현지어의 중요성을 제창하는 정부의 유력자나 지식인을 비롯해 경제력을 갖춘 가정의 아이들은 대게 사립학교에서 배우고 있다. 그 때문에 공립학교의 현지어를 사용한 교육은 낮은 수준의 교육이라는 이미지를 국민이 갖게 되는 결과를 낳았다. 국민의 지지를 얻고 싶은 정치가 입장에서 모든 것을 영어로 교육하겠다는 방침은 인기를 끌수 있고, 또 처음부터 영어로 가르치면 저학력 문제도 어떻게든 해결되지 않겠냐는 막연한 기대가 정치가와 부모에게 있는 것이다.[19]

이처럼 완전히 영어로 이루어지는 교육방침에 대해 교육현장에서 불안과 불만의 목소리가 터져 나왔을 뿐 아니라, 많은 지식인들로부터 교육의 질적 저하와 전통문화 경시를 염려하는 의견이 나왔음에도 불구하고 정부는 이를 강행했다. 이 급작스러운 정책변경의 배후에 어떤 사정이 있었는지에 대해 명확히 설명한 정부문서는 찾을 수 없다. 교육부의 커리큘럼부 책임자에게 직접 인터뷰한 결과, 갑작스런 새 방침 발표 직전에 각료가 영국을 방문했다고 한다. 간부가 말하기로, 예정되어 있던 초등교육의 현지어 사용 확대에 대해 영국 정부가 우려를 표명하거나 영어교육 강화를 요구한 것이 아닐까 싶다는 것이다. 야마모토(山本 2007)에 드러난 탄자니아에 대한 정책을 고려하면 그럴 수도 있겠다 싶지만, 세계은행은 외압으로 영어교육을 강화했다고 비춰지는 것에는 신경을 쓰는 듯 하다. 2004년에 출판된 '가나 초등교육에 대한 세계은행 원조 영향평가'에서는 가나 정부가 바란 것을 세계은행이 도왔을 뿐merely helped이라고 힘주어 강조하고 있다. 또 2002년에 영국연방 교육기금CEF이 2002년부터 2008년에 걸쳐 무상 초등교육을 지원하는 프로젝트를 한 것도 주목된다. 어쨌든 교육이념이라기보다 여러모로 얽힌 내외의 정치적, 경제적 요인이 복합되어 교육언어의 완전 영어화 정책으로 이어진 것이 틀림없다 할 수 있다.

4-4. 교육현장의 과제

이렇게 대대적으로 개시된 정책이었음에도 겨우 5년 후인 2007년 4월에 유치원 및 초등학교 저학년에서 다시 현지어를 교육언어로 하는 방침이 발표되었다. 왜 현지어 사용으로 회귀할 수밖에 없었을까. 한마디로 말해서 교육현장을 무시한 방침[20]이었기 때문에 그림의 떡과 같은 상태로 끝났다고 할 수 있는데 문제는 보다 깊은 곳에 있다. 첫째 문제는 초등학교 교원의 질과 의지이다. 교원 대우가 나쁘므로 공립학교, 특히 벽지에서는 좋은 교원을 확보하기 힘들다. 2004년 조사에서는 무자격 초등교원이 2만 4천명이다. 지역에 따라 60% 이상의 교원의 영어실력이 O-level(보통 레벨. 전문학교에 들어갈 정도. 대학에 들어가려면 A-level이 필요)이었다는 조사도 있다. 그러면 현지어 상황을 보면 현지어 화자라 해도 현지어로 읽고 쓰기를 할 기회는 지극히 한정되어 있어 영어로 아는 지식을 현지어로 어떻게 가르칠지 모르겠다는 교원도 적지 않다. 교과서가 영어로 쓰여 있다는 사실도 영향을 미쳐, 산수나 이과에서는 70% 이상이 영어로 가르치고 싶다고 대답했다는 데이터도 있다. 남부의 주요 현지어 Akan어, Fante어, Ewe어, Ga어 교원조차 충분치 않고 북부 언어를 가르칠 수 있는 교원은 많이 부족하다. 더구나 정부가 교과로 인정하지도 않은 현지어를 모어로 하는 학생들의 학습 난점은 더하다.

둘째, 영어, 현지어 모두 교과서가 질적, 양적으로 불충분하며 효과적인 수업을 하기 힘들다. 아크라 시내에서 견학한 초등학교 수업에서도 학생이 교과서를 갖고 있지 않아서 교사는 교과서의 1절을 판서하고, 그것을 반복해 읽히거나 옮겨 쓰게 했다. 도시에서는 한 반에 여러 모어를 가진 학생들이 있으므로 수업은 영어로 진행되는데, 현지어로 배우는 반은 어떤 언어로 가르칠 수 있는 교원이 있는지에 따라 정해진다. Ga어 선생 밖에 없다면 Twi어나 Ewe어 사용자도 Ga어를 배울 수밖에 없다. 그렇게 되면 Ga어가 모어인 학생 입장에서는 너무 쉽고 시시한 수업이 되며, 다른 현지어가 모어인 학생은 충분히 이해할 수 없는 상황이 발생한다.

사진은 Ga어 수업 모습이다. 모어화자 학생은 40%정도 있으므로 수준 차가 크다. 마침 교과서 내용이 채소 키우기였는데, 도중에 학교 안의 채소밭에 데리고 가 이해가 어려운 학생을 위해 실물을 보여주면서 이름과 표현을 확인하고 있는 것이다. 저학년이면 내용도 일상적인 화제이므로 몸짓이나 실물을 보여줄 수 있으나 수준이 올라가면 비모어화자는 점점 불리해 진다. 사회에 나왔을 때 회화만 가능하면 현지어 읽기 쓰기는 그다지 필요 없으므로 학생들은 시험 목적 이외의 동기를 갖기 힘들다. 모어화자의 부모조차 시간이 아깝다고 생각하는 사람이 많으므로 아이들의 현지어능력은 충분한 수준까지 향상되지 않는다.

사진 4 : 영어 수업   사진 5 : Ga어 수업

교육부 간부의 설명에 따르면 현지어 사용이 재평가되는 배후에는 지방 중학교의 학력이 일반적으로 생각하는 것 만큼 나쁘지 않다는 사실이 있다고 한다. 초등교육 수료시험에서는 처음부터 영어로 교육을 받는 도시 아이 성적이 좋지만, 중학이나 교교에 오면 모어로 초등교육을 받은 지방 학생 중에 학력이 신장되는 사람이 나온다. 이는 모어로 표현력과 사고력을 제대로 키워둔 것이 학력 향상으로 연결되는 것이 아니겠냐는 것이다. 소외된 교육환경 속에서도 우수한 학생이 자라난다는 사실은 제2언어를 학습언어로 삼아 교육시키려면 모어 교육이 중요한 의미를 가진다는 것을 시사한다. 아이를 영어로 키운다고 자랑하는 부모도 있지만 그 부모의 영어 실력이 불충분한 예도 드물지 않다. 가나에서 영어와 모어가 다 불충분한 더블 리미티드(역주 : 바이링구얼 교육에 실패하여 두 언어 습득이 모두 불완전한 상태. 세미링구얼이라고도 함) 아이가 문제가 되는 것도 이러한 사정이 그 배경에 있으며 단순히 학교만의 문제라고는 할 수 없다.

5. 현지어의 가능성

5-1. 현지어 신문

가나에서 현지어 신문이 발행된다는 사실은 그다지 알려지지 않았지만 Ewe어 신문이 지금까지 몇 종류 발행되었다. 여기에서 제시하는 것은 가나 대학의 성인 교육부 인쇄소에 남아 있던 것이다. 월간지로 1976년 창간되었다고 하는데 구독자 수는 한정되어 있으므로 계속적으로 발행하기 힘들다. Kpodoga라는 이름은 삽화에도 있는 종을 의미하는데 이전에 종을 치면서 정보를 전했기 때문이다. 또 2007년에는 Nutifafa라는 또 다른 Ewe어 신문을 지역 유지의 부인이 창간했지만 오래가지 않았다고 한다. 2009년 3월 조사시점에서 새로이 발행될 움직임이 있다는 이야기도 들었다. 이외에도 북부지역에서 현지어 신문이 몇 가지 발행된 적 있다. 이러한 현지어신문이 발행되는 목적은 성인교육이며, 읽기 쓰기 능력 유지를 위해 읽을거리를 제공하려는 것이다. 내용적으로는 지역 뉴스나 인물 동정과 더불어 가족계획이나 에이즈 등 질병이나 위생에 관한 것, 여성 지위향상과 관련된 것 등이 포함된다. 또 아이들의 현

그림 5 : Ewe어 신문

지어능력 양성을 목적으로 사용되는 때도 있다. 이런 현지어 신문 발행
처는 가나 대학 성인 교육부서나 문화청 가나언어국BGL: The Bureau of
Ghana Languages, 정보부 혹은 지방 관청 등이다. BGL 홈페이지에는 Fante
어, Akuapen Twi어, Asante Twi어, Ewe어, Ga어, Nzema어로 신문이 발
행된다고 쓰여 있다.

5-2. 현지어 방송

언어의 보급, 발전에서 방송의 역할은 지극히 중요하다. 아프리카에
서는 라디오의 영향력이 TV보다 크다. TV 시청자는 경제적으로도 여유
가 있고, 영어를 이해하는 사람이 중심이어서 현지어는 Twi어나 Ewe어
등의 유력언어 뉴스나 일부 드라마에 한정되어 있다. 반면 라디오는 싼
값에 손에 넣을 수 있고 사람들이 모이는 여러 장소에서 들을 수 있다.
방송설비도 투자액이 많이 필요치 않아서 최근 FM방송국의 수[21]가 늘어
여러 언어로 방송되고 있다. 이전에는 영어 방송만 있던 GBC(가나방송)
도 영어, 프랑스어, 하우사어에 더해 12개의 현지어(2009)를 사용해 라디
오 방송을 하고 있다. 이러한 라디오 방송국의 난립은 질 낮은 방송이나
윤리문제를 초래해 때때로 소란이 일어나기도 한다. 새 대통령 취임직후
2009년 2월에 타마레에서 폭동이 일어난 것은 지방 라디오가 방송한 소
문이 원인이었다. 정부는 이 상황을 방치할 수 없다고 생각해 8월에 통
신장관이 현지어 방송에 대한 가이드라인을 제시했다. 장관은 민주주의
건설과 인권문화를 키우기 위해서는 현지어 사용이 중요하다는 사실을
인정하고 언론의 자유와 독립은 보장해야 하지만, 사회적 영향력이 크다
는 사실은 고려하지 않고 현지어로 재미있고 웃기게 과장해서 떠드는 것

이 눈에 띈다고 비판하고, 저널리즘의 기준을 지키고 타인이 상처 입지 않도록 공정한 보도를 해야 한다고 요구했다.

5-3. 국어문제

영어를 계속 사용하는 것은 식민주의의 흔적이며 영어는 유효한 의사소통 수단이 될 만큼 보급되지 않았다는 이유로 현지어 중 하나를 가나 국내의 공통어 혹은 국어로 해야 한다는 의식도 뿌리 깊게 존재한다. 가나 대학에서 실시한 앙케이트에 따르면 국어가 필요하냐는 질문에 57%가 찬성이라고 대답했다(Dzameshie 1988). 국회에서도 국어제정에 대해 몇 번이나 의견은 나왔지만 민족대립의 불씨가 될 가능성이 커서 진중한 배려가 필요하다고 하며 진전이 보이지 않고 있다. 결국 영어가 민족 간 언어장벽 해소의 최선책이라는 생각에서 영어 교육을 강화해야한다는 그룹이 주류파가 되었는데 영어+1 혹은 복수의 현지어에 의한 다언어화를 이상으로 생각하는 그룹은 지금까지 말한 바와 같이 현실의 벽을 좀처럼 넘지 못하고 있다. 1961년 당시 교육부차관이었던 알 핫산은 '국어로 선택될 찬스를 높이기 위해서는 주요 현지어를 장려하여 표준화 기회가 평등하게 돌아가도록 했으면 한다'(상게서)고 했으나, 수십년 지난 오늘날에도 자연스러운 흐름에 맡길 수밖에 없는 상황이 이어지고 있다.

6. 개발과 언어정책

아프리카의 영어와 불어 사용은 아프리카 발전에 빼놓을 수 없다는 의견이 강하다. 가나 대학 언어센터의 아그베도르 교수는 '현지어 희생 위에 서구어를 퍼뜨리는 것은 식민지 경영을 위한 저임금노동자 훈련이 목적이었다. 그 결과 이러한 언어정책은 대다수의 비참한 빈곤층과는 분리된 소수의 엘리트 계급을 만들어냈다'(Agbedor 1996)라고 분석한다. 나아가 '가능한 한 많은 사람들이 필요한 교육과 훈련을 받아 자기개발을 할 수 있고 나라의 발전으로 연결될' 언어정책을 만들지 않으면 언어장벽으로 국민은 필요한 교육, 훈련을 받지 못하고 나라의 발전도 뒤쳐져 버릴 것이라고 한다. 영어의 역할은 식민지시대에는 영국인이 노동자로서 이용하는 것, 그리스도교의 포교에 목적이 있었다. 식민지에서 해방되어 독립한 뒤에도 영어를 공용어로 계속 사용하는 이유는 무엇인가. 첫째로 들 수 있는 것이 민족대립을 막는 중립언어이기 때문이다. 사실 이것은 많은 국민에게 동등하게 불리equal disadvantage한 것이기도 하다(상게서).

많은 서민은 국제적 의사소통이나 첨단기술과는 연이 없다. 가장 필요한 것은 주변 생활환경의 개선이다. 위생이나 영양에 관한 무지가 유아사망이 높은 원인이라는 것은 명확하다. 우물을 파는 기술이나 수도를 끌어오는 기술이 있으면 생활은 비약적으로 향상된다. 채소와 가축을 효율적으로 키우고 식품 보존법을 배운다면 얼마나 생활이 풍성해 질까. 학교에 의자와 책상이 없어도 스스로 만들 수 있는 기술이 있으면 기부를 기다릴 필요도 없어진다. 금속가공이나 기계에 관한 간단한 지식만 있으면 폐품을 이용해 리어카나 엔진이 달린 작은 배 정도는 만들 수 있을 것이다. 가나에서 최우선으로 하는 과제는 초등교육의 자퇴율을 줄이고, 충분한 초등교육을 제공하는 것이며, 생애교육을 통해 생활향상을 진행하는 것이다. 여기에는 현지어를 더욱 이용하고 확대하는 것이 유효하다. 이는 세계은행도 의식하고 있으며 2007년에는 문맹을 대상으로 1년에 20만 명씩 3단락 정도의 간단한 현지어 문장을 쓸 수 있도록 하는 목표를 세웠다. 표 5

는 학력조사와 앙케이트 조사 등에 기초한 아그베도르 교수의 언어 사용
안이다. (원문은 '영어'가 아니라 '식민지 언어' "Colonial Language")

이 제안은 조사에 기반한 합리적인 것이다. 가나 언어정책의 변천을
보면 제대로 된 이론이나 이념에 기초한 교육개혁이 아니라 정부의 언
어담당자의 생각에 흔들리기도 하고 서구의 압력에 좌우되었다고 해도
무방하다. 만일 이러한 제안이 실현된다면 교육수준의 향상으로 이어지
고 경제발전도 가능할 것이다. 단, 과제도 많이 남아있다. 가장 큰 벽은
부모의 이해이다. 많은 부모는 아이의 사회적 성공을 쥐고 있는 열쇠가
영어이며 초등학교에서 처음부터 영어로 가르쳐야한다고 생각하고 있
다. 가나대학 부속 초등학교의 아이들은 가정에서도 영어를 쓰는 아이가
2-30%에 달한다. 부모가 충분한 영어능력이 있다면 괜찮지만 그 중에는
자신들의 영어에 문제가 있음에도 영어로 아이를 키우는 사람도 있다.
이런 사회풍조가 2002년 교육방침의 배경에 있는 것은 틀림 없으며 일
종의 포퓰리즘의 결과이다.

표 5 : 가나의 언어교육을 위한 틀

	학년			
	1-3	4-6	7-12	고등교육
교육언어	모어/주요현지어	주요현지어	주요현지어/영어	영어
교과	주요현지어/영어	영어	영어	주요현지어

7. 나가며

가나 정부는 2015년까지 유치원교육 2년을 포함해 11년간의 무상의
무 일반기초교육FCUBE: Free Compulsory Universal Basic Education을 실현하고 취

학 않는 아동을 0으로 하겠다는 목표를 내걸고 있다. 그러나 가나대학의 직원 아이들이 다니는 초등학교에조차 2009년 현재 유치원이 없다. 이를 교육부 간부에게 말했더니 놀랐다. 교실도 교사도 교과서도 부족한 가운데 예산이 뒷받침 않는 계획이 언제 실현될지 모른다. 가능한 것부터 하는 것이 가나 식이라고 하는데, 격차가 확대되지 않을지 염려스럽다. 그래도 점점 새로운 시도는 시작되고 있다. 가나에서는 1950년대부터 지방의 식자율 향상을 위해 이동도서관Mobil library이 만들어졌는데, 자금부족으로 자동차 교체도 되지 않아 장기간 중단된 상태다. 그러다가 2009년부터 가나도서위원회Ghana Library Board가 가나 교육기금과 협력하여 자동차를 10대 구입해 재개되었다. 여기에는 현지어로 된 읽을거리도 취급할 예정이다. 많은 아이들이 현지어로 읽는 즐거움을 알고 지식을 풍부하게 하면 그 파급효과는 어디까지 미칠지 모른다.

주석

01 東洋文庫(平凡社)에 우르두어의 일본어 번역이 있다. (蒲生札一翻訳初刊1942、複刊1990 『四人の托鉢僧(ダウヴェーシュ)の物語』)

02 가나의 언어학자로 유명한 E.M.Kropp Dakubu박사는 문화부 홈페이지에서 48이라는 숫자를 제시한다. 단 방언으로 취급되는 언어 중에는 독립된 언어로 여겨지는 것보다도 차이가 큰 것이 있고, 확정적 숫자를 제시하는 것은 어렵다고 한다.

03 9언어라고도 하지만 이는 Akan어로 Asante Twi어, Akuapem Twi어, Fante어를 하나로 묶기 때문이다. 또 UNESCO홈페이지에는 63개 현지어 중 15언어가 정부 지원으로 교재를 만들고 있다고 하지만 근거는 불분명.

04 중학교 졸업과정을 인정하는 시험

05 Kwa어는 사람을 의미하는 말로, Kwa어계 언어를 말하는 사람들은 태어난 요일에 따라 남자 아이면 Kwesi, Kofi, Kobena, Kwame, Kweku라는 식으로 이름을 붙이는 습관이 있다.

06 http://www.unicef.org/infobycountry/ghana.html
    http://www.nationmaster.com/country/gh-ghana/edu-education

07 북부에는 60-70%대 지역이 많고 빈곤이 학교에 가지 않는 큰 요인이 되고 있다.

08 조사에 따라서는 초등학교 졸업자 중 제대로 책이나 신문을 읽을 수 있는 것은 20%정도라는 숫자를 제시하는 논문도 있다. 그 때문에 nominal literates(명목상 식자), functional illiterates(기능적 문맹자)이라는 말도 있다.

09 2004년 국회의원이 된 사람 중 대졸이상은 74%이다. 1992년 47%와 비교하면 급속도로 고학력이 되고 있다.

10 2005년 10월에 이스턴 주를 방문한 자치장관은 지방의원의 70%는 ignorant로 의사진행을 이해 못하고 낮잠을 자기 위해 회의에 온다고 비판했다.

11 무역상 평의회(The Committee of Merchants)는 식민지 경영의 전 책임을 맡았다.

12 1841년에 목사 T.B.Freeman은 '미래에는 영어가 모든 민족의 전통언어가 된다'는 계획의 일부로 웨슬리안파의 학교와 교회에서 영어를 쓰는 것이라고 말하고 있다. 단, 훗날 저학년 아동의 지도에는 어느정도 현지어 사용을 인정했다고 한다.

13 프랑드르 사람은 벨기에 북부에 사는 네덜란드계의 사람들, 아프리카나는 남아프리카에 이주한 네덜란드 농민의 자손을 말함.

14 당시에는 Twi어, Ga어, Fante어, Ewe어 4언어만 교육언어로 취급되었다.

15 남아프리카의 아파르트헤이트 시대의 반투어 교육을 둘러싸고 유사한 논의가 있었다. 山本(2002), J.헤이슬롭(2004) 참조

16 야마다(2003)에 의하면 당시 영미에서 '실제로 손을 움직여 체험하는 것을 중시하는 경험주의'가 유행한 시기였다고 한다.

17 아프리카 나라들에서는 교육언어정책이 그대로 현장에서 실현되는 것이 아니라, 대개 현실과 정책의 괴리가 보인다. 남아프리카에서도 아프리칸스어를 영어와 동등하게 취급한다는 규정이 있지만, 이를 실제로 실행한 학교는 10-20%에 지나지 않았다.

18 최종보고서 『아프리카의 언어정책』에서 주목할 것은 영어권에서는 프랑스어를, 프랑스
   어권에서는 영어교육을 행한다는 항목이 들어간 것이다.
19 GTZ(2004)는 이같은 정책변경의 배후에 제2언어는 가능한한 조기에 배우는 편이 좋다,
   이과나 수학은 현지어로는 배울 수 없다 등 12가지 신화가 있다고 분석한다.
20 현장의 의견을 서술한 것은 다수 있지만 그 중에서도 CEF(Commonwealth Education
   Fund)는 당초부터 유연한 언어정책을 요구해 왔다.
21 통계국의 데이터로는 137국(2005)로 되어 있다.

참고문헌

古閑恭子 2009.「英語主義か多言語主義か―ガーナの言語問題」『アフリカのことばと
   社会』pp.97 - 125. 東京 : 三元社
砂野幸稔 2009.「アフリカの言語問題―植民地支配からひきついだもの」『アフリカの
   ことばと社会』pp.31 - 63. 東京 : 三元社
J. ヘイスロップ(山本忠行訳)2004.『アパルトヘイト教育史』横浜 : 春風社
山本忠行 2002.「アフリカーンス語と英語のせめぎ合い」『世界の言語政策』pp.225 -
   245. 東京 : くろしお出版
山本忠行 2007.「スワヒリ語の可能性と限界」『世界の言語政策第2集』pp.235 - 260. 東京 :
   くろしお出版
横関祐見子 2004.「ガーナ初等教育における教授言語―2002 年の新教育言語方針とその
   意味―」『国際教育協力論集』第 7 巻第 2 号 pp.15 - 24. 広島大学教育開発国際協
   力研究センター
Ansu-Kyeremeh. 1997. *Communication, Education and Development-Exploring an African
   Cultural Setting*. Accra: Ghana University Press.
Ansu-Kyeremeh. 2002. "One nation, many tongues: Language of FM broadcasting and
   myth of a national culture," Paper Prepared for the Community Communication
   Section of the 23rd General Assembly and Scientific Conference of the
   International Association of Media and Communication Research. <http://www.
   portalcommunication.com/>.
Awedoba, A. K. 2007. *Culture and Development in Africa—with Special References to
   Ghana*. Legon: Historical Society of Ghana.
Agbedor, Paul K. 1996. "Educational language planning for development in Ghana:
   Problems and prospects," *Legon Journal of the HUMANITIES*, 9, pp.27 - 56. Legon:
   University of Ghana.
Boadi, L. K. A. 1994. *Linguistic Barriers to Communication in the Modern World*. Accra:
   Ghana Academy of Arts and Sciences.
Buah, F. K. 1996. *A History of Ghana-Revised and Updated*. Oxford: McMillan.
CfBT. 2009. *Language and education: the missing link: How the language used in schools
   threatens the achievement of Education For All*.
Dakubu, M.E.K. 2006. The Languages of Ghana. <http://www.ghanaculture.gov.gh/

modules/mod_pdf.php?sectionid=614>.

Dorvlo, Kofi. 2005. "The contribution of the North German Missionaries(NGM) to the development of Ewe," *Language Centre Journal*, Vol.1, pp.111 – 122. Language Centre. Legon: University of Ghana.

Dzameshie, Alex. K. 1988. "Language policy and the common language controversy in Ghana," *Research Review New Series*, Vol.4(2), pp.16 – 27. The Institute of African Studies, Legon: University of Ghana.

GTZ. 2004. *Universal Primary Education in Multilingual Societies*.

International Institute of African Languages and Cultures. 1930. Practical Orthography of African Languages. Oxford Univ. Press. <http://www.bisharat.net/Documents/poal30.htm>.

Mazrui, Alamin and Ali A. 1998. *The Power of Babel: Language & Governance in the African Experience*. Oxford: James Currey Ltd. p.14

Northern Network for Education Development. 2003. "Statement on the Language Policy." <http://www.commonwealtheducationfund.org/ghana.html>.

Okrah, K. Asafo-Agyei. 2008. "Sankofa: Cultural heritage conservation and sustainable African development," *The African Symposium*, Vol.8(2), pp.24 – 31. African Educational Research Network. North Carolina State University.

Otinkorang, R. A. 1975. "Mobile library service," *Ghana Library Board Silver Jubilee 1950-1975*. pp.68 – 72. Accra: Ghana Library Board.

Owiredu, P. A. 1964. "Proposals for a national language for Ghana," *African Affairs* 56 (225), pp.142 – 145. Oxford University Press. <http://afraf.oxfordjournals.org/cgi/reprint/63/251/142.pdf>.

Owu-Ewie, Charles. 2006. "The language policy of education in Ghana: A critical look at the English-only language policy of education," in John Mugane et al. (ed.), *Selected Proceedings of the 35th Annual Conference on African Linguistics*, pp.76 – 85. Somerville, MA: Cascadilla Proceedings Project.

Sackey, J. A. 1997. "The English language in Ghana: Historical perspective," *English in Ghana*, pp.126 – 139. Accra: Ghana English Studies Association.

UNESCO. 1999. *3e Multilingual/ intercultural settings*. Hamburg: UNESCO Institute for Education. <http://www.unesco.org/education/uie/confintea/pdf/3e.pdf>.

UNESCO. 2008. *Improving the Quality of Mother Tongue-based Literacy and Learning*. Bangkok.

World Bank. 1996. *Staff Appraisal Report; Republic of Ghana—Basic Ecucation Sector Improvement Program*. Report No.15570-GH.

World Bank. 2004. *Books, Buildings, and Learning Outcomes: An Impact Evaluation of World Bank Support to Basic Education in Ghana*. Report No.28779.

World Bank. 2007. *Implementation Completion and Results Report—Republic of Ghana for the Second Phase of the National Functional Literacy Program*. Report No.ICR0000535.

Yankah, Kwesi. 2006. *Education, Literacy and Governance: A Linguistic Inquiry into Ghana's Burgeoning Democracy*. Accra: Ghana Academy of Arts and Sciences.

참고 URL

Constitution of Republic of Ghana. http://www.ghana.gov.gh/ghana/constitution_republic_
    ghana.jsp
Dictionary of African Christian Biography. http://www.dacb.org/stories/ghana/ghana.html
Ethnologue. http://www.ethonologue.com.web.asp

제 10 장

브라질의 언어정책
-언어사에 있어 포르투갈어-

구로사와 나오토시黒沢 直俊

1. 들어가며

2009년 11월 14일자 『더 이코노미스트지』는 '브라질 도약Brazil takes off'
이라는 제목의 특집에서 2014년 이후 멀지 않은 시기에 브라질은 영국
과 프랑스를 제치고 세계 제5위의 경제대국이 되고 2025년까지 상파울
루는 세계에서 5번째로 윤택한 도시가 될 것이라는 예측을 소개했다. 한
때 BRICs의 B는 의문시되기도 했지만, 2008년 금융위기에도 비교적 무
난히 연 5%대의 성장을 유지한 브라질에 세계의 기대가 모아졌다. 브라
질에는 중국에 없는 민주주의가 있고 인도와 같은 국내 혼란이나 민족
적, 종교적 대립도 존재하지 않으며 주변 나라들과의 관계도 양호하고
러시아와 달리 외국 투자자를 환대한다. 2006년에는 50년 만에 인플레
율이 GDP성장률을 밑돌았고 다음해 대서양에서 거대 해저유전이 발견
되자 오랜 채무국 위치에서 탈출했다. 채권국이 된 브라질의 룰라 대통
령이 '만일 신이 존재한다면 브라질 사람일 것이다'라는 농담을 할 정도
로 브라질은 좋은 조건을 갖추고 있다. 민주주의와 경제성장, 인플레 억
제라는 삼박자가 동시에 맞아 떨어진 것은 브라질이 역사상 처음으로,

드디어 영원한 '미래의 나라' 브라질에 번영이 찾아왔다고 한다.

물론 문제도 있다. 도시의 범죄대책이나 인프라 정비 등 과제는 산적해 있다. 장기적인 발전의 실현을 위해서는 교육을 보급하고 향상시키며 부의 공평한 분배가 가능한 사회로 변화할 필요가 있다. 전통적으로 브라질은 극단적인 불평등사회로 2003년 자료에서는 2.4%의 세대가 나라 전체 부의 33%를 소유하고 25%의 브라질인은 공교육의 혜택을 제대로 못 받으며 저소득에 불안정한 직장을 다니고 있다(Bagno 2009 : 30).

99년 공식 통계에서는 15~17세 연령층의 취학률이 55.3%로 대학 등 교등교육기관 진학은 5%에 미치지 못하며(Bagno 2003 : 102), 95년 추계에서는 브라질의 문맹률은 15%에 가깝다(파우스트 2008 : 468). 브라질과 같은 상위 중진국으로서는 충격적인 숫자지만 변화의 기미가 보이지 않는 것은 아니다. 90년대 후반 이후 경제정책과 2003년에 발족한 룰라 정권의 '기아제로'정책이라 불리는 빈민대책 아래 이미 40% 가까운 브라질 국민이 중산계층이 되었다는 이야기가 2009년 봄에 들려왔다. 이전에는 생각할 수 없었던 일이었으나, 요즘에는 빈민층 출신자라도 대학 등 교등교육 기관에 진학하는 사람이 눈에 띈다고 한다. 브라질 사회 그 자체에 구조적으로 변화할 조짐이 보이고 있는 것이다.

2. 브라질에서 사용되는 언어들

정확한 수를 파악하는 것은 거의 불가능에 가깝지만 현재 브라질에서 사용되는 총 언어수는 190개 전후라고 한다. 여기에는 일본어나 이탈리아어 등 이민 집단의 세대 간 계승이 감소하는 경향이 있는 언어는 포함되지 않는다. 이러한 언어에는 독일어, 아랍어, 중국어, 한국어, 스페인어, 네덜란드어, 영어, 이탈리아어, 일본어 등이 주로 꼽힌다. 독일계 이민자 일부를 제외하면 제2차 세계대전 이후 포르투갈어를 모어로 하는 것이 보통이다. 이같은 이민 집단 내부에서는 이탈리아계 이민자 사이에서 쓰이는 이탈리아어 요소가 들어간 포르투갈어나 일본계 이민자가 쓰는 '코로니아어'(약간 오래된 특징을 가진 일본어에 포르투갈어가 섞인 것) 등이 알려져 있다. 그렇지만 인구 전체에서 볼 때 공용어인 포르투갈어 이외 언어의 화자 수는 그렇게 높은 비율은 아니며 총인구 약 1억 9천만 명 중 97%가 포르투갈어 모어화자라 해도 무방하다.

약 190개 언어의 명칭과 화자 수는 프랑스어 크레올인 아마파 크레올어(95년 통계로 2만 5천만 명, 아마파주)와 카리푸나 크레올어(95년 통계로 672명, 아마파주), 포르투갈어 크레올인 카훈드 크레올어(78년 보고로 40명, 상파울루주), 스페인어로 분류되는 카로어(라틴 아메리카 전체에 1만 명 정도, 소위 '집시'의 언어), 프라우트디체어(독일어 방언으로 대부분의 화자는 단일어 사용자이며 SIL에 의하면 85년 통계로 5955명) 6개와 그 외 인디오 언어들이다. 브라질 국내의 남미 인디오 언어수를 Rodrigues(2005)는 181개라고 하는데 이 수는 과거 5년 이내에 이미 사어가 되었을 가능성이 있는 2,3언어와 분류 방법 상 방언에 속해 단일 언어에 넣을 수 없는 것도 포함되어 있다. 나아가 현재 브라질에서는 20개 정도의 미접촉 공동체가 있다고 추정되는데 몇 그룹은 이미 알려진 언어를 사용하겠지만, 미지의 언어를 말하는 부족이 다수 존재할 가능성을 부정할 수 없다고 한다. Rodrigues(2005)가 든 170개 언어 리스트의 화자수를 합계 내면 26만 8603명이 된다. 과거 추정으로는 통계에 따라 변동이 있지만 십수만 명에서 이십수만 명이라 추정됐으므로, 비교적 타당한 숫자라 할 수 있다. 여기에는 연구가 비교적 진행된 1만 천명 정도의 야노마미족과 같은 포르투갈어를 거의 못하는 단일어 공동체도 존재하지만 꽤 많은 지역은 2언어사용이 진행되고 있다. 지역에 따라서는 96년 교육지도 기본법[Lei de Diretrizes e Bases da Educação이나 99년의 교육지도 요령 인디오 편Referencial Curricular Nacional/Indígenas 등을 받아들여 초등교육 도입 부분을 인디오현대어와 포르투갈어의 2언어로 하는 시험도 시행되고 있다. 브라질 사회와 인디오 사회 양쪽에 걸쳐 있고 두 문화의 자립적 존재를 전제로 하는 교육을 목표로 하는 것이 실제 인디오의 브라질 사회 통합의 가교로 기능하고 있다. 2005년에 국내 2323개 학교에서 16만 3773명의 학생이 이런 교육을 받았다고 한다.

3. 브라질 포르투갈어

브라질은 1988년 현재 헌법으로 포르투갈어를 브라질 연방공화국의 공용어로 규정했다. 2002년에 브라질 수화를 독자적 언어로 인정하고, 농아교육의 전통과 표현의 수단을 보장하는 법률이 시행되었으므로 제2공용어로 브라질 수화 Língua Brasileira de Sinais(머릿글자를 따서 LIBRAS)를 들 수 있게 되었다. 그러나 법적인 지위가 어떻든지 포르투갈어 이외대다수 언어는 브라질 사회 전체의 언어문화에 미치는 영향이 미미하므로 실질적으로 브라질은 단일언어 국가라는 주장이 당연시 돼 왔다. 국내의 다른 공용어 또는 그에 준하는 지위의 경합 언어가 사실상 존재하지 않으므로 복수 언어의 존재를 전제로 하는 '언어정책'은 브라질에 존재하지 않았다 할 수 있다.

포르투갈어를 공용어로 하는 지역은 브라질 외에 포르투갈과 아프리카의 카보베르데, 기니비사우, 산토메프린시페, 앙고라, 모잠비크, 아시아의 동티모르로, 총 8개국이다. 브라질 이외의 화자 수는 포르투갈 약천만 명에 더하여 아프리카와 동티모르 인구를 포함해 3천만 명인데 이들 지역에서 포르투갈어는 학교교육이나 언론 등 사회적 상황 혹은 공적 생활에서 주로 쓰이는 언어로, 인구 전체가 이를 말하거나 이해할 수 있는 것은 아니다. 최근 아프리카 나라들에서 포르투갈어 모어화자가 늘고 있다는 보고도 있으므로, 앙고라 포르투갈어나 모잠비크 포르투갈어라는 변종이 인정되는 것도 그리 멀지 않은 미래의 일이라고 생각된다. 그러나 현시점에서 포르투갈어는 아직 1언어 2규범언어로, 포르투갈의 포르투갈어와 브라질의 포르투갈어라는 두 표준규범이 인정된다. 둘 사이에는 음운, 형태, 통사 등 언어의 구조적 면에서 체계적 차이가 존재하고 일상적인 기초어휘도 상당히 다르다. 브라질인과 포르투갈인은 상황에 따라서는 상호 이해에 지장을 받는 일도 드물지 않다.

두 나라의 언어상황을 비교하면 포르투갈은 언어공동체로서 비교적 균질적이고 규범 표준어와 실제 구어의 문법적 특징이 거의 일치한다. 방언차가 있지만 대서양 마디라 제도와 아소레스 제도의 방언을 제외하면 다른 방언 화자 끼리 상호 이해가 안 되는 수준까지는 아니다. 반면 브라질은 지역적 방언도 존재하지만 그보다 사회적, 계층적 언어차가 커서 규범 포르투갈어는 학교 교육으로 습득하는 것이며 현실의 구어와는 장벽이 있다. 브라질 언어 연구자들 사이에서는 이전부터 브라질 포르투갈어의 통일성 존재 여부에 대해 논쟁이 있었는데, 최근에는 종래 학교 교육 안에서 배우고 포르투갈의 포르투갈어의 영향을 강하게 받았으며, 현실에서는 특수한 상황을 제외하면 누구도 사용하지 않는 '규범적 포르투갈어português padrão'와 그에 가깝고 교육 받은 중상류층 사람들이 쓰는 '교양 포르투갈어português culto', 나아가 형태론적 특징과 통사구조가 단순화된 '민중 포르투갈어português popular'라는 3종의 포르투갈어가 있고 '교양 포르투갈어'와 '민중 포르투갈어'로 2극화된 연속체 중간에 변종이 무수히 존재한다는 생각이 일반적이다. 브라질 사회의 특이성은 '민중 포르투갈어'의 화자는 교육 등 기회를 박탈당한 사람이라 공용어인 '규범

포르투갈어'나 '교양 포르투갈어'에 대한 접근이 제한된다는 것이다. 경우에 따라서는 정부나 공공기관의 메시지를 이해 못하는 일도 있다고 한다. 이 '민중 포르투갈어'는 일찍이 식민지 시대에 널리 보급된 크레올적인 포르투갈어의 특징을 이어받았다고 간주되기도 한다.

　일찍부터 브라질에서는 브라질 말이 포르투갈어língua portuguesa냐 브리질어língua brasileira냐 하는 논쟁이 있다. 1867년에 포르투갈의 작가 피네이로 샤가스Pinheiro Chagas(1842-1895)가 브라질 작가 조제 데 알렝카르Joséde Alencar(1829-1877)의 작품 『이라세마Iracema』(1865)를 가리켜, '포르투갈어가 올바르지 않고 브라질 말을 옛 포르투갈어와 다른 언어로 바꿔버리려는 망상'에 사로잡힌 작품이라고 비난하면서, 당시 브라질 문인들 사이에 '브라질어화'를 둘러싼 논쟁이 일어났다. 결국 몇 번 의견이 오간 끝에 '브라질 포르투갈어'라는 자신들의 아이덴티티를 인정하면서 포르투갈의 포르투갈어와 어느 정도 일체성을 용인하는 형태로 오늘날에 이르고 있다. 한마디로 포르투갈어를 나타내는 português라는 단어는 명사로 '포르투갈인', 형용사로 '포르투갈의'이라는 의미도 되는데, 이에 대응하는 단어 brasileiro '브라질인, 브라질의'은 '브라질어'라는 의미로는 공식적으로 사용되지 않는 것이 보통이다. 단, 이전에는 브라질의 포르투갈어를 가리켜 português do Brasil이라는 문자 그대로 '브라질의 포르투갈어'라는 표현이 있었지만 90년대 경부터 브라질의 언어연구자를 중심으로 português brasileiro라는 형용사로 '브라질의'를 표현하는 것이 일반화 되었다. 자신들의 언어, 포르투갈의 포르투갈어에 대비되는 일정한 자립성을 강조하는 표현이다.

　브라질 포르투갈어의 특징을 설명하기 위해서는 인디오나 아프리카의 언어의 영향, 포르투갈인 이민자의 출신지 차이 등 여러 요소가 고려되어 왔다. 그러나 인디오나 아프리카 언어들의 영향은 어휘 차용을 제외하면 현재 브라질의 규범적 포르투갈어 안에서는 거의 찾아볼 수 없다. 오히려 현대 포르투갈어에 없는 음성이나 문법적 특징에는 옛 포르투갈어의 특징이 남아있다고 생각할만한 요소가 다수 존재한다. 언어사적으로 19세기 동안 포르투갈 본토에서 음성 면의 변화가 일어났기 때문이다. 구체적인 증명은 어렵더라도 방언 사용자나 교육을 받을 기회가 적은 계층의 사람들이 쓰는 민중 브라질 포르투갈어를 일단 살펴보면, 인디오 언어를 기반으로 한 예전의 통용어 링구아 제랄('널리 쓰이는 언어'라는 의미의 포르투갈어, 다음절 참조)이나 아프리카 언어의 영향을 받은 크레올적 흔적이라 생각되는 특징이 다수 존재한다.

식민지 시대의 브라질은 지방적 색채가 강한 지역으로 연안부 도시의 영향은 내륙까지 미치지 못했다. 각지가 고립된 상황 속에서 중남부의 내륙에서는 링구아 제랄이, 북부 일대에서는 아프리카적 크레올의 영향이 강하게 작용하고 있었던 사실도 이상할 것 없다. 한편, 포르투갈 이민자의 출신지별 방언 특징이 나타나는지 살펴보면, 시대별 출신지역의 분포와 방언 특징 사이의 관련을 찾아내기 힘들어 브라질적 특징을 설명하는데 큰 도움은 안 된다.

리우데자네이루와 상파울루 등 중부지역의 대도시에 살며 일정 교육을 받은 사람들이 비교적 공적인 상황에서 말할 때는 포르투갈어가 규범이 되는 표준어로 적절하다고 생각하지만, 중부지역 대도시라고 해도 리우데자네이루와 상파울루, 미나스제라이스주의 페로 오리존테 사이에는 발음 특징이 상당히 다르다. 브라질 포르투갈어의 경우 비교적 균질적이라고 간주되는 규범적 발화조차 발음 수준에서는 어느 정도 다양성이 인정되는 것이다. 1969년부터 브라질의 5대도시에 사는 교양 있는 화자의 구어규범을 조사하려고 한 계획('브라질 주요5도시 교양구어언어규범 종합적 연구계획'Projeto de Estudo Conjunto e Coordenado da Norma Lingüística Oral Culta de Cinco das Principais Capitais Brasileiras=NURC)을 기반으로, 80년대에 상파울루 등을 대상으로 한 어휘와 문법에 관한 연구 성과가 발간되기 시작했다. 이 5대 도시란 리우데자네이루, 상파울루, 포르투 알레그레, 살바도르, 레시페이며, 어떤 의미에서는 브라질의 정치, 경제, 문화를 담당하는 대표적 도시이다.

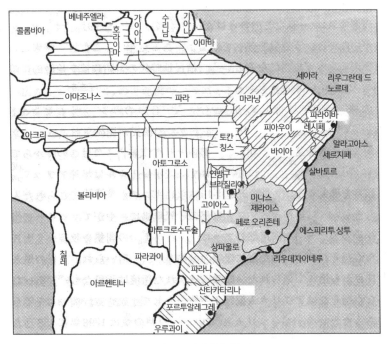

그림 1 : 브라질 행정구분 지도

4. 브라질 식민과 포르투갈어화

브라질이 페드로 알바레스 카브랄Pedro Álvares Cabral이 이끄는 포르투갈 함대에 '발견'된 것은 1500년 4월 22일이었다고 한다. 이를 전하는 페로 바스 데 카미냐Pêro Vaz de Caminha가 포르투갈 왕에게 보낸 서간에 따르면,

다음날 23일 오전에 그들이 육지에 다가가자 '해안을 걷고 있는 7,8명 정도의 남자들이 보였고' 승조원 중 하나가 상륙을 위해 '작은 배를 하구에 붙였을 때 이미 해안에는 벌거벗은 채 국부를 가릴 것 하나 걸치지 않은 갈색의 남자들이 18-20명 정도 있었다'고 서술하고 있다. 이는 말하자면 유럽인과 브라질 현지인들의 첫 만남이다. 이 1500년 5월 1일자 서간에는 이후 인디오와 포르투갈인의 일주일 정도에 걸친 우호적 교류의 기록이 있고 사람들의 모습과 군락, 주거 등에 대해 간결하게 기술돼 있다. 현재 이 인디오들은 당시 연안부에 분포하며 번영했던 토비족의 무리였다고 추정되고 있다. 이 서간 마지막에서 카미냐는 인디오가 '우리들을 이해하면(우리 말을 할 수 있으면) 모두 그리스도 교도가 될' 것임에 틀림없다는 의견을 서술하는데, 이는 어떤 의미로 훗날 이 땅의 언어가 포르투갈어가 될 것이라는 식민지시대 언어정책을 상징적으로 암시한다는 의견도 있다.

그 후 1532년에 오늘날 상파울루 주 연안의 상빈센테São Vincente에 첫 군락이 만들어져 포르투갈 식민이 시작되었다. 브라질에 포르투갈어를 말하는 집단이 지배적 세력으로 정착한 것은 이때부터인데, 처음부터 노동력 부족으로 고생하던 포르투갈은 재빨리 아프리카의 흑인 노예를 동원했다. 첫 노예는 1538년에 기니아에서 데려온 사람들이었다고 한다. 당초 주로 북동부의 설탕농장에 이어 바이아 주 주변의 담배 농장과 남동부의 커피농장, 내륙의 개간과 목축, 미나스 제라이스 주의 광산 노동 등에 노예 노동력이 널리 이용되어 많은 흑인이 아프리카에서 끌려왔다. 노예가 처한 환경은 어떻게 봐도 가혹한 것이었고, 이는 아프리카 출신 노예가 노동력으로 사는 평균 수명이 7년 정도였다는 것에도 드러난다. 노예 수는 1798년에 158만 명으로 전인구의 49%, 1817-1818년에는 193만 명으로 51%, 그 후 1864년에 172만 명으로 전인구의 17%까지 줄었으나 대서양의 노예무역이 금지된 1850년에 노예 수는 최대 250만 명이었다고 한다. 이들 노예는 아프리카의 서해안에서 모잠비크 주변 출신 사람들로 200에서 300가지 정도의 다른 언어를 썼다고 추측된다. 아프리카인 사이에서 바이아 주에서는 니젤 콩고계의 요루바어(브라질에서는 나고어 nagó라고 한다)가, 북부나 남주에서는 반투어 큄분도어quimbundo가 지역적으로 우세였다고 하는데, 당시 정책적으로 한 곳에 민족, 문화, 언어 등이 공통된 그룹의 노예가 집중하지 않도록 매매했으므로, 실제로 노예의 대다수는 분단된 농장 안에서 주인의 언어인 포르투갈어를 불완전하게 습득하여 쓰는 상황이었을 것이다. 단, 이 같은 언어는 표준적인 공용어로 흡수되는 예가 많고 결과적으로는 미세한 흔적 정도밖에 남기지 않았으므로 오늘날 그 실체에 다가서기는 힘들다.

또 브라질에서는 일찍이 백인과 선주민 사이에, 또 말이 통하지 않는 선주민 간의 의사소통에 토비계 인디오어를 베이스로 한 언어가 널리 이용되어 왔는데 이 같은 언어를 특히 18세기 경부터 링구아 제랄língua geral ('널리 상용되는 언어')이라고 부르게 됐다. 연구자들 사이에서는 상파울루 근처를 중심으로 성립해 거기에서 내륙으로 퍼진 것과 북부 마라냥 Maranhá과 파라Pará에서 성립한 2개로 구분한다. 둘 다 현재는 사어인 투피남바어tupinambá에 기반하는데 전자는 상파울루를 중심으로 성립한 링구아 제랄의 기본이 되는 언어, 특히 투피니큄어tupiniquim로 구분하는 때도 있다. 링구아 제랄은 상파울루에서는 17세기까지 지배적인 언어였지만 18세기에는 포르투갈어로 대체된다. 한편 북부에서 성립한 링구아 제랄은 아마존까지 널리 퍼져, Rodrigues(1986)에 의하면 오늘날 네그로 Negro강 유역, 특히 우아우페스Uaupés강과 이사나Içana강 주변에서 현지 카보클로caboclo(백인과 인디오의 혼혈)의 모어로 혹은 인디오와 비인디오, 또는 언어가 다른 인디오 사이의 공통어로 사용되어 네엔가투어라 불렸다고 한다. 투비남바어는 현재 파라과이 공화국의 공용어인 와라니어와 상당히 가까운 관계로, 포르투갈어에서는 구아라니guarani라고도 불린다.

최근 연구에서는 역사적으로 링구아 제랄이라고 불리는 것에는 이같은 토비계 언어를 기초로 한 것과는 별도로 아프리카 또는 인디오 요소가 섞인 포르투갈어가 포함됐을 가능성이 지적된다.

18세기 초엽 브라질에서는 링구아 제랄이 널리 이용되어 그 비율은 3 대 1 정도로 포르투갈어를 능가했다는 주장도 있으나 18세기 후반에는 급속도로 쇠퇴한다. 원인으로는 금과 다이아몬드의 발견으로 이 무렵 포르투갈인이 대거 브라질에 온 것과 때마침 권력의 좌를 차지한 폼발 후작의 정책으로 링구아 제랄이 금지된 점을 들 수 있다. 1757년 5월 3일에 마라냥 주와 바라 주에서 링구아 제랄의 사용이 금지되고 이어 1758년 8월 17일에는 브라질 전국에서 사용이 금지되었다. 폼발후작은 1759년에 예수회를 추방하는데 이로써 브라질 안에서 링구아 제랄을 지지하는 존재가 사라져 브라질의 포르투갈어화가 급속히 진행되었다고 한다. 단, 연구자에 따라서는 브라질의 포르투갈어화는 이 폼발후작의 정책보다도 1822년 독립 이후 유럽계 이민을 받아들여 백인국가를 만드려고 한 것에 기인한다는 의견도 있다. 실제로 포르투갈어화 움직임은 독립 전야부터 보여 1808년 포르투갈 본국에 프랑스군이 침공하자, 포르투갈 정부는 리스본에서 리우데자네이루로 피난해, 일시적으로 리우를 포르투갈 제국의 수도로 삼았으나 만5천명이라는 궁정관계자를 중심으로 한 인구가 포르투갈에서 건너왔으므로 리우데자네이루는 포르투갈의 영향을 강하게 받게 되었다. 식민지 시대의 브라질은 주로 식민 주체였던 포르투갈인 외에 선주민족 인디오와 아프리카에서 끌고 온 흑인노예 등, 언어와 민족이 다양한 집단으로 구성되어 있었다. 그러나 19세기 이후 독립과 더불어 이탈리아나 스페인, 독일을 비롯한 포르투갈 이외의 국가에서 이민을 받아들이게 되었다. 첫 물결은 독일 이민인데, 1824년 이후 특히 남부 리우 그란지두술 주를 중심을 25만 명 정도가 왔으며, 그 후 1870년대부터 150만 명 정도의 이탈리아 이민자가 도래했다. 포르투갈에서부터 이 시기에 온 이민자는 146만 명 정도로 그 외 많은 곳으로는 스페인 약 60만 명 미만, 일본에서 19만 명 미만 등이다. 브라질의 배경에는 이 같은 다민족·다문화성이 있으며, 유럽적인 포르투갈어 혹은 오늘날 브라질 학교 등에서 가르치는 표준이라 간주되는 포르투갈어에 가까운 언어를 말하는 집단은 인구 대비로 말하면 브라질 식민 이래 역사를 통해 언제나 3분의 1 이하였다는 지적도 있다. 이것이 현재 브라질의 포르투갈어에 보이는 사회적 계층 차에 반영된다고 한다.

5. 나가며

본고에서는 간단하게나마 브라질에 있어 포르투갈어가 성립한 과정을 다른 언어와의 관계 등을 고려하면서 약술했다. 80년대 후반 민정으로 이관이 완료된 후 표현의 자유를 보장하는 민주주의 체제 아래 브라질에서는 인디오 뿐 아니라 마이너리티 언어를 보존하려는 운동도 활발하다. 그러나 이들은 인디오에 관한 일부를 제외하면 민간 혹은 지방 공공기관이 담당하며 언어에 관해서 국가적 규범이 관여되는 일은 거의 없다. 유일한 예외가 최근 포르투갈어권에서 상당한 논쟁을 불러일으킨 '새 철자법 협정Novo Acordo Ortográfico'이다. 1911년에 포르투갈 정부가 처음 철자법을 규정하기까지 포르투갈어의 표기법은 소위 관습적으로 성립한 것으로, 많은 경우 라틴어에서 온 어원적인 표기가 적용되고 있었다. 1911년 제정된 철자법은 음성학과 문헌학 등의 전문가의 의견을 듣고 현대식으로 말하면 음소적 표기에 가까운 것이 되었다. 애초에 철자법 제정에는 포르투갈과 브라질 표기법의 통일이라는 목적이 있었으나, 1931년, 43년, 45년, 71년, 73년 개정이 거듭되어도 두 나라의 철자법은 통일되지 않았다. 그런데 80년대 후반에 다시 포르투갈과 브라질에서 철자법 통일의 움직임이 있어 86년에는 꽤 혁신적인 통일안이 정해졌는데, 반대운동으로 약간 양보하여 90년에 포르투갈과 브라질에서 차이를 조금 남기면서 지금까지의 철자법보다는 공통부분을 확대한 현행 철자법이 편찬되었다. 그 뒤 2004년 포르투갈어 공동체Comunidade dos Países de Língua Portuguesa의 의회에서 채택되어 아직 비준을 기다리는 나라도 있지만 포르투갈에서는 2014년, 브라질에서는 2011년에 새 철자법으로 완전 이행하기로 했다. 브라질에서는 2009년 1월부터 정부기관과 언론 등에서는 이미 채용되었으나 포르투갈에서는 아직 반대운동이 있다. 이 개정은 브라질의 포르투갈어에서는 액센트 기호의 일부가 간략화되는 것이 주된 내용인데, 종래의 lingüística언어학이나 idéia아이디어와 같은 철자에서 트레마라 불리는 u위의 이중점이나 액센트 기호가 사라지고 linguística이나 ideia가 되는 정도의 변화이다. 이 철자법으로 바뀌는 단어의 철자는 포르투갈 브라질 양국 모두 2%에 미치지 못한다고 한다.

참고문헌

ファウスト, ボリス 2008. 『ブラジル史』 (鈴木茂訳) 東京 : 明石書店

Bagno, Marcos. 2009. *Preconceito lingüístico, o que é, como se faz.* Edições Loyola: São Paulo.

Caminha, Pêro Vaz de. 1974. *Carta a el-rei dom Manuel sobre o achamento do Brasil (1 de Maio de 1500).* Lisboa: Imprensa Nacional-Casa da Moeda. (邦訳 : 「カミーニャ国王宛て書簡」池上岑夫(訳), 大航海時代叢書第Ⅱ期1『ヨーロッパと大西洋』所収, pp.177-225)

Cròs, Claudi R. 1997. *La civilisation afro-brésilienne.* Paris:PUF (coll.«Qu sais-je?», n°3170).

Rodrigues, Aryon Dall'Igna. 1986. *Línguas brasileiras, para o conhecimento das línguas indígenas.* São Paulo: edições Loyola.

Rodrigues, Aryon Dall'Igna. 2005. "Sobre as línguas indígenas e sua pesquisa no Brasil," *Ciência e Cultura* Vol.57 n.2, pp.35-38, *abr./jun. 2005.* Campinas:Universidade Estadual de Campinas.

'세계의 언어정책'과 '다언어사회'

가와하라 도시아키河原俊昭

1. 들어가며

이 시리즈(『세계의 언어정책』 1-3집)에서는 세계의 언어정책에 대한 많은
사례를 소개했다. 독자는 이 시리즈를 읽으며 각국에서 시행된 언어정책
을 어느 정도 개관할 수 있었으리라 생각한다. 이 장에서는 마지막 정리
로 언어정책의 의의와 전망에 대해 고찰해 보겠다.

언어정책이란 국가가 주체가 되어 언어를 변화시키거나 언어에 관련
되는 여러 조건을 변경해가는 것이다. 언어정책의 전체상을 파악하는 하
나의 시점으로 국가가 자국의 다언어상황에 어떻게 대처하는지를 주목
했으면 한다. 어떤 나라에서는 다언어상태를 부정적으로 보고 국어, 공
용어를 통한 단일 언어사회를 목표로 하는 한편, 어떤 나라에서는 반대
로 다언어상태에 대해 어떻게든지 적극적인 의미부여를 하려고 한다. 여
러 나라가 있고 각 나라의 방침은 다르다.

이『세계의 언어정책』시리즈에서는 각국의 다언어상황에 주목해 여러
논의를 전개했다. 그리고 이 시리즈에서는 일관적으로 '다언어사회'라는 말
을 부제로 넣었다. 제1집 '다언어사회와 일본', 제2집 '다언어사회에 대비하

여' 그리고 본 3집의 '다언어사회를 살아가다'이다. 전 시리즈 일관되게 '다언어사회'는 주요 키워드이다. 또 이 시리즈와 거의 같은 콘셉트로 집필된 자매편 『다언어사회가 온다』에서는 제목 자체에 이 키워드를 넣었다.

언어정책에 대해 논한다는 것은 언어와 사회가 지향해야 할 모습에 대해 어떤 전망을 보여주는 것이다. 현재 언어사회는 글로벌화로 전 세계가 다언어화를 향해 나아가고 있다.[01] 혹은 원래 다언어 상태였지만 최근 들어 확실한 의식을 갖게 된 지역도 있다. 세계적인 현상이 된 다언어화를 어떻게 받아들일 것인가 하는 문제는 21세기를 살아가는 우리에게 가장 큰 과제이다. 이런 의미에서 시리즈 총괄로 본 장에서 '세계의 언어정책'과 '다언어사회'의 관계에 대하여 재고하는 것도 의미가 있을 것이다.

단 이 둘의 관계를 논하기 전에 몇 가지 기초개념을 설명해 두고자 한다. 언어정책이란 '어떤 사회가 안고 있는 문제를 그 언어, 언어환경을 변화시키는 것으로 해소(혹은 경감)시키는 것을 목적으로 하는 정책'이기도 하다. 언어정책은 현실에 관한 합리적 해석에 기반하지만 그 기저에는 설명 불가능한 신념이 존재한다. 그것은 언어정책 담당자가 안고 있는 '언어를 인위적으로 변화시키는 것이 가능하다', '언어의 변화는 바람직한 것이다'라는 신념이다.

본고에서는 우선 (1)이 신념을 검토한다. 다음으로 언어정책의 두 분야인 (2)코퍼스 계획과 (3)지위계획을 살펴본다. 그리고 언어의 2기능인 (4)전달기능과 (5)상징기능에 관해서도 설명하고 이들의 상호 관계에 대해 고찰하겠다. 그리고 나서, 언어정책을 논하는데 (6)누가 (7)어떤 목적을 달성하기 위해 (8)무엇을 (9)어떻게 하는가 하는 점을 중심으로 고찰해 본다. 그리고 마지막으로 본장의 주 목적인 (10)언어정책과 다언어사회의 관계에 대해 논하기로 한다. (10)을 논하기 위해 (1)-(9)의 고찰에 상당한 시간을 들이므로 멀리 돌아간다는 느낌을 받는 독자도 있을지 모른다. 그러나 이 논지의 전개는 언어정책과 다언어주의의 복잡한 관계를 다루기 위해 필요한 방법이라는 것을 이해해 주었으면 한다.

2. 언어의 변화에 관한 신념

2-1. 언어의 변화

언어정책은 언어에 관한 여러 정책의 집합체이다. 기본적으로는 언어에 관해 무언가 손을 대고, 언어 그 자체의 변화 혹은 언어에 관한 외부 조건 변경을 꾀하는 것이다. 그 경우 전제로서 (1)'언어를 인위적으로 변화시키는 것이 가능하다', '언어의 변화는 바람직한 것이다'라는 신념이 존재한다.

언어는 늘 변화하고 있다.[02] 역사를 보면 이는 뚜렷하다. 일단 구어는 변화가 심하다. 현대 젊은이들이 사용하는 'まじかよ레알이냐' 'きもーい극혐' 'ちょうーむかつく짱난다'같은 표현은 한 세대 전에는 존재하지 않았고 한 세대 후에도 아마 존재하지 않을 것이다. 한편, 문어를 보면 종이에 기록된다는 성질상 변화는 비교적 완만하지만 역시 변화하고 있다. 어쨌든 구어든 문어든 변화해 가는 것이다.

언어자체는 변화하는 것이지만 동시에 언어의 용법이나 이를 둘러싼 환경도 변해간다. 라틴어는 로마 제국 시대에 민중 사이에서 쓰이던 살아 있는 언어였다. 민중 사이에서 쓰이지 않게 되어도 오랜 기간 학문 세계의 공통어로 서구사회에서 사용되어 왔다. 현재 사용하고 있는 것은 바티칸의 성직자들 뿐이라 해도 무방하다. 사용되는 범위가 시대에 따라 점점 좁혀진 것이다.

2-2. 언어 변화는 바람직한가

언어가 변화하는 것은 당연한데 그 변화에 인위적 영향을 주는 것은 바람직하지 않다는 견해가 있다. 또 언어의 자연스러운 변화라면 촉진할 수 있다는 견해가 있다. 언어가 변화하지 않도록 인위적으로 손을 대는 것도 넓은 의미에서는 '언어를 변화시키는' 것인데, 이 또한 바람직한지에 대해 의견이 갈린다. 단 대부분의 언어정책 담당자는 언어와 언어 환경의 변화는 가능하며 그 변화는 바람직하다는 신념을 갖고 있다.

언어의 변화가 바람직하지 않다는 사람들에게는 어떤 동기가 있는 것일까. 일반적으로 사회 지배층은 현재의 언어 시스템을 유지하려고 한다. 기존 언어사회 속에서 주류언어에 기초한 시험에 붙어 자격을 취득하고 언어능력을 이용해 엘리트로 지위를 확보한 것이므로 그 시스템의 변경은 바람직하지 않다. 그러나 공공연하게 '현 언어사회의 유지는 자신을 위해서'라고 주장하는 일은 거의 없고, 보다 보편적 이론인 '언어란 변화하는 것이 아니다'를 제시한다. 즉, 현 언어사회의 최대 수익자들이 '언어를 바꿔서는 안 된다' '언어는 변치 않는 것이다'라고 주장할 때는 기존 이익을 향유하는 구조를 유지하고 싶다는 동기가 근본에 있다. 거꾸로 말하자면 언어와 언어사회를 바꾸자고 주장하는 것은 현재 이익을 얻지 못하고 변화로 이익을 얻으려는 사람의 논리인 경우가 많다.

일반적으로 언어교사는 젊은이들의 언어파괴에 한탄하는 일이 많다. 그들은 언어의 관리자라는 역할로 생계를 유지하고 있으므로 사회의 언어기반을 망치는 '언어파괴'를 당연히 고치려 든다. 문학자나 비평가들도 언어에 관해 보수적 태도를 보이는 일이 많다. 그들은 논쟁할 때 상대방 어지러운 문체나 잘못된 고사성어 쓰임새를 공격 목표로 삼는다.

한편 젊은이들은 현재의 언어사회에서 이익을 취하는 입장이 아니므로 비교적 자유로이 새 어휘나 참신한 표현을 만들어낸다. 젊은이들은 현재 언어사회를 타파하는 첨병 역할을 하는 일이 많다.

이같이 '언어를 바꿔서는 안 된다' '언어는 변치 않는 것이다'라고 언어의 불변성을 주장하는 사람도, 반대로 '언어란 변화한다' '언어의 변화는 가능하다'고 주장하는 사람도 의식하든 않든 자신의 이익에 따라 발언하고 있는 것이다.

Scotton(1990 : 27-28)은 elite closure엘리트 폐쇄사회라는 개념을 제시한다. 아시아, 아프리카의 옛 식민지에서는 식민지 지배국의 언어가 공용어로 기능하고 현지민 엘리트층은 옛 종주국의 언어를 숙달하는 것으로 사회 엘리트가 돼 왔다. 독립 후에도 그 언어사회의 구조를 바꾸려 하지 않고 자기 권력 유지를 꾀하고 있다. 엘리트층의 아이들은 영어나 불어가 교육언어인 엘리트 학교에 다니며 졸업 후에는 언어능력 덕에 사회 지도층이 된다. 학습기회를 얻지 못한 빈곤한 젊은이는 지배층이 되지 못하므로 이 구조에 반발한다. 지배층은 현 언어사회 구조를 지키려하고, 가난한 젊은이들은 이를 타파하려는 현상이 보인다.

3. 두 개의 언어정책

3-1. 언어정책의 두 방법(코퍼스계획과 지위계획)

언어정책이란 언어를 바꾸는 것이지만 크게 나누면 '언어 그 자체'를 변화시키는 정책과 '언어에 관한' 조건들을 변경시키는 정책 두 가지가 있다. '언어 그 자체'의 변화란 언어의 문자체계를 바꾸거나 새 어휘로 교체하는 것이다. 예를 들면 제1차 세계대전 후 터키에서는 아랍 문자를 사용하던 문자체계를 라틴 문자체계로 변경했고, 어휘 중 아랍어나 페르시아어 차용어를 배제한 터키어 순화운동을 진행했다(본서 제5장 '터키'참조). 또 독립 후 신흥국이 자국어로 학문이 가능하도록 과학기술 어휘를 만들고 어휘체계를 확장하는 일이 있다. 메이지 시대 일본에서는 각지의 다른 문법, 발음, 어휘 통일에 긴 시간을 들였다. 이같은 언어정책은 코퍼스 계획이라고 불린다.

한편, '언어에 관한' 조건 변경이란 예를 들면 해당 언어의 사회 속 지위를 변경하려는 정책이다. 이는 지위계획(또는 스테이터스 계획)이라 불린다.[03] 몇 가지 언어가 존재하고 그 속에 어떤 종류의 질서(이를 언어서열[04]이라 칭하는 일도 있다)가 보일 때, 그 서열 속 위치를 변경하려는 것이다. 구체적으로는 특정 언어를 국어라고 헌법에 명기하거나 공용어로 국회나 행정에서 사용하는 것을 의무화 하거나, 학교교육 현장에서 교육언어로 사용도록 강요하는 것이다(시리즈 1집 3장 '필리핀'참조) 이들은 언어를 언어서열에서 높이는 예인데 반대로 낮추는 예도 있다. 특정 언어를 학교교육 현장에서 금하거나 커리큘럼 상 필수과목에서 제외시켜 선택과목으로 하는 것은 언어서열을 내리는 일이다. 이처럼 지위계획은 언어 질서의 상하를 조절하는 일이다.

3-2. 언어의 두 기능(전달기능과 상징기능)

언어에는 몇 가지 기능이 있지만 여기서는 전달기능과 상징기능, 두 기능에 주목하겠다. 전달기능이란 타인에게 정보를 전달하는 것이다. 이 기능 덕에 사람들 사이에서 정보의 공유가 이루어진다. 이는 커뮤니케이션 기능이라 부를 수도 있을 것이다. 또 하나는 상징기능인데, 말하는 사람 자신을 드러내거나 그 사람의 아이덴티티를 표현하는 기능이다. 개인과 그 개인이 속하는 집단과 그 문화를 상징한다. 언어는 자신의 분신이라고도 느끼며 그 언어에 대한 비판은 자신과 자신이 속한 언어집단에 대한 모욕으로 간주되는 일도 있다. 이는 아이덴티티 기능이라고 부를 수도 있을 것이다.

이름을 예로 두 기능을 생각해 보자. 예를 들면 '야마다 고타로山田 幸太郎'라는 이름이 있을 때, 전달능력 상 이 이름은 야마다 집안의 고타로라는 인물을 가리킨다. 이름은 비슷해도 '사토 고타로'나 '야마다 고지로'와는 다른 인물을 나타낸다. 즉 이름은 그 인물이라는 것을 나타내고 그 인물 이외의 인물이 아니라는 것을 드러내는 기능이 있다. 그렇다면 사람의 이름은 '6008234'와 같은 번호라도 상관 없을 것이다. 오히려 현대와 같은 컴퓨터 시대에는 숫자를 사용하는 것이 편리할지 모른다.

그러나 이름에는 상징기능이 있고 '야마다 고타로'라는 이름은 무언가를 상징한다. '幸'이라는 자가 사용되므로 행복해졌으면 한다는 부모의 바램이 읽힌다. 또 '太郎'라는 글자는 장남으로 집안을 이을 똑똑한 남자가 되었으면 한다는 일족의 희망이 엿보인다. 반면, 숫자와 같이 무기적 기호[05]로는 이 같은 기능을 수행할 수 없다.

태어난 때부터 이름이 붙은 야마다 고타로씨는 어느 새인가 이름에 깊은 애착을 품게 되며 이 이름과 자신을 동일시하게 된다. 이는 '이름이 아깝다' '오명' '이름을 날리다' '이름값' 등과 같은 표현에도 드러난다.

이 전달기능과 상징기능이라는 두 기능은 상반되는 면이 있어 극단적으로 한쪽 기능으로 치우치지 않도록 제어가 된다. 전달능력 상 그 사람이 특정되기만 하면 간단한 이름이라도 상관 없지만 상징기능 상 이름에는 뭔가를 상징할 수 있는 의미적 요소가 필요하다.

3-3. 전달능력의 강화

전달능력의 강화와 효율화를 위해서 언어정책은 수행된다. 언어기능상 가능한 한 많은 메시지를, 정확히, 단기간에, 최소 비용과 에너지로, 가능한 한 많은 사람에게 전달하는 것이 바람직하다. 언어정책은 이 관점에서 수행된다. 예를 들면 언어정책 담당자가 한자는 익히는 데 시간이 걸리고 쓰기 번잡스럽다 생각해 한자를 폐지하고 가나문자로 쓰자는 정책을 내 놓았다고 하자. 이 경우 실제 효율적인가하는 문제와는 별도로, 한자폐지로 전달능력이 효율화되리라는 예상이 담당자의 머릿속에 있다고 할 수 있다.

화자 수도 전달능력과 관계 있다. 어떤 사회에서 그 언어를 아는 사람이 많아질수록 전달능력의 효율은 올라가고 반대로 알고 있는 사람이 적어질수록 효율은 내려간다. 전달 효율성을 높이려면 교육이나 언론을 통해 그 언어 보급을 꾀해야 한다.

각국이 행하는 자국어 보급책을 이 전달능력이라는 시점에서 생각해 보자. 브리티시 카운슬은 세계 각지에 지부를 두고 영국 영어 보급을 꾀한다. 같은 일을 하는 것이 알리앙스 프랑세즈(불어), 괴테 인스티튜트(독어), 공자학원(중국어), 국제교류기금(일본어) 등이다. 각국은 유학생 초빙, 어학교사 파견, 교재 제공 등으로 자국의 언어 보급을 꾀하고 있다. 자국어를 말하는 사람이 전 세계로 퍼지면, 그 언어의 전달능력은 확연히 강화된다.

하지만 상징기능에서는 전달 효율성보다도 언어가 갖는 개성이 중요하게 취급된다. 그 언어가 갖는 문화적 가치(역사성, 뛰어난 문자 등)가 중요해 진다. 언어는 그룹의 동료의식을 탄생시키는 수단이 되므로 메시지를 전달하는 상대를 한정지으려 한다. 한정된 범위의 상대를 대상으로 서로 연대를 확인하는 것이 큰 목적이 된다. 거기에서 언어는 집단 내 암호와 같아진다. 그리고 그 내용은 동료 외의 인간에게는 전달하지 않는 것이 바람직하다고 조차 생각된다. 젊은이들의 유행어나 은어 등도 이러한 생각에서 탄생한 것이다.

3-4. 상징기능의 강화

언어와 그것이 지시하는 대상의 관계는 자의적, 우연적이라 여겨졌다. 코퍼스 계획이 가능한 것은 이 자의성에 기인한다. 어떤 표현을 다른 표현으로 대체해도 의미는 유지되므로 어휘 대체를 시도하는 것이다.

그러나 태어났을 때부터 익숙한 모어에 관해 인간은 언어와 대상의 연결은 필연적이라고 느낀다. 모어의 어휘는 표시되는 대상과 본질적으로 연결되어 있다고 느끼는 것이다. 일본인의 대다수가 어린 시절부터 익숙한 '사쿠라 さくら(벚꽃)' '모미지 もみじ(단풍)' '스미레 すみれ(제비꽃)' '아지사이 あじさい(수국)'등은 이 식물을 오로지 이 말로밖에 표현할 수 없다고 느끼게 하는 것이다. 이는 인간의 원시적 감정이기도 하다. 이성으로는 언어가 자의적이라고 생각해도 감정으로는 부정할 수 없다. 이 감정은 코퍼스 계획을 실시할 때 방해가 된다.

코퍼스 계획을 실행하는 것은 상징기능을 저하시키는 경우가 있다. 그 때문에 상징기능적 시점에서 언어 그 자체의 변화는 기피된다. 언어는 영광스런 과거를 반영하거나 대상물과 본질적으로 연결되어 있다고 간주되므로 언어변화는 그 가치를 저하시키게 된다. '大澤오오사와' '渡邊와타나베' '廣瀬히로세'와 같이 옛날식 한자 성姓에 선조 대대로 사용했다는 애착이 있는 사람에게 '大沢오오사와' '渡辺와타나베' '広瀬히로세'와 같은 새로운 간체자가 편리하다고 언어정책 담당자가 설득한들 본인들은 옛날 한자를 계속 사용할지 모른다.

인명한자를 둘러싼 재판이 신문을 떠들썩하게 하는 일이 자주 있다. 태어난 아이에게 부모가 생각해 둔 한자를 붙이려 하는데, 상용한자(역주 : 일본정부에서 공식적으로 정한 문서용 한자 2136자)나 인명용한자(역주 : 상용 한자 외에 인명에 쓸 수 있게 정해진 한자)에 포함되지 않는 경우는 관공서에 서 이름을 수리하지 않는다. 이에 불복한 부모가 소송을 하면 기각 되기 도 하고, 이를 계기로 그 한자가 인명용 한자에 포함되는 일도 있다. 호 적법 제 50조에는 '아이의 이름에는 상용하는 평이한 문자를 사용해야한 다'고 되어 전달기능을 중시하고 있으므로 상징기능과 어떻게 타협할지 어려운 문제이다.

상징기능의 강화는 외래어 배척과 전통 회귀라는 형태로 나타나는 일 이 많다. 몽골의 과거 복귀를 목적으로 한 문자개혁이 그 예이다(제1집 2 장 '몽골' 참조). 몽골에서는 키릴문자에서 민족의 상징인 몽골문자로 복귀 가 기획되었다. 영광스러운 과거로의 회귀를 이루고자 여러 시도가 있었 던 것이다. 1991년부터 초등학교에 몽골 문자교육이 시작되었고 1994 년부터 몽골 문자를 공용문자로 하기로 결정되었다.[06]

상징기능의 시점에서도 지위계획이 실행되었다. 예를 들면 언어가 부 당하게도 언어서열의 하위에 있다고 느껴, 민족의 상징에 적절한 위치가 아니라고 느껴진다면 그 언어의 서열을 올려 합당한 위치를 부여하려 한 다. 독립 후 한국에서는 식민지화되기 전에 조선어가 차지하던 지위로 자신의 언어를 되돌리려는 정책을 취했는데 이것이 지위계획이다.

3-5. 두 기능의 대립

이같이 언어에는 두 기능이 있는데 한 기능을 강화하려면 다른 쪽 과 충돌하기도 한다. 본 시리즈 2집의 제8장(독일)에 독일의 새 맞춤법

도입의 경위가 서술되어 있다. 그에 따르면 새 맞춤법의 목적은 합리성을 높여 보다 효율적인 철자법을 만드는 것이었다. 파생어를 어간으로 맞출 것(예를 들면 numerieren[기호를 붙인다]는 명사의 Nummer에서 파생했으므로 m을 2개 겹쳐 새로이 nummerieren으로 한다) 혹은 에스체트[ß] 사용을 줄일 것(예를 들면 daß를 dass로 철자법을 고침) 등이다. 스펠을 기억하기 쉽고 필기 효율을 높이는 것이 그 내용이었다. 그러나 많은 반발이 있어 '독일어와 그 문어는 독일 문화의 정신이며 인공적으로 바꿀 수 없다'고 하여 새 맞춤법은 '독일어의 붕괴, 파멸'이라는 의견이 나왔다. 특히 독일어 작가들 사이에서 반발이 심했다. 이처럼 두 기능은 대립하는 일이 많다.

언어정책은 이 상반되는 두 목적을 조정하는 것이다. 조정의 기준은 역시 현실이다. 현실적인가 아닌가라는 필터를 통해 현실가능한 타협점을 찾아간다.

4. 언어정책의 주체·목적·내용

4-1. 언어정책의 기본적 구조

언어정책의 두 패턴과 언어의 두 기능을 살펴보았다. 다음으로 언어정책이란 누가 어떤 목적을 당성하기 위해 무엇을 어떻게 하는가라는 시점에서 생각해 보겠다. 우선 '누가 주체'인가 하는 시점에서 검토해 보자.

4-2. 언어정책을 수행하는 주체

언어정책의 주체는 국가이다. 실무는 교육부나 전문 언어정책 기관이 담당한다. 예를 들면 프랑스의 아카데미 프랑세즈가 있다. 또 말레이시아에서는 전문 언어정책기관으로 언어문화 센터Dewan Bahasa dan Pustaka가 있어 많은 언어정책을 실시하고 있다(제2집 5장 '말레이시아' 참조). 그 외에 주 정부나 지방자치체가 주도하는 경우도 있고 대기업과 공공 교통기관, 학교교육기관 등이 관여하는 경우도 있다. 일본에서는 문부성, 문과성이 언어정책을 추진해 왔다. 또 문화청, 국어심의회(현 문화심의회국어분과회), 국립국어연구소, 국제교류기금 등도 관여해 왔다.

언어정책을 실행하는 기관에 더해 윤리적 입장에서 정책 제언을 하는 기관이 있다. 학회 등이다. 일본에서는 영어교육에 관해 대학영어교육학회, 전국영어교육학회 등이 있고, 국어·일본어 교육정책에 관해서는 일본어학회, 전국대학국어교육학회, 일본어교육학회 등이 각기 활발한 정책제언을 하고 있다. 또 이문화간교육학회 일본언어정책학회, 사회언어과학회 등이 특정 언어 교육이라는 틀을 넘은 입장에서 제언을 하고 있다. 이들 제언은 정부의 정책결정에 일정 영향을 끼치고 있다.

국가라는 거대한 권력을 배경으로 언어정책 담당자가 정책결정을 하는 일로 문제가 생기는 경우가 있다. 위에서 아래로 권력을 행사하는 형태로 일어나는데top down 이는 본질적으로 기민한 대처가 힘들다. 거대 조직이므로 현실적으로 일어나는 일이 피드백 되기 어렵다는 문제가 있다. '가려운 곳을 긁는' 세심한 정책을 위해서는 풀뿌리 단체가 중심이 된 작은 조직이 아래에서 위bottom up를 향하는 방식을 취해야 한다. 풀뿌리 단체의 활약 가능성에 대해서는 제6절 언어 서비스에서 논하겠다.

4-3. 언어정책의 목적, 무엇을, 어떻게 할 것인가

언어정책에서는 어떤 목적을 달성하기 위해 무엇을 어떻게 할 것인가를 생각해 보자. 역사적으로 언어정책에는 그 시대 특유의 과제가 있었다. 19세기 유럽 국가가 국민국가의 형성을 위해 언어정책을 수행해 왔다. 또 식민지 확장 시대에는 서구 열강이 효율적 식민지 경영을 위해 언어정책을 행했다. 그리고 20세기에는 신흥국이 지배국에서 독립을 달성하기 위해 언어정책을 수행했다. 이들 언어정책 자체의 선악과는 별도로, 언어정책이 시대의 과제에 응해온 점은 부정할 수 없다.

19세기와 20세기라는 두 세기에 걸쳐 언어정책 이념은 단일언어주의 중심이었다. 단일언어주의란 '하나의 언어만 언어사회에서 사용돼야 한다'는 사고방식이다. 이는 바꿔 말하면 국가에 관해 '한 국가는 한 민족으로 형성돼야 하며, 언어는 한 언어로 통일되어야 한다'는 것이다. 여기에서 국어가 국가 통일의 하나의 상징이 된다.

그 시대는 전달기능 면에서도 단일언어주의가 채택되었다. 유럽에서 국민국가가 탄생할 때 균질한 국민, 통일된 언어, 통일된 문화가 필요했다. 정비된 법령·규칙, 효율적 행정기구, 교육을 받은 균질적인 노동력이 있어야 산업진흥도 가능해진다. 명령을 이해하는 근대적 군대, 경찰이 있어야 국내 지배통제가 확실해 진다. 이를 위해서는 반드시 언어통일이 필요했다. 국가 형성을 위해 단일언어주의 이데올로기가 채택된 것이다.

이 이데올로기는 독일에 유학한 우에다 가즈토시上田万年를 통해 일본에도 도입되었다. 일본국에 산다면 일본어를 말하고, 일본인에 동화되어야 한다는 이데올로기이다. 이러한 사고는 메이지明治 시대에 국민국가가 탄생한 이후 역사적으로 강화되거나 약화되기는 했지만 오늘날까지 면면히 이어지고 있다.

그러나 20세기가 끝날 무렵부터 단일언어주의에 균열이 눈에 띄기 시작했다. 그것은 다언어화가 진행되는 현실에 맞지 않게 되었다는 것이다. 지금은 21세기가 되어 이미 10여년 경과했다. 언어정책에는 21세기 특유의 과제가 있다. 다문화·다언어 공생사회의 성립을 성공으로 이끌어가는 것이다. 다언어주의가 강하게 요구되는 시대이다.

5. 다언어주의에 대하여

5-1. 다언어주의라는 이념

21세기의 언어정책 과제는 다문화, 다언어의 공생사회를 만들어 내는 것이며 그 시대에는 다언어주의 이념이 필요하다고 서술했다. 여기에서 다시 한번 다언어주의란 무엇인지 생각해 보자. '다언어주의'란 '다언어 상태에 적극적으로 의미를 발견해 그 상태가 바람직하다'고 보는 이념이다. 1970년대 경부터 캐나다, 오스트레일리아, 미국 등에서 비백인 이민자 증가, 소수민족의 권리의식이 높아지자 눈높이를 맞추듯이 다문화주의가 싹텄다. 다문화주의는 필연적으로 다언어주의와 연결된다. 이들 움직임은 제1집 제5장(호주)과 제7장(캐나다)에 소개되었다.[07]

일본에서도 1980년대부터 뉴커머[08]의 증가와 더불어 그들의 언어문제에 관심이 높아져, 다언어주의가 조금씩 수면 위로 떠올랐다. 그러나 일반적 경향으로는 다언어주의[09]는 일본인 전체의 공통인식이 되지는 못하고 '일본열도에서 사용하는 언어는 일본어만 있어도 된다' 혹은 '영어 정도를 덧붙여 사용하면 된다'고 주장하는 사람이 많다.[10] 그러나 이 사고는 일본의 현황에는 맞지 않게 되었다. 그 점에 대해 생각해 보자.

5-2. 유동성이 높아지는 세계

국경을 넘는 사람이 늘고 있다. 통상, 유학, 국제결혼, 이민 등으로 사람들의 왕래가 활발해 졌다. 교통망의 발달, 세계의 글로벌화의 진행 등으로 모든 나라에서 다문화화, 다언어화가 진행되고 있다. 이는 대도시에서 눈에 띄는 현상이다. 뉴욕, 파리, 싱가포르 등 세계의 대도시를 걸으면 이를 실감한다. 동경, 오사카 등도 다언어, 다민족, 다문화 도시가 되어 가고 있다. 이 현상은 대도시에서 지방도시로, 그리고 그 주변부로 퍼져간다. 이런 시대에는 세계 어디든 다언어사회가 될 가능성이 있다.

유동성이 높아지며 다언어사회로 향하게 되자 사람들 사이의 의사소통을 가능케 할 공통어의 존재가 오히려 절실히 요구되고 있다. 이 두 움직임은 팽팽하게 맞서고 있다. 세계 각지에서 다언어상태가 현저해지는 한편, 몇가지 유력언어로 집약되는 움직임 또한 보이는 것이다.

다언어주의란 전 지구적으로 나타나는 거대언어 집약화 움직임에 대한 반발이며, 그 구체적 대책의 하나로 다언어상태로 발생하는 몇가지 불편을 제기하려는 것이다. 그 불편함이란 이주해 온 사람들의 언어문제이다. 호스트 사회의 언어를 못하는 사람들이 증대되는 현상은 일본에서도 큰 사회현상이 되어가고 있다. 언어적으로 불리한 입장에 선 사람들의 증대라는 문제에 대처하는 것이 21세기 언어정책의 과제이다.

5-3. 일본의 다민족화·다언어화 현상

현대 일본은 다민족·다언어화 되고 있다. 2009년말 시점에서 외국인이 219만 명 이상 살고 있으며 인구의 1.71%를 점유하기에 이르렀다(외국인등록자 통계 2009년말). 본 시리즈도 이 현상에 깊은 관심을 갖고 제2집

2편(일본)에서 일본의 다언어화에 수반되는 여러 문제점을 총괄했다. 거기서는 일단 일본어교육이라는 시점에서 상세히 서술했다.

어느 나라의 사람들이 일본에 살고 있을까. 2009년 거주자 수가 많은 순으로 중국(전체의 31.1%), 한국·조선(26.5%), 브라질(12.2%), 필리핀(9.7%), 페루(2.6%)이다. 그 중에는 오랜 동안 일본에 살아서 일본어를 모어처럼 구사하는 올드커머가 있다. 한편 뉴커머로 불리며 취업, 국제결혼, 유학, 귀국, 난민 등 여러 이유로 일본에 이주해 온 사람도 있다. 그들은 일본어에 익숙하지 않다는 점이 큰 특징이다.

일본에 와서 정주하려는 사람들의 언어문제를 어떻게 생각해야 할까. '일본에 왔으니 빨리 일본사회에 동화돼야 한다', '일본인과 같이 행동하고 일본인처럼 이야기할 수 있었으면 좋겠다', '아이들은 모어는 됐으니 일본어만 열심히 공부했으면 한다'와 같이 생각해야 할까. 독자 중에 이렇게 생각하는 사람도 있을지 모른다. 그러나 이 점은 신중히 검토해야 한다. 여기에서는 그들의 언어를 일본사회를 풍부히 하는 자산으로 생각했으면 한다. 그들의 언어는 사회를 혼란시키는 부채가 아니라 사회 구성원을 풍부하게 하는 자산이라고 간주할 수 있다. 기본적으로 그 점에 관한 의문이 나올 수 있지만, 다음 절에서 생각해보자.

6. 다언어주의에 대한 의문

6-1. 몇 가지 의문

현대사회가 급속히 다언어화 되고 있다는 사실은 인정해도 이를 바람직하지 않은 사태라고 판단하는 사람도 많다. 다언어사회에 대해 의문을 품는 사람들이다. 다언어주의가 새로운 시대를 이끄는 이념으로 일반적으로 인정받기 위해서는 여러 의문에 답할 필요가 있다. 그럼 어떤 의문일까. 대표적 예로 다음과 같은 것을 들어보겠다.

① 다언어사회는 자산이라기 보다 오히려 부채가 아닌가.
② 다언어사회는 전달기능 상 효율이 나쁜 것 아닌가.
③ 다언어사회는 각 민족간 교류가 없는 사회 아닌가
④ 다언어사회에서는 국가통일의 상징이 되는 언어가 없어지는 것이
  아닌가.
⑤ 다언어사회에서는 개인의 아이덴티티가 분열되는 것이 아닌가.

이들 의문은 서로 관련되는 것이 많고 어떤 의문에 답하는 것은 다른 의문에 부분적인 답이 된다. 기술에 중복이 있는 점을 양해 바라며 아래에서 검토해 가겠다.

의문① : 자산으로서의 다언어사회

최초의 의문 '다언어사회는 자산이라는 것은 어떤 의미인가'라는 질문이다. 하나의 사회에 잡다한 언어가 있는 것은 단순히 언어적 카오스이며 그것이 어째서 자산이 될 수 있는지 이상하게 생각하는 독자도 많으리라. 그에 대한 여러 답변을 준비할 수 있을 것이다. 일상적 예로 식사를 들어보자. 만일 매일 일식만 먹는다면 질릴 것이다. 인도요리, 중국요리, 프랑스요리, 터키요리 등도 먹어서 우리 식생활은 풍부해 진다. 또 엔카, 록, 칸초네, 샹송, 클래식 등 다양한 장르의 음악을 듣는 것으로 감성을 갈고 닦아 음악생활을 풍성하게 할 수 있다. 즉 '여러 문화, 언어가 일본국내에 있으면 그것을 손쉽게 체험할 수 있고 우리 생활이 풍부해 진다'는 답이 될 것이다.

실리적 면에서는 '일본이 세계의 여러 나라와 교류하는 가운데 외교교섭이나 무역 통상 시 상대의 언어나 문화를 이해할 수 있는 인물이 일본에 있으면 일본에게 지극히 유익하다'라든가, '세계의 여러 정보가 그 언어를 이해하는 사람을 통해 일본에 들어온다'와 같은 것도 답의 하나가될 것이다.

이들 답에 더해 '우리가 사는 사회가 막다른 길에 달했을 때 해결할 수 있는 힌트를 제공해주는 풍부한 아이디어의 원천'이라는 점을 들 수 있다. 이 점을 좀 더 자세히 설명해 보자. 갑작스럽지만 생물 종의 생존법에 주목해 생물의 아날로지를 이용해 보자. 생물은 모든 환경에 살아남기 위해 다양성이라는 수단을 선택하고 있다. 생물은 차세대를 재생산할 때 가능한 한 많은 변종을 만들어내려고 한다. 이는 환경의 격변이 있어도 다양한 변종을 만들어내면 적어도 변종 중 하나는 살아남으리라는 자연의 계산이다.

잠자리와 같은 곤충이라 해도 다음 세대에는 여러 변종이 태어난다. 그 모습과 특질을 보면 어떤 것은 몸집이 크고, 어떤 것은 작다. 더위에 강한 것, 추위에 강한 것, 굶주림에 강한 것, 포식에 강한 것, 건조에 강한 것, 습기에 강한 것 등 실로 다양하다. 다양한 자손이 있으면 자연 환경이 어떻게 변화해도 한 가지는 살아남을 수 있을 것이다.

인류도 살아남기 위해서는 신체적 다양성이 필요하다. 신체적으로 여러 특징을 가진 자손을 만들어내고 있다. 그러나 인류의 경우, 신체적 다양성 뿐 아니라 사상적 다양성도 필요하다. 사상의 다양성이 있는 한 어떤 자연환경이나 사회환경 변화에도 대처하는 사상을 찾아내 인류는 살아남을 것이다.

그 의미에서 세계에는 다양한 사상이 있는 편이 좋다. 자연과 공존하려는 사상이 있는가 하면, 자연을 정복 대상으로 보는 사상도 있을 것이다. 자급자족을 호소하는 사상이 있다면, 분업의 효율을 주장하는 사상도 있는 것이 좋을 것이다. 여러 사상이 존재해 갈 필요가 있다. 자연환경과 사회환경의 모든 변화에 대비해 인류의 장래를 위해서는 다양성이라는 보험이 필요하다.

하나의 사상은 비행기의 엔진 하나로 비유할 수 있을 것이다. 단발 엔진 비행기는 엔진이 고장 나면 그대로 추락하지만 쌍발 엔진이나 4발 엔진 비행기면 사고에 견딜 가능성이 높아진다. 다양한 사고법이 있으면 자연과 사회환경이 격변해 특정 사고법으로 대응할 수 없게 되어도 다른 사고법이 보조로 작용해 인류는 막다른 길에서 벗어날 수 있을 것이다.

그러면 사고의 다양성의 기반이 되는 것은 무엇일까. 그것은 언어의 다양성이다. 사고와 언어의 관계에 대해서 유명한 사피어-워프가설이 있다. 이는 '언어가 사고를 결정한다'는 강한 정의(결정론)와 '언어가 사고에 영향을 미친다'는 약한 정의(영향론)의 두 가지가 있다. 요즘은 후자의 가설이 유력하고 본장에서도 그에 따라 고찰해 가겠다.

어떤 언어의 체계는 사고의 틀에 영향을 미친다. 일본어와 영어의 어휘를 대비해 보자. 영어의 wear라는 동사는 일본어로는 '着ている입고 있다'에 해당한다. 이 두 단어의 의미는 완전히 겹치는 것이 아니라 의미하는 범위가 다르다. 이 wear가 목적어로 취하는 명사로는 suit정장, hat모자, seatbelt안전벨트, shoes신발, ring반지, shirt셔츠, wig가발, perfume향수, moustache수염, bandage붕대, dental plate의치, hearing aid보청기, pacemaker페이스메이커 등 폭 넓다.

대응하는 일본어는 '着ている입다' 'かぶっている쓰다' 'しめている매다' 'はいている신다' 'はやしている기르다' '巻いている감다' '入れている넣다' '埋め込んでいる심다' 등 각각 다른 동사가 쓰인다. 이는 일본어 화자라면 다른 카테고리에 넣는 각 동작에 영어 화자는 뭔가 공통점을 발견했다는 것을 의미한다.

일본어만 이해하는 사람에게 '구두'와 '향수'의 공통성을 찾는 것은 힘들다. 그러나 영어를 이해한다면 shoes와 perfume은 몸에 접촉한다는 의미로 공통성을 갖는다는 것을 용이하게 이해할 것이다. 이처럼 다른 언어를 아는 것은 대상의 연결점의 다양한 가능성을 보다 많이 알 수 있다는 것이다. 즉 다른 언어를 알고 다른 언어의 화자와 접하면서 사고의 다양성, 유연성이 자란다. 자신의 언어 속에만 갇혀 있던 사고에서 빠져나와 사고의 자유를 얻을 수 있다. 예를 들면 기업 입장에서는 새로운 시점에서 생각도 못한 독창적 상품개발이 가능해지는 등의 이점을 생각할 수 있다. 이같이 다언어사회는 풍부한 아이디어가 넘치는 사고의 보고라고 생각할 수 있다.

의문② : 언어 전달의 효율

'다언어사회는 전달능력 상 효율이 나쁘지 않을까'하는 의문은 '많은 언어가 있으면 불편하지 않을까'라는 의문이기도 하다.

어떤 언어사회에서 그 언어를 아는 사람이 많아질수록 언어전달 효율은 올라가고, 아는 사람이 적을수록 효율은 적어진다. 언어의 전달기능은 화자 수에 영향 받는다. 다언어사회는 언어화자의 수라는 점에서 전달 효율이 떨어지고, 경제발전의 장애가 되는 것은 아닐까 하는 생각이 있다.

실증적 데이터로 어느 정도 뒷받침되고 있기도 하다. 오래된 자료지만 풀Pool(1972)은 1962년 시점 자료를 이용해 다언어 상태(최대어족 인구가 그 나라 전체 인구 중에 점하는 비율, 예를 들면 최대어족 비율이 20%라 하면, 다음으로 많은 어족은 20% 이하라는 것을 나타내며 적어도 그 나라에는 5개 이상의 어족이 병존하는 것을 의미)와 나라의 윤택함(1인당 국내총생산GDP)의 관계를 133개국에 걸쳐 조사했다. 그 결과 당시 다언어국가의 대다수가 예외 없이 개발도상국이었다. 또 쿨마스Coulmas(1922 : 23-26)는 에티오피아, 프랑스, 베트남, 서독(당시), 필리핀, 채드 등 18개국 1인당 GNP와 그 나라에서 사용되는 언어수를 비교해 '다언어상태와 경제발전 수준이 낮은 것은 연결'되는 경향이 있다고 서술한다.

그때까지 다언어국가에 개발도상국이 많았던 것에는 여러 이유를 생각해 볼 수 있다. 언어가 다수 존재함으로써 국내의 교통, 통신, 상업활동에 지장이 생겨, 경제발전에 악영향이 있었다고 생각할 수 있다. 또 민족 간 의사소통이 불충분해 그 결과 민족대립이 발발되어 정치적으로도 악영향이 있었다 할 수 있다. 또 법제도 상으로 통일된 운용이 곤란해 비효율적인 국가 운영이 된다. 교육 관점에서 보면 언어가 통일되지 않으면 교과서 편찬을 각 언어로 해야 할 필요가 있다. 또 커리큘럼 결정, 교원양성, 교원배치 전환 등 교육정책이 상당한 제약을 받게 된다. 다언어상태로 여러 불편함이 생기므로 경제발전 관점에서 다언어상태는 바람직하지 못한 것이 된다.

이러한 점에 대한 답을 생각해 보자. 이전 세기까지는 다언어상태의 효율성이 나쁜 것은 국가 발전에 장애요인이었지만 과학, 기술의 진보로 이를 보충할 수 있게 된 점을 지적하고 싶다. 전자기기와 교통기관의 발달로 원거리라도 간단히 서로 연락을 주고받을 수 있는 시대가 되었다. 번역 시스템도 향상되었고, 다른 언어를 습득하기 위한 다양한 학습교재를 손쉽게 구할 수 있다.

다언어사회라도 공통어는 필요하다. 공통어 습득은 장려되며, 생활에 필수적인 정보는 공통어를 통해 발신된다. 단 이 공통어가 너무 강대해져 다른 언어를 삼켜버리면 전달의 효율성이라는 이점을 지워버릴 정도로 문제가 발생하는 것이다.

공통어가 너무 강대해지지 않도록 컨트롤하면서 다언어사회의 전달 효율성이라는 문제에 대처해 가야한다. 바이링구얼 교육의 추진, 이민에 대한 호스트 사회의 언어학습 지원, 통역이나 번역 서비스 등으로 문제점을 하나 하나 해결해 나가는 것은 가능할 것이다. 제6절에서 논할 언어 서비스도 그러한 시도의 하나이다.

그래도 전달의 효율성만을 생각해 단일언어사회를 제창하는 사람이 있을지 모른다. 전원이 같은 언어를 말하는 단일언어사회에 비해 다언어사회의 정보전달 효율성이 떨어지는 것이 사실이다. 그러나 전원이 같은 언어를 쓰는 동질적 구성원으로 이루어져 정보가 그 때 그 때 완벽하게 전달되는 언어사회에 대해 친근감보다는 오히려 위화감을 느끼는 사람이 많지 않을까. 단일언어사회의 사람들이 같은 것을 목표로 하기 쉬워 단기적으로는 효과가 있을지 모르지만, 장기적으로는 그 문제점이 노출된다.

의문③ : 다언어사회의 민족간 교류

세 번째 의문은 '다언어사회는 각 민족간의 교류가 없는 사회 아닌가' 하는 것이다. '다언어사회에서는 언어가 다른 민족 간의 커뮤니케이션이 사라져 버린다'는 오해가 있는 것은 사실이다. 그러나 다언어주의의 진정한 목적은 각 민족별로 흩어지는 것을 막고 서로 적극적인 교류를 추진하려는 것이다. 다언어주의는 특히 소수민족(선주민족과 이주민족)의 언어문화에 대한 이해를 도모하려 한다. 지금까지 소수민족은 스스로의 언어문화에 갇혀 잊혀진 존재가 되는 일이 많았지만 다언어주의는 이들 소수민족의 언어문화를 무대에 등장시키려는 것이다.

소수민족이 자기 언어문화에 긍지를 갖고 그 지속을 위해 적극적으로 활동하기 위해서 정부는 여러 수단(교육상 배려, 관련 법률 정비, 재정 지원, 언론을 통한 계발)을 강구할 필요가 있다. 그리고 소수민족의 언어(방언)을 보호하는 언어정책을 탐색하고 동시에 사회 구성원이 서로 언어문화에 적극적으로 관심을 갖는 것을 적극 장려하는 정책을 강구해야 한다. 이렇게 되면 주류 민족이 소수민족 문화의 존재를 인정하고 받아들이게 된다.

덧붙여, 소수민족에 관해서는 그 민족에 대한 여러 권리의 침해가 종종 일어나는데 그 하나는 소수민족의 언어에 대한 압박이다. 정부가 그들의 언어권을 인정하는 것은 그들을 고유 민족으로 인정하는 것이다. 언어권의 승인이 여타 권리의 승인으로 이어지는 일도 많다.

의문④ : 다문화사회의 국가통일

제4의 의문은 '다언어사회에서는 국가통일의 상징인 언어가 없는 것 아닌가'로 언어의 상징기능과 관련 있다. 언어에는 상징기능이 있다. 이는 자신과 자신이 소속된 집단의 아이덴티티를 나타내는 기능이다. 언어를 자신의 심볼로 사용함으로써 특정 그룹, 민족, 국가의 구심력을 높이고 결속력을 다지며 집단으로 기능할 수 있게 된다.

국가통일을 유지해 가기 위한 심볼로는 공통의 역사, 신화, 국가, 국기, 국가의례가 있는데, 국어도 그 중 하나이다. 학교교육 현장에서 국어의 아름다움은 끊임없이 강조된다.[11] 국어는 민족의 영광스러운 역사와 위대한 문학과 관련되어 예찬된다. 국어는 그 민족의 사람들만이 이해하고 다른 민족의 사람은 이해하기 힘든 독특한 존재로 생각되는 일도 있다. 외부인은 배제되는 것이다. 당연히 한 언어만이 선택된다. 이것이 단일언어주의 이데올로기다.

19세기 유럽에서 탄생한 이 이데올로기는 국민국가성립의 원동력이 되었다. 이민족 지배에 신음하던 많은 민족에게 민족통일과 독립 지침을 마련해 주었다. 나아가 20세기가 되어 단일언어주의는 식민지 지배에 고통받는 사람들에게 독립에 대한 사상적 기반을 마련해 준 것이다. 제2차세계대전 후 아시아의 민족은 자국어의 언어가 갖는 상징성에 고무되어 종주국 언어에 반발하며 독립운동을 고양시켰다. 공용어를 영어나 네덜란드어에서 민족어인 말레이어, 힌디어, 인도네시아어로 교체하려는 언어운동이 일어났다. 민족어 복권운동은 국가통일과 식민지 독립이라는 역사적 사건에 크게 공헌했다.

방글라데시가 파키스탄에서 독립할 때도 언어운동이 관계했다. 1952년 다카에서 벵골어 공용어화를 요구하는 학생들에게 경찰이 발포해 4명이 사망했다. 이 날을 기려 국제 모어의 날(2월 21일)이 유네스코에 의해 제정되었다. 방글라데시에서는 독립운동 중 중요한 사건의 하나로 이 날을 '언어운동기념일'로 정하고 있다(본서 제7장 '방글라데시'를 참조).

역사를 되돌아 보면, 언어의 상징기능을 강조하는 것은 플러스면도 있지만 이 이데올로기 때문에 많은 분쟁과 유혈사태가 벌어진 면도 있다. 하나의 민족은 자신을 상징하는 하나의 언어를 말해야 하며 언어(인종과 종교)가 다르다면 서로 아이덴티티가 다르므로 동일 국가를 형성할 수 없다는 사고방식이 초래한 것은 장밋빛 이상 사회가 아니라 수많은 분쟁이었다. 스리랑카의 타밀인 독립운동, 캐나다의 퀘벡문제, 유고슬라비아의 격렬한 민족분쟁 등 손꼽을 수 없다.

이들 민족분쟁을 회피하기 위해 민족이라는 틀, 국가라는 틀에 언어를 맞추려고 하지 않는 이념 즉 다언어주의는 유효할 것이다. 여기에는 두 가지 사고방식이 있다. 하나는 자신을 상징하는 것이 한 언어가 아니라 복수의 언어일 수 있다는 생각이다. 다른 하나의 사고방식은 언어와 자신의 아이덴티티를 직접적으로 연관짓지 않는 것이다. 이 경우 자신의 아이덴티티는 언어 이외의 요소(예를 들면 노동자라는 계급적 지위, 종신고용을 제공해주는 기업, 이슬람교와 같은 종교)에 결부짓게 된다.

새 시대의 언어, 민족, 국가의 관계를 드러내는 사례로 싱가포르를 들수 있다(본 시리즈 제2집 제6장 '싱가포르' 참조). 이 나라는 주로 중국계, 인도계, 말레이계의 3민족으로 구성되어 있다. 그리고 표준중국어, 타밀어, 말레이어, 영어라는 4언어가 공용어[12]이다. 이 나라에서는 상가포르 사람을 상징하는 것으로 특정 언어가 존재하지 않는다. 굳이 말하자면 4개의 공용어가 전부 상징이라 할 수 있을지 모른다. 그리고 이 나라의 사람들은 '자신은 싱가포르인이다'라는 의식을 강하게 가지고 있다. 그들은 언어 이외의 것, 자국의 높은 생활수준, 발전하는 경제, 과학기술, 전문직으로서 자신의 기능 등에서 자신의 아이덴티티를 찾고 있다. 이 나라에서는 언어와 아이덴티티가 반드시 강하게 결부되지 않는다.

어쨌든 단일언어주의의 이데올로기는 보편적인 것이 아니라 오늘날은 역사적 역할의 끝자락에 있다고 해석했으면 한다. 새로운 시대는 '국가'나 '민족'이라는 개념에서 벗어나려 한다. 아시아나 아프리카의 나라들을 생각해보자. 옛 식민지의 많은 서구열강의 편의대로 국경이 설정되었다. 신흥국은 이 국경을 바꾸지 못하고 복수의 민족을 끌어안은 채 독립했다. 예를 들면 가나는 50개 전후의 현지어가 있다고 확인된다(본서 제9장 '가나'를 참조할 것). 다른 언어를 가진 각 민족이 독자의 국가를 가져야한다 생각해 가나를 50개 전후의 독립국으로 나뉘어야 할 것인가. 여기에서 1민족=1국가=1언어라는 원리를 적용하면 이상해진다. 아시아, 아프리카의 실태를 보면 1민족=1국가=1언어의 원리가 역사적으로도 지역적으로도 한정된 것이며 보편성을 갖지 못한 것임을 알 수 있다.

의문⑤ : 다언어사회의 아이덴티티

'다언어사회에서는 개인의 아이덴티티가 분열되는 것 아닌가'라는 의문이 있는데 이는 개인의 아이덴티티 구조와 관련된다. 사람들의 아이덴티티는 모어와 강하게 결부되어 있다. 이시카와 다쿠보쿠石川啄木의 시에 '고향 말투가 그리워 정차장 인파 속으로 들으러 가네'라는 구절이 있는데, 이 도호쿠東北 출신의 시인에게 모어인 방언은 자신의 고향과 아이덴티티를 확인하는 것이었다.

다언어사회의 개인 아이덴티티에 관해 다음과 같은 우려도 있다. '다언어사회에서는 필연적으로 여러 언어에 접촉하게 되는데, 이는 본인의 자아나 아이덴티티 분열을 의미하는 것 아닌가', '특히 어린아이가 발육과정에서 다양한 언어와 접촉하면 어떤 언어나 어중간해져서 자신이 누구인지 모르게 되는 것 아닌가', '어린이들이 아이덴티티 위기에 직면하는 것 아닌가, 소위 세미 링구얼(최근에는 더블 리미트라고 부르는 일이 많다)을 양산하는 것 아닌가' 등이다.

염려하는 사람들의 논리를 정리하면 '아이덴티티란 하나의 언어에 결부되는 것이 바람직하다. 여러 언어와 결부되는 것은 아이덴티티의 분열이며 정신 분열을 의미한다. 그러므로 멀티링구얼이 되는 것은 피해야 한다'는 것이 된다.

앞서 다언어주의란 '민족이라는 틀, 국가라는 틀에 언어를 끼워 넣으려고 하지 않는'이념이라고 서술했다. 개인 레벨에서도 마찬가지이다. 이 경우 자신의 아이덴티티는 하나의 언어에 결부되는 것이 아니라 복수의 언어와 결부된다는 생각과 자신의 아이덴티티는 언어 이외의 것과 결부된다는 생각이 있다.

가와하라河原(2003)는 가나자와시에 사는 필리핀 여성들을 인터뷰하면서 그들의 언어 아이덴티티가 어떤지 조사했다. 그들은 고국에서 멀리 떨어져 모어와 단절된 환경 속에서 자신의 언어 아이덴티티가 일본어, 영어, 타갈로그어, 필리핀 지방어 등으로 흔들리고 있지만 결국 자신이 멀티 링구얼이라는 점에 스스로의 가치를 발견해 나가는 예라는 사실을 보고하고 있다. 여기에서는 하나의 언어 뿐 아니라 복수의 언어가 자신의 상징이 된다.

멀티 링구얼은 자칫 자신이 누구인지 모르게 되어 방황하는 일이 있다. 또 남들에게 뿌리 없는 풀이라 멸시당하는 일도 있다. 그러나 위의 예가 시사하듯이 다수의 언어에 접촉하는 것은 자신의 아이덴티티를 잃는 것이 아니고 자신의 아이덴티티를 '복수의 언어 사용자'라는 점에 두게 되는 예가 있다. 그런 사람들을 '다원적 아이덴티티 보유자'라 부를 수 있을 것이다.

멀티 링구얼에 대해 아이들의 사고 능력에 대한 영향을 가장 걱정해야 할 것이다. 사고 능력은 언어습득을 통해 발달해 가는 것이므로 도중에 습득하는 언어가 빈번히 바뀌는 것은 바람직하지 않다. 아이들의 논리적 사고력은 12세 정도까지 확립되는 것이므로 환경이 바뀌어도 그때까지 모어 사고력을 확실히 익힐 기회(=모어유지교육)가 주어져야 한다. 교육언어가 정신 없이 바뀌면 아이들의 사고 능력이 충분히 자라지 못한다. 역으로 말하면, 모어유지교육이 보장되는 한 아무리 유동적 사회여도 아이들의 사고력에 끼치는 악영향을 막을 수 있다.

6-2. 단일언어주의에 대한 소박한 동경

지금까지 몇 가지 의문에 대해 답하면서 다언어주의의 현대적 의의를 논했다. 단일언어주의의 소박한 형태는 태곳적부터 보인다. 창세기의 바벨탑 이야기를 상기해 보자. 본래 전 세계의 사람은 같은 언어를 썼지만 신의 분노로 인간의 언어가 제각각이 되고 인간의 분열(=불행)이 시작되었다는 신화이다. 왜 인간은 다른 언어를 이야기하는가, 그 이유를 인류는 여러모로 탐구해 왔다. 그 해석의 하나가 바벨탑 이야기로 드러나 있다.

태곳적 이상사회에 대한 동경을 배경으로 유럽에서는 공통어를 만들어내려는 움직임이 전통적으로 보인다. 그 인공적 공통어는 언어로서 뛰어난 것(완전언어)이어야 한다고 여겨졌다. 인간 사이의 오해, 불화, 다툼 등이 생겨나는 것은 자연언어가 불합리한 면을 다수 갖고 있기 때문이라고 사람들은 생각한 것이다. 이 문제 해결을 위해 자연언어가 아닌 합리성을 갖추고 오해의 여지가 없는 투명도 높은 언어를 창조하자, 그리고 그것을 국제 공통어로 사용하자는 것이다. 에스페란토는 그 중 가장 유명한 인공국제어이다.

이처럼 단일언어주의는 긴 전통을 가지며 인간의 자연스러운 감정에 맞는 부분이 있다. 현대인은 다소 차이는 있어도 그 영향 아래 놓여있다. 세계의 많은 나라에서 진행된 표준어장려 운동, 방언박멸 운동은 이 큰 흐름의 각국판이라 할 수 있을 것이다. 단일언어주의 이데올로기는 우리 의식 안에 깊게 뿌리 내리고 있지만, 종종 소수민족의 문화와 언어를 질식시키고 그들의 아이덴티티를 억지로 변용시켜 온 점에서 현대에는 반성의 목소리가 커졌다. 다언어주의는 이 반성에 답하는 것이다.

단일언어주의의 장점과 단점을 비교해 보면 과거 시대에는 장점이 단점을 능가했다. 그러나 현대에는 언론과 교통수단의 발달로 특정 언어가 쉽게 강력해 지게 되었다. 이런 시대에는 단점이 두드러진다.

정보기술과 교통기관이 발달하지 않던 과거에는 사람들 사이에 작용하는 원심력이 강했다. 사람들은 간단히 흩어지고 처음에는 공통된 언어를 갖고 있었어도 사는 곳이 달라지고 세대가 교체되면서 각각 다른 언어가 되어 갔다. 원심력의 시대라 해도 무방할 것이다. 그렇기에 단일언어주의에 대한 동경이 있었던 것이다. 그러나 현대에는 지극히 강한 구심력이 작용하고 있다. 지구 한쪽 구석에서 일어난 일이라도 정보 매체를 통해 즉시 다른 지역에 전달된다. 지나치게 강한 원심력은 이대로 두면 21세기 후반 사회의 큰 특징이 될 것이다. 그 시대에 사람들은 앞다투어 주류 언어를 배우려 하고, 주류 문화를 도입하려 한다.

현재도 미국 영어를 대표로 하는 대언어가 전세계의 중소언어를 삼키려 하고 있고 100년 후에 세계의 언어수가 반감하리라는 예상도 있다. 어쩌면 21세기 후반에는 전세계 사람들이 청바지를 입고 맥도날드에서 밥을 먹고, 팝을 듣고, 헐리우드 영화를 보고 미국 영어로 이야기하게 될지도 모른다. 이는 환영할만한 꿈이라기 보다는 오히려 악몽에 가까울 것이다. 다언어주의는 이 강한 구심력이 갖는 위험에 주의하며 대비하려 하는 것이다.

7. 언어정책에서 언어 서비스로

7-1. 일본어를 모르는 외국인의 증가

현대 일본에는 수많은 외국인이 살게 되었다. 외국인이 가장 부족한 것은 정보이다. 일본에 오래 살아도 필요한 정보가 언어의 벽에 막혀 손에 들어오지 않는 경우가 많다. 일본인이라면 누구나 간단히 입수할 수 있는 정보가 외국인에게는 전달되지 않는다. 여기에 일본인 주민과 외국인 주민 사이의 정보격차가 생겨, 양자 간 불평등이 고정화될 가능성이 있다. 적절한 정보가 외국인에게 주어지고 이 상황은 시정되어야 할 것이다.

그 목적을 위해 정보전달 서비스, 특히 공공성 높은 정보를 외국인에게 확실히 제공하는 서비스가 필요하다. 이 '외국인이 이해할 수 있는 언어를 써서 필요한 정보를 전달하는 것'을 '언어 서비스'라고 한다.

7-2. 언어 서비스라는 개념

이 '언어 서비스'[13]는 아직 숙성된 개념은 아니다. 학술논문에도 이 말이 쓰이는 일은 드물다. 그러나 막 태어난 개념이지만 앞으로 시대의 진전에 따라 이 개념이 퍼질 것이라 생각된다. 언어 서비스는 외국인에게 이해가능한 언어를 사용한다는 것이므로 그들의 모어를 사용하는 것이라 생각된다. 많은 나라에서 사람들이 오므로 언어 서비스는 필연적으로 다언어 서비스가 된다. 단, 무한정 언어 수를 늘릴 수는 없으므로 영어나 일본어에 의지할 수 밖에 없는 면도 있다. 어느 정도 영어를 아는 외국인에게는 평이한 영어로 서비스를 하며 어느 정도 일본어를 아는 외국인에게는 평이한 일본어로 언어 서비스를 제공하는 것이 바람직하다.

언어 서비스의 내용으로 다음과 같은 서비스를 들 수 있다. ① 재해, 사고, 긴급의료 등 긴급 사태에 관한 정보를 제공할 것 ② 외국인 상담창구를 제공할 것 ③ 외국인이 이해할 수 있는 팸플릿과 홈페이지를 통해 생활정보를 제공할 것 ④ 다언어로 공공 게시, 도로표시, 안내 표시를 충실히 할 것 ⑤ 관광안내를 충실히 할 것 ⑥ 사법통역을 제공할 것 ⑦ 일본어교육을 제공할 것 ⑧ 외국인 아동에게 모어유지교육을 제공할 것 등이다. 물론 이에 한정된 것은 아니지만 이들 서비스를 충실히 해나가는 것으로 일본 사회의 외국인이 안고 있는 언어문제에 무언가 해결의 실마리가 보인다.

제5절에서 '다언어사회는 각 민족간 교류가 없는 사회 아닌가'라는 의문에 대하여 각 민족간 교류를 가능케 할 방책을 몇 가지 제시했는데, 언어 서비스도 그 방책의 하나이다. 언어 서비스로 소수 민족이 지역사회 활동에 참가할 수 있게 되고 거기에서 교류가 시작되어 서로의 이해를 깊게 할 것이다.

7-3. 일본어의 변화

일본어를 어느 정도 이해하는 외국인을 상대로 평이한 일본어를 써서 언어 서비스를 제공할 수 있다. 1988년, 국립국어연구소 소장이던 노모토 기쿠오野元菊男는 '간략일본어'를 제안했다. 그 당시 현저해진 외국인 증가라는 사태를 받아들여 외국인에게 알기 쉬운 간단한 일본어를 제공하고 싶다는 의도였다. 거기에는 ①デス・マス체(역주 : 일본어의 공손한 말투)로 통일한다 ②동사는 マス를 활용한다 ③기본사용어는 1000어로 한다 등 몇가지 원칙을 설정했다. 1988년 3월 26일자 아사히신문朝日新聞에 '북풍과 태양'이라는 쉬운 일본어로 쓰여진 이야기가 공표되었다. 이는 큰 반향을 불러일으켰지만 '부자연스러운 일본어'라는 비판도 많았다고

하며, 간략일본어는 어느 틈엔가 사라져버렸다. 그러나 이 시도 자체는 높이 평가해야 하며 뒤이은 연구가 나타나길 기대한다.

한신아와지阪神淡路대지진 때 외국인에게 필요한 정보가 전달되지 않아서 비참한 상황에 빠지는 일이 있었다. 그 반성에서 재해를 염두에 둔 외국인이 알기 쉬운 일본어 연구가 있다. 佐藤(사토 2005)의 뛰어난 연구와 제언이다. 그 제언이란 재해 시에는 '쉬운 일본어'(일본어능력시험 3급[현 N4]정도로 이해할 수 있는 표현, 초등학교 2,3학년에서 배우는 한자와 가나, 어휘는 2000어 정도)를 쓰는 것이다. 이 수준의 일본어를 쓰면 외국인이 이해할 가능성이 높아진다. 어렵고 난해한 어구를 교체(津波[쓰나미] → 高い波[높은 파도], 給水車[급수차] → 水をくばる車[물을 나눠주는 차], 迂回する[우회하다] → 違う道を行く[다른 길을 가다], デマ[유언비어] → うその話し[거짓이야기])하자는 제안도 있었다. 나아가 애매한 표현(예: かもしれません[~일지 모른다])이나 이중 부정(예: 通れないことはない[지나가지 못할 것은 없다])은 피할 것, 문장을 기본적으로 문절로 끊을 것 등이 제안되어 있다. 또 사토는 국립국어연구소와 공동으로 탁월한 연구를 발표했다.[14]

유사한 우수 기획이 홈페이지[15] 등에서 여러 가지 소개되어 있다. 게이오대학慶應義塾大学의 히라타카 후미야平高史也 등의 쉬운 일본어연구 프로젝트, 히토쓰바시대학一橋大学의 이오리 이사오庵功雄의 쉬운 일본어 프로젝트, 국립국어연구소의 외래어 순화 프로젝트 등 일일이 셀 수 없다.

이들 기획은 일본어 그 자체를 바꾸는 것과 관련된 코퍼스 계획의 하나이다. 앞으로 이 같은 제안이 많이 나타나면 외국인이 말하는 일본어는 영향을 받게 되고 일본인 자신이 말하는 일본어에도 영향을 미칠 가능성이 있다. 그 경우 일본인이 이야기해온 정통 일본어의 변화의 가능성으로 연결된다.

7-4. 언어 서비스의 주체

언어정책의 주체는 국가 등 공적기관이다. 언어서비스의 경우 직접 외국인과 접하므로 국가보다도 지방자치단체가 주체가 되는 편이 바람 직하다. 혹은 기민한 대처가 가능한 국제교류협회, 각종 자원봉사단체나 NPO/NGO 풀뿌리 단체가 유리하다. 이런 의미에서 언어 서비스의 주 역은 국가에서 보다 작은 조직으로 비중이 옮겨가고 있다.

여기에서 언어 서비스와 언어정책의 성격을 확실히 비교해 보자. 정 부가 행하는 정책은 단일언어주의에 입각한 것이 많고 그 실시는 하향식 이다. 그러나 정부의 정책은 큰 틀만을 제시하므로 세세한 대처가 불가 능하다. 현대와 같이 다언어화되는 사회 속에서 정책을 실시하려고 한다 면 현장에서 접하는 사람이 주체가 된 상향식 형태로 언어 서비스를 시 행하는 것이 바람직하다. 비교를 위해 간단히 표로 정리해 본다.

표 1 : 언어정책과 언어 서비스 비교

	언어정책	언어 서비스
주체	정부 등 공공기관	지방자치단체, 국제교류협회, 시민활동단체
역할	큰 틀 제시, 하향식	세세한 활동, 상향식
목적	동화주의, 다언어주의	다언어주의

일본의 언어정책의 과제는 앞으로 다언어사회를 어떻게 공생사회로 이끌어갈까 하는 것이다. 일본열도를 찾아온 외국인들은 일본사회의 강 한 동화 압력에 직면한다. 언어 서비스가 없으면 동화해 가거나 그들만 의 완전히 고립된 언어사회를 만드는 길 밖에 없다. 언어 서비스는 다언 어 사회를 만들어가는 소중한 활동인 것이다.

물론 언어정책은 지금까지 나름의 성과를 올려왔다. 그러나 앞으로 언어 서비스에 보다 강한 스포트 라이트가 비춰질 것이다. 사실 양자는 대립하는 개념이 아니고 언어 서비스는 언어정책의 한 면을 강조한 활동이라 생각할 수도 있다. 그런 의미에서 언어 서비스와 언어정책은 겹치는 부분이 많다.

8. 나가며(앞으로의 방향)

세계 각지의 유동성이 높아지고, 다민족·다문화·다언어 사회가 많아지고 있다고 서술했다. 이 다언어사회라는 사회구조를 기본적으로 유지하면서 그 사회의 문제점을 하나 하나 해결하는 것으로 다언어 사회를 바람직한 방향으로 끌고 갈 수 있다고 본장에서 주장했다.

한편, 완전히 다른 움직임이 있다. 미국 영어가 세계를 석권해 나가고 있다는 사실이다. 인터넷, 할리우드 영화, CNN, 타임지나 뉴스위크를 보거나 읽으면 세계가 단일언어사회를 향해 나가고 있는 것처럼 느껴진다. 전세계 사람들은 영어 특히 미국영어를 열심히 습득하려 하는 것처럼 보인다. 미국 영어가 강력해지면 전세계 사람들이 자유로이 의사소통을 하는 단일언어사회라는 꿈이 현실이 될지도 모른다.

그러나, 단일언어사회라는 꿈은 실은 악몽일지도 모른다. 거기에서 세계의 다양성은 상실될지 모른다. 세계의 언어문화가 갖고 있는 풍성한 아이디어의 보고로 가는 문이 닫히게 된다. 하나의 문화밖에 존재하지 않는 세계는 너무도 위험하지 않은가. 이를 피하기 위해서는 각 민족이 자기 모어와 문화에 긍지를 가져야 한다. 그리고 유지해가려 노력해야 한다. 또 타민족의 문화를 존중하고 언어를 이해하려 노력해야한다. 선주민족과 이민족의 언어를 보호하는 것도 필요하다.

우리들은 세계의 다언어성을 어떻게 하든지 확보해 다언어주의를 지켜나가려 노력해야한다. 본장에서는 '세계의 여러 곳에서 다언어사회가 탄생하고 있다'고 서술했으나 그 사회를 다언어주의의 이념으로 이끌고 가야한다. 바람직한 미래는 주류 언어문화만이 세계를 석권하는 세계가 아니고, 각 민족이 서로 무관심하고 고독하게 생활하는 다언어사회도 아니다. 각 민족이 공생하는 세계이다. 그런 세계를 만들기 위해 다언어주의의 이념은 있다.

01 다언어화를 향해 가고 있다고 서술했으나 동시에 영어 중심의 대언어로 집약되는 움직임
도 있다. 세계의 유동화와 더불어 많은 지역에서 복수 언어 병존이라는 현상이 보이는 동
시에 전세계적으로는 언어수가 감소해 가는 경향이 있다. 이 두 경향은 여러 나라에서 관
찰된다. 예를 들면 미국의 English only와 English plus의 대립은 이 문맥에서 읽을 필요
가 있다.

02 언어의 변화는 ①언어 그 자체의 변화와 ②언어를 둘러싼 환경, 조건의 변화로 나뉜다.
뒤에 서술하겠지만 ①언어 그 자체를 '변화'시키는 것은 코퍼스 계획이며 ②언어를 둘러
싼 환경, 조건 '변경'은 지위계획과 관계되는 일이 많다.

03 코퍼스 계획과 지위 계획 외에 언어 보급을 기획하는 보급기획(aquisition planing)이라는
개념을 Cooper(1989: 33) 등은 제시하고 있는데, 본장에서는 이를 지위계획의 하나로 간
주한다. Cooper는 언어사용의 성역 확대(a language's uses)를 지위계획으로, 언어사용자
의 증가(increasing the number of users)를 보급계획으로 구별하고 있는데, 사용·역역(use)
과 사용자(user)의 분리는 실제적으로 어려우므로 같은 개념에 포함시키겠다.

04 언어서열의 예로 A,B,C,D의 네 언어가 있다고 할 때 학교교육 현장에서 A를 교육언어로,
B를 제1외국어로, C를 제2외국어로 하고, D를 금지한다면 그 서열은 A→B→C→D가 된
다. 언어서열에서 지위를 정한다는 것은 그 언어의 사용영역을 정하는 것이기도 하다.

05 숫자로 一(하지메)나 三朗(사부로)와 같이 이름이 의미를 갖는 경우도 있지만 단위가 커
져 6008234와 같이 되면 거의 의미가 없다.

06 한때 내셔널리즘을 바탕으로 몽골 문자를 공용화하려는 움직임이 있었으나 현재 몽골 문
자에 대한 관심은 적어졌다. 식자율(識字率)이 몇%밖에 되지 않던 시대와 달리 한번 보
급된 표기법을 다른 문자로 바꾸는 것은 쉽지 않은 일이다.

07 일반적으로 캐나다나 호주의 다문화주의는 일본이 배워야할 모델로 언급되는 일이 많다.
하지만 西川(니시카와 1998: 27)는 '다문화주의·다언어주의는 식민지주의자가 살아남기
위한 책략이라 할 수 있다. 하지만 그 책략 속에 새로운 시대의 방향을 읽어낼 수 있을 것
이다'라고 서술한다. 西川의 생각은 무조건적 예찬이 아니라 냉정히 그 모습을 간파하는
동시에 평가할 점도 언급하고 있다.

08 뉴커머란 80년대 이후 늘어난 중국, 필리핀, 브라질 등에서 온 정주 외국인을 가리킨다.
반면 2차대전을 전후해 일본에 살던 외국인(주로 재일 한국인·조선인)을 올드 커머라 부
른다.

09 '다언어주의'가 갖는 '복수의 언어를 완전히 구사한다'라는 뉘앙스를 피하기 위해 유럽평
의회에서 시작된 복언어주의(plurilingualism)가 주목받게 되었다. 山川(야마카와 2004:
96)에 의하면 '생활체험 속에서 완벽하지 않아도 어느 정도 의사소통에 도움이 되는 언어
를 익히는 것이 목표'라고 한다. 복언어주의라는 개념이 널리 받아들여질지 앞으로 활동
을 봐야한다.

10 이 생각은 2000년에 출판되어 호평을 받았다. 후나바시 요이치(船橋洋一) 『あえて英語共

用語論』(文春親書)에 전형적으로 엿보인다.

11 프랑스어를 예찬하는 말로 '명석하지 않은 것은 프랑스어가 아니다(Ce qui n'est pas clair n'est pas français)'가 자주 인용된다. 누구에게나 자신의 모어가 가장 아름답고 명석하므로 이 말에 찬동하는 것은 프랑스어 화자 뿐일 것이다.

12 싱가포르의 국어는 말레이어지만 이는 싱가포르인을 상징한다기보다 말레이어(=인도네시아어)를 국어로 삼은 이웃 국가에 대한 배려에서 국어로 선택된 것이다.

13 언어 서비스에 관해서는 다음 두 책에 상세한 설명이 있다. 河原俊昭(가와하라 도시아키, 2004年)『自治体の言語サービス：他言語社会への扉をひらく(지자체의 언어서비스: 다른 언어를 향한 문을 열다)』(春風社), 河原俊昭·野山広(編)2007年『外国人住民への言語サービス(외국인 주민에 대한 언어서비스)』(明石書店)이다.

14 「やさしい日本語(쉬운 일본어)」가 외국인 이재민의 생명을 구하고 있습니다. http://www2.kokken.go.jp/gensai/gensai.pdf

15 「やさしい日本語」로 검색해 보면 많은 유익한 홈페이지를 발견할 수 있다.

참고문헌

河原俊昭 2003.「在住フィリピン女性の新しい言語アイデンティティ」小野原信善・大原始子(編)『ことばとアイデンティティ』東京：三元社

佐藤和之 2005.「災害時だけでなく平時から有効な『やさしい日本語』という考え方」『広報』日本広報協会 2 月号

西川長夫 1998.「『多言語主義』の背景」『言語』第 27 巻第 8 号

山川智子 2004.「複言語主義という概念，そしてそれが生み出された背景はどのようなものだったでしょうか？」河原俊昭・山本忠行(編)『多言語社会がやってきた』東京：くろしお出版

Cooper, Robert. 1989. *Language Planning and Social Change*. Cambridge: Cambridge University Press.

Coulmas, Florian. 1992. *Language and Economy*. Oxford: Blackwell.

Pool, Jonathan. 1972. "National development and language diversity," in J. A. Fishman (ed.), *Advances in the Sociology of Languages*, Vol. 2, pp.213-230. Den Haag: Mouton.

Scotton, C. M. 1990. "Elite closure as maintenance: The case of Africa," in B. Weinstein (ed.), *Language Policy and Political Development*, pp.25-42. Norwood: Ablex Publishing.

편저자 소개

야마모토 다다유키山本 忠行 일본 창가대학 교수. 국제교류기금파견 전문가(일본어교육), 나이로비대학 객
　　　　　　원강사, 위트워터스랜드대학 객원연구원 등을 역임. 편역서에 『다언어사회가
　　　　　　다가온다』(구로시오 출판), 『아파르트헤이트교육사』(번역, 해설, 춘풍사) 등
가와하라 도시아키河原 俊昭 교토 고카여대 교수. 도쿄대 문학부 졸업, 가나자와 대학 박사(사회환경과학
　　　　　　연구과). 편저서에 『다언어사회가 다가온다』(구로시오 출판), 『외국인과 함께
　　　　　　사는 사회가 다가온다』(구로시오 출판) 등

역자 소개

채성식 고려대학교 일어일문학과 교수
조영남 고려대학교 일어일문학과 교수
김현아 고려대학교 글로벌일본연구원 HK연구교수
백이연 고려대학교 글로벌일본연구원 HK연구교수

세계의 언어정책 3

다언어사회를 살아가다

초판 인쇄 2017년 8월 17일
초판 발행 2017년 8월 24일

편　저　자　야마모토 다다유키, 가와하라 도시아키
역　　　자　채성식, 조영남, 김현아, 백이연

펴　낸　이　이대현
책 임 편 집　권분옥
편　　　집　이태곤 홍혜정 박윤정 문선희
디　자　인　안혜진 홍성권
기획/마케팅　박태훈 안현진 이승혜
펴　낸　곳　도서출판 역락
　　　　　　주　　소　서울시 서초구 동광로46길 6-6 문창빌딩 2층(우-06589)
　　　　　　전　　화　02-3409-2060(편집부), 2058(영업부)
　　　　　　F A X　02-3409-2059
　　　　　　이 메 일　youkrack@hanmail.net
　　　　　　블 로 그　blog.naver.com/youkrack3888
　　　　　　등　　록　1999년 4월 19일 제303-2002-000014호

ISBN　　979-11-5686-960-3 94700
　　　　979-11-5686-957-3 (세트)

정가는 뒤표지에 있습니다.

○ 이 번역서는 2007년 정부(교육과학기술부)의 재원으로 한국연구재단의 지원을 받아 수행된 연구임(NRF-2007-362-A00019)
○ 본서의 내용은 일본어판 간행년도인 2010년을 기준으로 한 것이며 이후 제반 사정이 변경되었을 가능성이 있음.